天下文化

BELIEVE IN READING

臥底經濟學家的10堂數據偵探課

HOW TO MAKE THE WORLD ADD UP

Ten Rules for Thinking Differently About Numbers

TIM HARFORD

提姆・哈福特——著
廖建容、廖月娟——譯

各方推薦

《金融時報》（*Financial Times*）、《時代》（*Times*）雜誌、《連線》（*Wired*）雜誌與《星期日泰晤士報》（*The Sunday Times*）2020 年度選書。

「你看過多少書籍簡介寫著：『這正是我們現在需要的書』或『我們迫切需要像這樣的書』？但我向你保證，用這些話來形容本書，再恰當不過了。我們超級幸運，有提姆．哈福特以可讀性極高、清晰、機智詼諧且權威的筆觸提醒我們，事實、理由、數字、清晰度與真相為何很重要，這些東西有多麼美，以及對我們理解自然界和人類社會有多麼重要。所有的政治人物和新聞記者都應該讀這本書。」

——史蒂芬．佛萊（Stephen Fry）

「如果你在讀本書之前對統計數據沒有感覺，等你讀完之後，一定會愛上統計數據。本書震撼且有說服力，在現今這個抵擋真相的時代，是我們不可或缺的作品。」

——卡洛琳．克里亞朵．佩雷茲（Caroline Criado Perez），

《被隱形的女性》（*Invisible Women*）作者

「他是用故事幫助我們看清這個世界的天才。」

——麥爾坎・葛拉威爾（Malcolm Gladwell）

「這本讓人讀起來津津有味的書，教導我們如何明智的運用統計數字。我愛死它了。」

——麥特・帕克（Matt Parker），

《謙虛的 Pi》（*Humble Pi*）作者

「我們活在充斥著統計數據的世界裡。不過，如果有人主張自己是根據數據說話時，我們該怎麼辦呢？這本充滿智慧的書是作者累積多年經驗的心血結晶，它給了我們十條誡令，首先，它要我們檢視自己的感覺，最後，它要我們以謙虛的心，承認自己的看法可能有錯。」

——大衛・史匹格哈特（David Spiegelhalter）爵士

「提姆・哈福特是一位傑出的非小說類作家。這本精采的作品充滿了智慧與人性，更重要的是非常富有啟發性。沒有人比哈福特更懂統計數據與數字，以及如何看出其中的門道。」

——馬修・席德（Matthew Syed），

《叛逆者團隊》（*Rebel Ideas*）作者

「這本有趣又引人入勝的作品談到了數字、邏輯與真正的好奇心的力量，套用作者的說法，它『喚醒』了我對統計數據美妙之處的好奇心。」

——瑪莉亞·柯妮可娃（Maria Konnikova），
《人生賽局》（*The Biggest Bluff*）作者

「在理性而嚴謹的作家當中，哈福特是最討人喜歡的作家……清晰、睿智而且可讀性極高。」

——《泰晤士報》（*The Times*）

「提姆·哈福特是我們現在最需要的作家。他以健談的風格訴說有趣的故事，引導我們從良莠不齊的統計數據中過濾出真相。」

——《星期日泰晤士報》

「本書文字流暢又有魅力、富含智性深度與冷嘲式幽默，再加上一個中心思想，全都出自一位傑出的經濟學與統計學溝通專家。」

——《獨立報》（*Independent*）

「本書不只是單純的揭穿統計騙術，它還懇求我們不受虛張聲勢的話語以及自己的偏見影響。這是一本你不可錯過的作品。」

——《連線》雜誌

獻給普天下的老師，尤其是教過我的老師；

永遠懷念辛克萊（Peter Sinclair）

Contents

序言

如何用統計數字說謊

真正的問題……不在於證明某件事是錯誤的，

而是證明某個真正的對象是真實的。

——安伯托．艾可（Umberto Eco）[1]

你知道那個古老的送子鳥傳說嗎？

它是真的。

我可以用統計數字來證明。

只要檢視一下每個國家鸛鳥的數量，然後再檢視各國每年的新生兒數量。在歐洲各國，此二者有極高的相關性。鸛鳥愈多的地方，新生兒愈多；鸛鳥愈少的地方，新生兒愈少。

這個模式完全可以通過在學術期刊上發表的要求門檻。事實上，曾有一篇科學論文就以〈鸛鳥遞送小寶寶（P 值 = 0.008）〉的標題發表。即使不訴諸太艱澀的統計學觀念，那幾個零也能告訴我們，這個結果並非出於巧合。[2]

或許你已經猜出哪裡有問題了。在歐洲，德國、波蘭和土耳其這些比較大的國家，會有比較多的鸛鳥和新生兒，而在阿爾巴尼亞和丹麥這些小國，鸛鳥和新生兒的數量則比較少。這兩個數據之間呈現一種清楚易見的模式，但這模式不代表鸛鳥導致新生兒的產生。

你似乎可以用數據「證明」任何事，包括證明「人類的小寶寶是靠鸛鳥送來」這件事。

你很可能是在讀過《別讓統計數字騙了你》（*How to Lie*

with Statistics）之後產生這個印象的。這本著作於 1954 年出版，作者是一位名不見經傳的美國獨立記者赫夫（Darrell Huff）。赫夫在這本起初不受重視的書中，以俏皮的言語道出他憤世嫉俗的觀點。沒想到出版之後，立刻受到《紐約時報》的大力推崇，後來熱銷超過一百萬冊，成為統計學方面最暢銷的著作。

這本書得到的人氣與讚譽，可說是實至名歸。它是統計學溝通領域的奇蹟，也使赫夫成為一位傳奇性的怪咖。流行病學家高達可（Ben Goldacre）同時也是暢銷書《小心壞科學》（*Bad Science*）的作者，他曾撰文盛讚赫夫，說赫夫寫了一本「曠世巨作」。美國作家惠倫（Charles Wheelan）以《聰明學經濟的 12 堂課》（*Naked Statistics*）向赫夫的「經典之作」致敬。知名期刊《統計科學》（*Statistical Science*）在《別讓統計數字騙了你》出版五十年之後，為赫夫做了一個回顧專題。

我也曾經是赫夫的粉絲。我在青少年時期很崇拜《別讓統計數字騙了你》。這本書充滿了犀利睿智的洞見，不時穿插逗趣的插畫。它讓我窺見了統計學如何在暗地裡操弄人心，也讓我知道如何防止自己受騙上當。

赫夫列舉了許多例子。他一開始探討的是耶魯大學畢業生的收入。1950 年有一份調查指出，耶魯大學 1924 年畢業生的平均年收入，相當於現在的 50 萬美元。這個數字貌似可信，因為畢竟耶魯是頂尖名校，但 50 萬美元的年薪不是個小數目。那真的是耶魯畢業生的平均收入嗎？

非也。赫夫解釋說，這個「好得不太可能發生」的數字，其實是一種自陳（self-reported）數據。也就是說，可以預期，人會出於虛榮心而誇大自己的收入數字。此外，這個報告只調查了耶魯能夠聯絡到、而且願意回覆問卷的校友。哪些人是學校可以輕鬆聯絡到的？那些飛黃騰達的人。赫夫質疑：「那些因為『通訊地址不詳』而聯絡不到的是哪些人？」耶魯會追蹤富豪校友的動態，但那些沒有功成名就的畢業生，往往就成了漏網之魚。這些原因都代表這份調查結果呈現的是一個被嚴重膨脹的看法。

接下來，赫夫迅速的檢視各式各樣運用統計數字犯下的罪行。例如某些牙膏廠商會專挑對自己有利的研究，然後根據這些研究結果製作廣告；或是有些地圖會因為不同的顏色標示而改變意義。赫夫寫道：「騙子熟知這些伎倆，所以老實人必須學習自保。」

讀過《別讓統計數字騙了你》之後，你很容易會產生一種「數字會騙人」的印象。這是一本靈巧又影響至深的書。

不過，過去十多年來，我一直努力傳播統計學概念，並進行數字查證。在這個過程中，這本書以及它所代表的意義開始讓我愈來愈不安。這本最暢銷的統計學類書籍，整本書對於統計數字的看法（以及對**人**的看法），到底有哪些部分提醒了我們要防範錯誤資訊？

醫生都是癮君子？

赫夫在 1954 年出版了《別讓統計數字騙了你》。但那一年還發生了另一件事：兩位英國學者多爾（Richard Doll）與希爾（Austin Bradford Hill），發表了第一份證實吸菸會導致肺癌的研究報告。[3]

若沒有統計數據的支持，多爾和希爾不可能得到這個結論。在短短十五年之內，英國的肺癌罹患率就提高了 6 倍。在 1950 年，英國的肺癌罹患率為全世界最高，死於肺癌的人數首次超越肺結核。就連要理解上述事實，都需要統計學觀點，再也沒有任何醫生可以將這個事實斥為傳聞了。

此外，要證明吸菸是罪魁禍首，仍然需要統計數據的支持。有很多人認為，汽車是導致罹患肺癌人數上升的主因。這個想法其實很合理。在二十世紀前半葉，汽車開始普及，隨處可見汽車排出的廢氣以及新鋪的柏油路冒出的嚇人煙霧。在同一時期，罹患肺癌的人數開始增加。要挖掘出真相（導致肺癌的主因是吸菸，而不是汽車廢氣），不能只憑感覺，而是需要研究者開始仔細的計算與比較。說得更精確一點，我們需要的是統計數據。

許多人對於吸菸會導致肺癌的假說抱持懷疑看法，雖然這個說法過去已經有人提過了。例如：納粹德國曾經大張旗鼓的透過研究，尋找吸菸很危險的證據，因為希特勒鄙視吸菸。當德國的醫生發現吸菸會導致肺癌，納粹德國的元首無疑因此龍心大悅。不過，基於顯而易見的理由，眾人並沒有由於香菸「被納粹厭惡」而不再吸菸。

因此，多爾與希爾決定要自己進行統計上的調查。多爾是個英俊、沉默寡言且極其有禮的年輕人。二次大戰退役後，他的腦子裡有各種點子，想要利用統計學革新醫學觀念。他的恩師希爾曾在一次大戰時期擔任飛行員，後來又差點死於肺結核。*希爾是個富有機智與魅力的男性，他被人稱為二十世紀最優秀的醫學統計學者。[4] 事實證明，多爾與希爾合力以數據偵探之姿，挽救了許多人的性命。

多爾與希爾這個雙人組，在1948年元旦展開了第一個「吸菸與癌症關係」的研究。研究由多爾主導，對象以倫敦西北地區的二十家醫院為主。每當有癌症病人來到這些醫院，護理師就會隨機在醫院裡尋找性別和年齡相仿的另一位患者，詳細詢問這兩個人的居住與工作地點、生活作息與飲食習慣，以及他們的吸菸史。資料就這樣週復一週、月復一月的慢慢累積。

1949 年 10 月，就在研究進行將近兩年的時候，多爾決定要戒菸。他那時三十七歲，自從成年以後，他一直有抽菸的習慣。他和希爾發現，菸癮大的人罹患肺癌的機率，不只是一般人的 2 倍、3 倍或 4 倍，而是高達 16 倍。[5]

希爾與多爾於 1950 年 9 月發表了他們的研究成果，隨即展開一個規模更大、時間持續更久、企圖心更強的試驗。希爾

＊希爾藉由參與肺結核最早期的嚴謹隨機臨床實驗，完成了甜蜜的復仇。

寫信給英國的每一位醫生（全英國的 59,600 位醫生），請他們填寫一份關於他們的健康狀況與吸菸習慣的「問卷」。他們認為，醫生比較有能力記錄自己的吸菸習慣。這些醫生的個資會保留在醫學名錄中，所以比較不容易失聯。此外，醫生若過世了，他們的死因通常會得到比較詳細的診斷。而希爾和多爾需要做的，只有等待。

有超過 4 萬名醫生回覆了這份問卷，但不是所有人都帶著歡喜的心情。你得明白一件事，在那個時代，吸菸是極為普遍的。因此，在第一批回覆問卷的男性醫生當中，高達 85% 是癮君子也就不讓人意外了。沒有人被告知自己可能正在慢性自殺之後還能保持好心情，尤其是這種自殺方法其實很容易成癮。

有一次，希爾在倫敦參加派對時被某個人攔住，對方直接向他嗆聲：「你就是那個想要阻止我們吸菸的傢伙吧。」

本身還在抽菸斗的希爾答道：「你搞錯了，我感興趣的是，你會不會繼續吸菸，眼睜睜看著自己送命。我感興趣的是，你會不會因為我想知道你的死因，而決定戒菸。所以要戒菸還是繼續吸菸，決定權在你。這完全不關我的事。反正等你死了以後，你的死因會被列入我的數據裡。」[6]

我提過希爾原本學的是經濟學嗎？難怪他這麼會說話。

這份研究持續了數十年，但多爾和希爾很快就取得足夠的數據，發表一個明確的結論：吸菸會導致肺癌，而且菸吸得愈凶，罹癌率就愈高。還有一個新發現：吸菸也會導致心臟病。

醫生都不是傻瓜。當研究成果在 1954 年發表於醫學專業期刊《英國醫學期刊》（*British Medical Journal*）時，所有醫生都能自己做出結論。希爾在那一年戒了菸，許多醫生也跟進。醫生無疑是英國第一批集體戒菸的族群。

1954 年出現了對於統計學的兩種觀點。對《別讓統計數字騙了你》的許多讀者而言，統計學只是一種遊戲，是騙子和騙術的溫床，而逮到行騙的惡棍更是大快人心。但是對希爾和多爾來說，統計學絕非兒戲，這個遊戲的風險極高，若以誠實的態度和正確的方法進行，還可以救人一命。

從新冠疫情看統計花招

2020 年春季，以嚴格、即時且正當的手法進行統計學研究可能涉及的高風險，突然變得再明顯不過了。一種新型態的冠狀病毒正席捲全世界。各國的政治領袖面臨數十年來最重要的難題，而且必須很快就做出決定。

這些重要的決定需要仰賴流行病學家、醫學統計專家與經濟學家分析數據所得到的結果。數千萬人的性命危在旦夕，數十億人的生計岌岌可危。數據偵探努力想利用數據拼湊出這個世界所面臨的狀況，但來自四面八方的證據總是不夠即時。流行病學家伊安尼迪斯（John Ioannidis）在 2020 年 3 月中撰文寫道，新冠肺炎有可能是人類百年一遇的大慘敗。[7] 我們必須在一無所知的情況下，做出攸關生死的決定。

不過就在幾週之內，數據偵探開始描繪出新冠病毒的一些重要特點，以及它所導致的疾病。我們逐漸發現，許多人在感染一段時間之後才出現症狀，且有些人是**無症狀**感染，而這種人到底有多少，是個非常重要的問題。（現在認為這種人大約占四分之一。但稍微深思後你會發現，若不是有人嚴謹的追查與分析數據，將難以回答這個問題。）我們很快就了解，年長者比年輕人的風險高很多，甚至能推估出合理的致死率：在擁有大量老年人口的富裕國家，死亡率約為 1%。這個數值是經過一番激烈討論才得到的，而且會隨著醫學的進展與病毒的變異而改變。不過，早期的估計值其實出奇的可靠。

雖然還有一些謎團尚未解開，但隨著時間推移，由於可以擴大檢驗規模、檢視個案研究的結果，甚至追蹤病毒遺傳密碼的變異，我們對病毒的了解愈來愈清晰。強調檢驗的重要性是有原因的：我們可以透過蒐集資料來看見無形的威脅，尤其當檢驗是在適當的規劃下進行與分析，像是英國國家統計局進行的分析。統計數據相當於疫情的雷達。

本書大綱是在還沒有人感染新冠病毒的時候寫的。我發現，這個致死率極高的疫情凸顯出我多年來主張的三個論點。首先，我們的情緒、成見與政治立場會嚴重影響我們如何解讀證據。這個問題是本書的核心主張，也是第一章的重點。

你可以從美國對疫情的反應看見這個問題造成的影響。川普總統在 2020 年 2 月底宣布：「疫情將會消失。有一天它會奇蹟般消失。」一廂情願是個威力強大的想法。四週之後，川普總統還在說，美國人可望在復活節上教堂。[8] 他卸任的時候，美國已經有 40 萬人死亡。

川普總是能激起兩極化的意見：假如他說大熱天吃冰淇淋是一大享受，就會有一群人從此什麼都不吃，只吃冰淇淋，同時還會有另一群人到冰淇淋店外面大聲抗議。新冠肺炎疫情也造成了類似情況。許多川普的支持者將拒絕戴口罩視為榮譽勛章，而他的反對者則反其道而行。我注意到，有一位美國記者在推特發文指出，英國的民眾到公園散步時不戴口罩，結果導致疫情「失控」。在英國人看來，那則推文很匪夷所思：證據顯示，不論外出時有沒有戴口罩，散播病毒的風險都很低。那則推文在 2021 年 1 月底發布，當時英國的確診人數並沒有失控，反而是快速下降。

那則推文可以被視為立場對立的兩個陣營，以戴不戴口罩來進行政治攻防的一種手段，事實上，這兩個陣營的人一點也不想知道事實是什麼。矛盾的是，當你與任何一方保持距離時，比較容易看見部落主義（tribalism）。如果你屬於共和黨或民主黨的陣營，你會因為太過投入某個立場，以致於很難用清晰的頭腦想事情。當你屬於霧裡看花的局外人，反而更容易把事情想清楚。

其次，政治決策會影響我們蒐集與分享哪些統計數據，以及忽略或隱瞞哪些數據。例如：疫情剛暴發時，地緣政治因素似乎阻礙了真實統計數字的自由流通，我們將在第八章詳細討論這個問題。臺灣政府表示，他們在 2019 年 12 月底已經向世界衛生組織（World Health Organization）提出了新冠病毒會人傳人的重要線索。然而到了 2020 年 1 月中，世衛還信誓旦旦的發推文表示，中國並沒有發現人傳人的證據。（臺灣並非世衛成員，因為中國堅稱臺灣是中國的一部分，不能被視為獨立的國家。這種障礙導致訊息延遲傳播。）[9]

這件事很重要嗎？極為重要；從確診案例每隔幾天就翻倍的速度來看，假如我們提早幾個星期得到警告，情況必然會大不相同。

最後，統計數據可以告訴我們一些我們無法從其他方式得知的事。統計數據不是報紙上可有可無的東西，或是政治辯論的武器。究竟是有憑有據的統計數據，還是不實或有所遺漏的資料，攸關人民的生與死。

我在 2020 年春季撰寫本書的初稿時，我們不知道的事情還太多，太多的資料付之闕如。死亡人數每隔幾天就翻一倍，我們實在沒有本錢再等等看了。各國領袖暫時中止國家的經濟活動。3 月底時，美國在一週之內就有超過 300 萬人申請失業救濟，是先前數據的 5 倍。次週的情況更糟：新增 650 萬人申請失業救濟。疫情真的糟到足以造成這麼多人失業嗎？似乎如此，不過流行病學家只能倚賴非常有限的資訊，來猜測最可能的情況是什麼。

新冠肺炎疫情使我們深刻意識到，原來我們平時往往將以精確、有系統的方法蒐集到的數據，視為理所當然。在疫情暴發之前，勤奮的統計學家多年來一直煞費苦心的蒐集各式各樣重要議題的統計數據，而且通常免費公布在網路上，供世界各地的人下載。然而，我們顯然被這種奢侈的待遇寵壞了，於是漫不經心的將那些統計數據貶為「謊言、可惡的謊言與統計數據」。新冠肺炎疫情提醒了我們，當我們得不到統計數據，會落入多麼絕望的境地。

赫夫似乎把統計數據變成了一個魔術師的花招：很有趣，但不需要對它太認真。在疫情暴發多年以前，我就開始擔心這種態度對我們可能有害。我們已經遺忘，統計數據或許可以幫助我們理解這個世界。倒也不是覺得所有統計數據都是騙人的，但我們會覺得自己沒有能力從中看見真相。於是我們相信自己想相信的事情（下一章會詳談這個部分），對於不相信的東西，便採取赫夫的態度：大肆嘲笑、無奈的聳聳肩，或是兩者都做。

這種對統計數據的酸民心態不僅令人遺憾，而且可能導致悲劇。假如消極的認為我們已經沒有能力找出事實真相，就是放棄了一個非常重要的工具。這個工具曾告訴我們，吸菸可能致命。它是我們找到方法度過新冠肺炎疫情的僅存機會，也是理解這個複雜世界的唯一機會。然而，假如我們一遇到不喜歡的統計數據，就陷入反射性的否認，這項工具便成了無用之物。我們不該太天真，什麼都相信，不過，要避免受騙上當，並不是什麼都不相信，而是帶著好奇心與健康的懷疑心態，充滿自信的評估手上的資訊。

可靠的統計數據並不是騙人的花招，雖然它相當神奇。可靠的統計數據也絕非詐騙工具，事實上，它可以幫助我們看清事實。可靠的統計數據就像是天文學家的望遠鏡、細菌學家的顯微鏡，或是放射科醫師的 X 光片。如果我們有意願，可靠的統計數據能夠幫助我們看清周遭的世界與自己，包括各種大大小小無法用其他方法看清的事。

我寫本書的主要目的，是說服你擁抱多爾和希爾的觀點，而不是赫夫的酸民心態。我希望說服你相信，統計數據可以用來清楚而坦白的闡明現實情況。因此，我需要讓你知道，你可以運用統計數據進行推論，自行評估你從新聞媒體、社交媒體與日常對話聽到的說法是否可信。我希望幫助你從零開始，對這些說法進行評估，以及幫助你知道，去哪裡可以找到你能信賴的資源（這一點同樣重要）。

告訴你一個好消息：這個過程會很有趣。了解統計學的真相，會讓你得到一種很實在的滿足感：你的自信心會提升，好奇心得到滿足，而且你會覺得自己掌握了某個本領。你開始**明白**個中道理，不再以旁觀者的姿態訕笑。赫夫的做法像是垃圾食物：表面上看起來很吸引人，但一段時間後就使人感到厭煩，而且對你有害。不過，統計學垃圾食物的相反並不是燕麥和蕪菁，而是令人滿足與心情愉快的豐富菜單。

試著了解真相

本書涵蓋了我在 2007 年以後學到的東西。BBC 在 2007

年請我主持一個廣播節目《數字知多少》（*More or Less*），談論新聞和現實生活中出現的數字。這個節目的製作人是新聞記者布拉斯藍德（Michael Blastland）與經濟學家迪諾（Andrew Dilnot）爵士，但他們兩人即將要離開。我的資歷可能比 BBC 所想的更不符合要求：我受的訓練是經濟理論，而非統計學。是的，我受過的訓練使我對數字更有自信，但這種自信幾乎是防衛性的：我學會洞悉瑕疵與詭計，除此之外，我能做的並不多。

從那時起，我的人生開始與赫夫的觀點分道揚鑣。

我和同事每週會評判與統計有關的各種結論，可能來自政治人物的發言，或是報紙上的標題。那些結論通常會誇大事實，但單純的事實查證似乎無法滿足大眾的需求。我們發現，每個結論（不論是真、是假，或是在灰色地帶）背後都有一個精采的世界，值得加以探索與解釋。不論我們是在評判鸛鳥的普及情況、債務會傷害經濟成長的證據，甚或是《哈比人》中「她」這個字出現了多少次，數據有可能使世界變得更清晰，或是更模糊不清。

這次的疫情讓我們明白，不論在個人、組織或是社會層面，都需要可靠的數據幫助我們做決定。就和對待新冠病毒的態度一樣，我們只有在面臨危機時，才會開始蒐集統計數據。以失業率為例（也就是想工作、卻找不到工作的人數統計值），這個資訊現在已經成為各國政府了解經濟狀況的基本數據。但在 1920 年，沒有人能告訴你，社會上有多少人正在找工作。[10] 唯有當經濟大蕭條使失業問題開始與政治沾上邊，政府才會開始蒐集數據來回答這個問題。

這個令人不知所措的廣大世界，裡面充滿了只有仔細研究數據才能回答的各種問題。臉書使人變得更快樂，還是更不快樂？我們能否預測不同的人為何會有不同的反應？世上有多少瀕臨絕種的物種？所占的比例很高嗎？原因是氣候變遷、農業土地過度擴張，還是某個截然不同的理由？人類創新正在加速還是減緩？鴉片類藥物危機對中美洲人口的健康造成多大的影響？青少年飲酒的情況愈來愈少了嗎？若真是如此，原因是什麼？

當《數字知多少》的粉絲讚賞我們「破解騙人的統計數據」的方式時，我開始愈來愈不安。沒錯，我們是破解了騙人的統計數據，而且得到不少樂趣。不過在邊做邊學的過程中，我慢慢體會到，真正的樂趣不在於拆穿謊言，而在於試著了解真相是什麼。

在參與《數字知多少》的過程中，我明白了一件事，若你想成為一名數據偵探，常理原則出奇的好用。我將在本書把這些原則摘要整理出來。大多數的研究與製作團隊就和我一樣，從未受過解讀數據的嚴謹訓練。但即使在極為專門的領域，問一些簡單的問題（或許再上網進行一、兩次搜尋），往往就能找到令人滿意的答案。是的，有時統計學的高等教育學歷可能很有用，但我們從來不需要那樣的學歷就能提出對的問題。你也一樣。

菸草公司的反擊

1953 年聖誕節前夕，菸草公司高階主管相約在紐約的廣場飯店碰面。多爾與希爾的重要研究要到隔年才會發表，但這些菸草公司已經意識到，科學界開始提出對他們不利的研究結果。他們見面的目的，是要一起想辦法對這個即將到來的危機做出反應。

他們找到了一個非常聰明的解套方法（唉！），這個方法從此成為宣傳活動的標準手法。

他們開始混淆視聽。他們質疑既存的研究；要求科學界做更多研究；他們贊助其他研究，並鼓動媒體對這些議題產生興趣，像是病態建築症候群（sick building syndrome）或是狂牛症。他們設法使人心生懷疑。[11] 他們後來做出一份祕密備忘錄，提醒同業「懷疑就是我們的產品」。[12]

當我們想到「說服」這件事，自然而然想到的是，人被誘騙去相信他們不該相信的事，我將在下一章探討這個問題。但有時候，問題不在於我們過於急著相信某件事，而是找到理由不再相信任何事。喜歡吸菸的人，對尼古丁有生理依賴，而且（盡可能）希望能夠繼續吸菸。假如吸菸者用無可奈何的心態告訴自己：「那些複雜的說法我聽不懂。」這正是菸草業者最希望看到的情況。菸草業者要做的，不是說服吸菸者相信吸菸是安全的，而是使吸菸者產生疑慮，對於證明吸菸對健康有害的統計數據心生懷疑。

事實證明，要讓人心生懷疑易如反掌。數十年前，心理學家愛德華茲（Kari Edwards）與史密斯（Edward Smith）進行一個實驗，他們請美國人對於當時最棘手的政治立場（像是墮胎權、體罰、開放同性伴侶領養小孩、雇用少數族裔的最低配額，以及對十六歲以下的孩子判處死刑），提出支持或反對的論點。[13] 結果發現，人普遍都有偏好（這不令人意外）：人很難提出有利於對手的論點。更驚人的是，愛德華茲與史密斯指出，那些偏好在負面論點上往往會表現得更明顯。不相信比相信更容易辦到。實驗對象發現，反對他們不贊同的立場，比支持他們贊同的論點更容易辦到。懷疑擁有一種相當特別的力量。

要鼓動眾人心生懷疑也很容易，因為懷疑是科學探索與辯論過程的一部分。大多數人在學校學到（或是應該要學到），要對證據採取質疑的態度。歷史最悠久的科學社團「皇家學會」的座右銘是「nullius in verba」（不隨他人之言）。遊說團體若想要否定某個統計數據，他們總是能從現代科學挑出還沒有定論的某個部分，指出事情的複雜性，然後要求科學界進行更多研究。他們的主張乍聽之下很科學，甚至非常明智，但他們會給民眾一種錯誤且危險的印象：沒有人有篤定的答案。

菸草業者的手法現在被人廣泛使用。[14] 在現今的世界裡，這個手法被氣候變遷否定論者用得最凶，而且已經超越科學領域，進入政治領域。歷史學家普羅克特（Robert Proctor）曾花數十年研究菸草業，他把現代政壇稱為「無知的黃金年代」。

如同大多數吸菸者希望繼續吸菸，大多數人喜歡守著自己對政治議題的直覺。政治人物只需要做一件事，那就是說服人民對於挑戰自己直覺的證據心生懷疑。

曾任川普總統首席顧問的班農曾對作家麥可．路易士說出一句使他惡名昭彰的話：「民主黨一點也不可怕，真正的對手是媒體，而對付他們的方法，就是讓媒體界充斥假訊息。」[15]

與川普有關的另一個詞彙「假新聞」，同樣發人省思。這個詞原本指的是一個特定現象：網站發表內容不實的文章，以便透過社交媒體獲取點擊次數，賺取廣告費。最具代表性的例子是教宗為川普參選美國總統背書的傳聞。這個傳聞在川普勝選後曾引發一陣道德恐慌，專業的新聞評論員擔心，有些天真的選民因為誤信這種極不道德的謊言而投票給川普。

事實證明，那種恐慌其實來自錯誤的認知。學術研究發現，假新聞的散播力與影響力並不大：大多數的假新聞只在一小群極保守的年長選民之間流傳，他們很可能本來就是川普的支持者。隨著社交媒體網站意識到這種威脅之後，這些假新聞很快就不構成問題了。[16]

不過，「假新聞」卻從此成為一個影響深遠的**概念**，它給了世人一個理由，可以不去理會他們不喜歡的主張，相當於是現代版「謊言、可惡的謊言與統計數據」的警世寓言。川普總統善於把複雜的議題轉變成政治工具，他用這個詞彙將正規記者妖魔化。其他政治人物也如法炮製，包括時任英國首相的梅伊，以及她的競爭對手——工黨領袖柯賓。

「假新聞」一詞會引起共鳴，是因為它觸及了一個令人遺憾的事實：即使是主流媒體，也發布了大量不夠嚴謹的新聞，我們稍後會討論這個部分。不過仍然有一些認真負責的記者，會小心查證消息來源，而他們發現，自己也被歸類到「教宗為川普背書」的垃圾堆裡。

新冠疫情再次讓我們看見，理性的懷疑如何被惡意的酸言酸語淹沒。2020 年春季英國第一次封城時，「封城懷疑論者」運動提出質疑：對社會大眾實施禁令造成的傷害，何時會大於減緩疾病擴散速度帶來的益處。這是個棘手但重要的討論。然而，隨著確診人數在夏季逐漸下降，許多知名人士見風轉舵，開始強烈主張疫情已經結束，而且不會有第二波疫情。當死亡人數在秋季飆高，徹底反駁他們時，他們往往採取混淆視聽的做法，為自己找下臺階；他們堅稱，主流科學家也犯了很多錯，所以那些科學家說的話也不可信。

在那些所謂的錯誤當中最引人矚目的，就是世衛在 2020 年 3 月估計新冠病毒的致死率為 3.4%，比實際數字高了好幾倍，是過度高估。但那個說法以乍看相似的定義取代了正確的定義，歪曲了世衛的說法。（關於更多模糊定義的討論，請參見第三章。）3.4% 是世衛統計的官方死亡數字，並不是感染病毒的死亡率。原因顯而易見，在 2020 年 3 月，只有重症感染者接受檢測。[17]

你看出模式了嗎？這個劇本和 1950 年代菸草公司的策略如出一轍：指稱專家並不完全了解他們所講的事情，使民眾因為懷疑而對這個主題失去興趣。我們後來發現，許多自稱「封城懷疑論者」的人並不想了解真相，他們專門見縫插針，將民眾的怒氣轉化成個人利益。對他們來說，心中只剩下絕望與憎惡之情的人，是最容易操弄的人。他們巴不得所有人對證據、專家說的話，以及認真做過研究的媒體報導置之不理。當你說：「哦，**這些東西**我一點也不相信。」就是他們最開心的時候。別忘了班農所使用的策略：讓討論區充斥假訊息。

大家聽到什麼就信什麼，這令我感到憂心，但我更擔心大家除了自己先入為主的想法，什麼也不相信。

「懷疑」是強大的武器

1965 年春天，美國的參議院委員會正在斟酌是否要在香菸包裝上標示健康警語。他們找來的專家證人不是十分確定科學證據的可信度，於是他把焦點轉向鸛鳥與新生兒上。他解釋說，在當地，新生兒的數量與鸛鳥的數量成正相關，但送子鳥的傳說並不是真的；當然不是。[18] 相關性不是因果關係。小寶寶不是鸛鳥送來的。但地域更廣的地區有更多空間可以容納小寶寶和鸛鳥。同樣道理，吸菸與肺癌有相關性，但這一點也不代表吸菸會**導致**肺癌。

委員會主席問道：「你真的認為，把吸菸與生病連結在一起的統計數據所呈現的因果關係，如同鸛鳥與新生兒之間的關聯那樣不嚴謹嗎？」專家證人回答，對他來說，兩者「似乎是相同的事」。[19]

那位專家證人的名字是赫夫。

菸草公司雇用的遊說團付錢給赫夫，請他做他最擅長的事：把措辭巧妙的例子交織在一起，運用一點點的統計學知識，再加上某種程度的酸民心態，讓「吸菸有礙健康」的概念蒙上一層令人懷疑的陰影。他甚至為他的驚世之作寫了續集，只不過一直沒有出版而已。那本續集的名稱是《如何用吸菸相關統計數字騙人》（*How To Lie With Smoking Statistics*）。[20]

懷疑是威力強大的武器，而統計數據是非常容易被攻擊的目標。那個目標需要有人為它挺身而出。是的，要利用統計數字來騙人很容易，然而，不利用統計數字來騙人更容易。*

更重要的是，若沒有統計數據，我們將無法分辨真相——了解這個世界，試著讓這世界變得更好，就像多爾和希爾一樣。多爾和希爾所做的事需要一點洞察力和決心，但不需要天才般的智商，或是不可思議的數學能力。他們統計重要的數據：吸菸人數、不吸菸的人數、罹患肺癌的病例數，以及罹患心臟疾病的病例數。他們有條理且耐心的計算數目，然後根據蒐集的證據，謹慎的做出結論。多年來，那些結論救了數千萬人一命，或許也包括他們自己的性命：希爾加入多爾的行列，戒掉了抽菸斗的習慣，兩人後來都活到九十多歲。

＊統計學家之間很常使用這句格言。大家都說這句話源自統計學家莫斯提勒（Frederick Mosteller），但我一直無法確認真正的出處。

以信心與智慧運用統計數據，我們就能看見平時難以辨識的細微趨勢。這個世界很大、很複雜，而且非常、非常有趣，有近 80 億人居住其中，每天有數兆美元的經濟活動在進行。人類大腦大約有 860 億個神經元。[21] 全球的網路世界大約有 20 億個網站。而一種新的病毒可以從一個人散播到數千、數百萬、甚至數十億人。不論我們想要了解的是關於這個世界、其他人還是我們自己的事，若少了統計數據，所知將非常有限，如同少了 X 光片就無法看清骨骼的狀況，少了顯微鏡就看不見細菌，少了望遠鏡就無法觀測星星。

伽利略的望遠鏡有個膾炙人口的故事：他雖然被尊為天文學之父，依然被羅馬天主教廷斥為異端。樞機主教不願意使用他製作的望遠鏡觀星，因為他們說那個望遠鏡使用了魔術師的戲法。伽利略說他看見了月球表面的山脈？那是因為望遠鏡的鏡頭被弄髒了。他看過木星的衛星？呸！那些衛星是被畫在望遠鏡上的。樞機主教連看都不願意看。

四百年後的今天，我們會覺得那個故事很可笑。不過，那個故事經過長時間的流傳，已經被誇大了不少。[22] 其實現代人也沒什麼好得意的，許多人因為害怕被騙而拒絕檢視統計數據。我們認為，採取赫夫的酸民心態，對所有的統計數據嗤之以鼻，是一種見過世面的智慧。但事實不然。我們其實是敗給了玩弄民粹主義與政治宣傳手段的人，他們要的就是眾人什麼都不在乎，對邏輯與證據失去信心，淪於只相信自己喜歡的主張。

我希望我們能改變現況。我希望我能給你信心，使你願意拿起統計學的望遠鏡，用它仔細檢視這個世界。我希望能幫助你了解統計學真相背後的邏輯，而且不被錯誤的邏輯、情緒，以及導致謬誤的認知偏誤影響。

請你透過統計學的望遠鏡看看周遭世界吧。你會驚奇的發現，你能看清楚所有的事。

準則一

用你的心去感覺

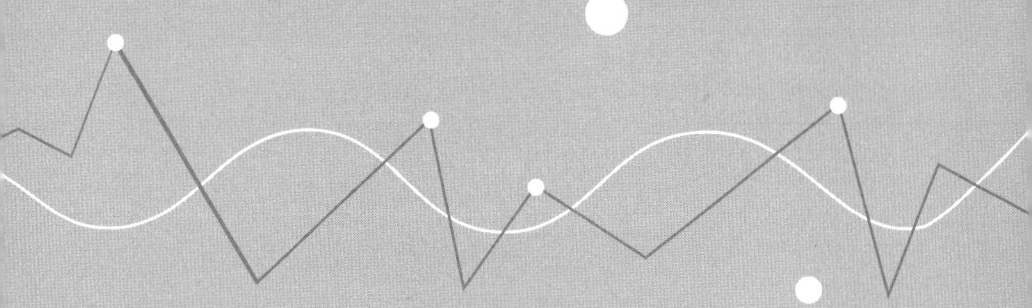

天行者路克：「不……那不是真的。不可能！」

達斯維達：「用你的心去感覺，你知道事實就是如此！」

——《帝國大反擊》（1980）[1]

沒有人騙得了布雷迪烏斯（Abraham Bredius）。他是一位藝評家兼收藏家，也是研究荷蘭畫家的頂尖學者，尤其是十七世紀繪畫大師維梅爾。早在 1880 年代，年紀輕輕的布雷迪烏斯就靠著識破偽畫而闖出名號。1937 年，他當時八十二歲，剛剛出版了備受世人推崇的最後著作，他在書中鑑定出兩百件林布蘭的偽畫與仿作。[2]

一天，一位風度翩翩的律師造訪布雷迪烏斯在摩納哥的別墅。這位名叫布恩（Gerard Boon）的律師想請布雷迪烏斯鑑定一幅新發現的畫作〈以馬忤斯〉（*Christ at Emmaus*），有人認為這是維梅爾的親筆作。這幅畫讓這位眼光銳利的老人看得出神，老人最後做出判決：〈以馬忤斯〉不僅是維梅爾的親筆畫作，而且是這位荷蘭繪畫大師的最高成就。

「我想說，這是臺夫特的維梅爾最傑出的作品。」布雷迪烏斯不久之後在雜誌發表文章寫道：「它和維梅爾其他的畫作截然不同，但千真萬確是本人的作品。」

他還說：「當我看見這幅傑作時，差點控制不住我的情緒。」他以虔敬的態度使用了「ongerept」這個荷蘭文來形容這幅畫，意思是「童女般純潔無瑕」。那個詞用得實在太絕了：事實上〈以馬忤斯〉再汙穢不潔不過了。這是幅貨真價實的贗品，幾個月前才剛畫在古畫布上，並且添加酚醛樹脂，讓顏料快速變硬。

然而，這種粗糙的技倆不僅讓布雷迪烏斯栽了跟頭，也讓整個荷蘭藝術界跟著上當。〈以馬忤斯〉很快就以 52 萬荷幣的價格，由鹿特丹的博伊曼斯美術館（Boijmans Museum）收購。以當時的收入水準來看，這金額相當於現在的 1,000 萬英鎊。布雷迪烏斯還親自出馬，幫忙美術館收購這幅畫。

〈以馬忤斯〉成為博伊曼斯美術館的鎮館之寶，吸引了大批慕名而來的民眾，而且佳評如潮。好幾幅風格類似的畫作隨後也一一出現。第一幅偽畫被承認是維梅爾的真跡之後，其他的贗品很快也被世人接受了。這些偽畫沒有騙倒所有人，但就像〈以馬忤斯〉一樣，騙過了重要的關鍵人物。藝評家為這些畫掛保證，美術館展示這些畫作，收藏家砸大錢收購這些作品，牽涉的總金額超過相當於現在的 1 億英鎊。從金融觀點來看，這是一樁重大的詐欺案。

但這個事件的影響不只如此。荷蘭藝術界將維梅爾尊為史上最偉大的畫家之一。維梅爾的作品集中在 1660 年代完成，但一直到十九世紀後期，他的作品才受到世人重視。他留下的作品不到四十件。在短短幾年內，就有好幾幅畫作重見天日，這實在是個重大的文化事件。

這種事一般人應該很難相信，但事實不然，為什麼？

不要從畫作本身尋找答案。假如你拿維梅爾的真跡與第一件偽畫〈以馬忤斯〉做比較，將很難理解怎麼會有人上當，更別說是有火眼金睛的布雷迪烏斯了。

維梅爾是真正的大師。他最知名的畫作是〈戴珍珠耳環的少女〉，畫裡有一位明亮動人的少女，集合了誘人、天真、令人愛慕與焦慮等特質於一身。這幅畫啟發了一本小說和一部電影的創作，電影由史嘉蕾．喬韓森飾演那位無名少女。在〈倒牛奶的女僕〉中，家庭生活的一個平凡場景，被栩栩如生的細節（例如銅壺和剛烤好的麵包）提升到了另一個層次。還有〈讀信的女人〉，畫中的女人站在柔和的光線裡，那光線來自我們視野之外的一扇窗戶。這個女人或許懷孕了？我們看著她的側影，她把信拿在胸前，視線向下，認真讀信。那畫面透出的寧靜帶有一種戲劇性——我們感覺得到，她在讀信時屏住了氣息，使我們不禁也跟著她止住呼吸。一幅真正的傑作。

那麼〈以馬忤斯〉呢？這幅畫相形之下缺乏動態感，而且手法粗糙。它不是維梅爾的拙劣仿作，而是一點也不像維梅爾的作品。這幅畫本身不算太糟，但也不算是上乘之作，與維梅爾的作品擺在一起，顯得貧乏與粗陋。然而，它與其他幾幅偽畫在當時卻騙過了全世界，若不是偽造者因魯莽與壞運氣而被逮，世人有可能一直被矇騙到現在。

1945 年 5 月，歐洲戰事剛剛停歇，同盟國的藝術委員會派了兩名官員來到阿姆斯特丹一個最特別的地址：國王運河 321 號。一個有魅力的小個子男子出來應門，他名叫漢．范米格倫（Han van Meegeren）。范米格倫年輕時曾在繪畫方面小有成就。中年時，臉部肌肉鬆弛、頭髮灰白的他成了一個富有的畫商。

不過，他可能找錯人打交道了，因為那兩名官員上門來是為了逮捕他，理由是范米格倫把維梅爾後來被發現的傑作〈行淫的婦人〉賣給一位納粹高官，這位納粹高官不是普通人，乃是希特勒的左右手戈林。

范米格倫以叛國罪被逮捕與起訴。他氣憤的否認這項罪名，試圖靠著咄咄逼人的氣勢與連珠炮般的咆哮，為自己殺出一條活路。他這招通常有效，但這次行不通。關押幾天之後，他就屈服了。他沒有認叛國罪，但他認的罪使荷蘭和全世界的藝術界大為震動。

范米格倫冷笑道：「你們這群笨蛋！你們以為我把維梅爾的無價作品賣給了戈林？那根本不是維梅爾的畫！那是我自己畫的。」[3]

范米格倫承認，不只是賣給納粹的那幅畫出自他的手筆，連〈以馬忤斯〉和其他幾幅被認為是維梅爾的畫作，也出自他的手。這樁詐騙案會被拆穿，不是因為被人識破，而是因為偽造者自己出面承認。而且有何不可呢？把絕無僅有的維梅爾傑作賣給納粹，無疑是條死罪，但把假畫賣給戈林不僅可以被原諒，甚至令人讚賞。

但疑問依舊存在：像布雷迪烏斯這樣的專家，怎麼可能被粗糙的假畫給騙了？我這本以統計學為主題的書，為何劈頭就講一個和數字完全無關的故事？

這兩個問題的答案是相同的：要明白解讀周遭世界時，主宰我們的可能是感覺，而不是專長。當布雷迪烏斯寫「我差點控制不住自己的情緒」時，他說的是實話。布雷迪烏斯知道的技巧或知識無人能及，但范米格倫懂得如何讓布雷迪烏斯的技巧或知識產生反效果。

研究范米格倫靠什麼手法騙過布雷迪烏斯，不只可以幫助我們解開藝術史上的謎團，還能夠解釋人為何會買自己不需要的東西、愛上錯的人，以及為何會投票給違背承諾的政治人物。尤其可以解釋我們為何經常輕信有統計學根據的主張，而那些主張只要稍微動動腦筋想一下，就會知道它無法成立。

范米格倫不是藝術奇才，但他天生非常了解人性。有時候，我們其實希望自己被騙。

情緒陷阱

我稍後會再談布雷迪烏斯犯錯的原因。現在需要明白的是，布雷迪烏斯對維梅爾作品的專精知識，其實對他有害，而不是有利。布雷迪烏斯看到〈以馬忤斯〉時，他被自己的情緒反應誤導了。每個人都可能落入這個陷阱。

本書的目的是幫助你更了解統計數據。那代表我需要幫助你更了解你自己。再多的統計學知識也無法阻止你相信不該相信的主張，也無法防止你對不該視若無睹的事實視而不見。統計學的專業知識要發揮作用，需要你在看到以統計數字為依據的主張時，有能力控制自己的情緒反應。

在某些情況下，你不需要擔心情緒反應的問題。假設我告訴你，火星與地球相距 5,000 萬公里（或 3,000 萬英里），很少人會對這個說法產生情緒性的看法，因此，你通常立刻可以對這個說法提出一些合乎常理的問題。

例如：3,000 萬英里很遠嗎？（有點遠，它是地球與月球之間距離的一百多倍，不過，其他的行星離地球更遠。）等一下，火星不是在另一個軌道上運行嗎？那不就意味著，地球與火星之間的距離一直在改變？（的確如此。地球與火星最近的距離大約是 3,000 萬英里，但有時候，這兩個行星之間的距離會超過 2 億英里。）由於你對這個說法沒有情緒性的反應，所以你沒有機會被情緒誤導，而會直接試著理解與評估這個說法。

不過，當人產生情緒反應時，理解與評估就變得比較難辦到了，如同吸菸者對癌症統計數據的反應。心理學家孔達（Ziva Kunda）在實驗室裡發現了這個效應。她讓受試者看一篇文章，裡面提到咖啡或其他含咖啡因的食物可能會提高女性罹患乳癌的機率。大多數人認為這篇文章很有說服力，但喝大量咖啡的女性就抱持不同的看法。[4]

我們通常會找到方法對不喜歡的證據視若無睹。反之亦然：若證據支持我們先入為主的看法時，就比較不會去追究證據是否有瑕疵了。

情緒反應愈激烈，思緒就愈難保持清晰。假設醫生告訴你，你得了一種罕見的癌症，他建議你不要上網查資料，你會怎麼做？假設你不理會他的建議，自行上網查科學文獻，結果發現那種病的平均存活期只有八個月，你接下來會怎麼做？

那正是古生物學家兼科普作家古爾德（Stephen Jay Gould）四十歲時遇到的事。他在一篇頗為知名的散文中寫道：「我呆坐了大約十五分鐘……」你可以想像他心中的情緒波動。**只剩下八個月可活。只剩下八個月可活。只剩下八個月可活。**「然後我的腦袋重新開始運作，感謝老天。」[5]

當頭腦開始發揮作用之後，古爾德意識到，他的情況可能沒那麼絕望。八個月不是上限，而是中位數的平均值，那代表有半數的人存活超過八個月。有些人後來可能又活了很久。古爾德的情況相當樂觀：他還算年輕，他的癌症在初期就發現了，他可以好好接受治療。

古爾德的醫生不建議他去查文獻，是出於一片好意。許多人會想方設法避免聽見他們可能不想聽的消息。在另一個實驗中，研究者對一群學生進行血液採樣，然後向他們做一個可怕的簡報，介紹疱疹病毒的危險性。研究者接下來表示，他們的血液會接受疱疹病毒的檢測。疱疹無法治癒，但可以控制。感染過疱疹病毒的人可以做一些預防措施，以免把病毒傳給性伴侶。因此，知道自己體內有沒有疱疹病毒是很有用的事。儘管如此，仍有一小撮人（約兩成）和其他人有截然不同的反應，他們不想知道自己是否感染病毒，甚至願意花不少錢把自己的血液樣本銷毀。他們告訴研究者，他們就是不想面對焦慮。[6]

行為經濟學家稱此為「鴕鳥效應」。例如：當股市行情下跌時，投資人會比較不想上網登入自己的帳戶查看投資現值。這實在沒什麼道理。假如你根據股價資訊來決定投資策略，那麼不論股價是漲是跌，都應該同樣關心才對。假如你不根據股價資訊來做投資決定，就沒有理由登入帳戶，那你為何在股市大漲時，三不五時就登入帳戶查看行情？

當取得的資訊對我們很重要時，就很難完全掌控自己的情緒，因為情緒有可能使注意力失焦。古爾德意識到，他剛聽到壞消息時太過震驚，以致於腦袋無法正常思考。然而，當他看見統計數據透露出來的希望曙光時，他如何確知自己不是處於否認事實的狀態？事實上，他無法確知。現在回頭看，我們知道他當時並非否認事實：他後來又活了二十年，死於與那種罕見癌症無關的疾病。

我們不需要變成沒有情緒的數字處理器，只要留意自己的情緒狀態，通常就足以提升判斷力。我們不需要以超人般的意志力控制情緒，只需要養成一種好習慣。請你自問：這個資訊給了我什麼感覺？我想要為自己辯白，還是感到沾沾自喜？我覺得焦慮、氣憤，還是害怕？我在否認事實嗎？以致於急著想找個理由，將這個說法視為無關緊要？

我自己也還在練習這個技巧。幾年前，我在社交媒體上分享了一張圖表，上面顯示支持同性婚姻的人數正快速增長。我當時非常關心這個議題，因此很想把這個好消息分享出去。我稍微看了一下，發現那張圖表的來源是一家聲譽良好的報紙，於是就用推特轉推出去了。

結果，我得到的第一個回應是，「提姆，你仔細看過那張圖表的橫軸和縱軸了嗎？」我的心開始下沉。只要花五秒鐘看一下那張圖表，我就會知道它提供的資訊並不正確，時間軸被動了手腳，使趨勢變成一條上升曲線。正如圖表所呈現的，支持婚姻平權的人數增加了，但我應該把這張圖表剪下來，收錄在我的「糟糕的數據視覺呈現」資料夾裡，而不是急著與全世界分享。我被情緒沖昏了頭。

我現在還是會犯這種錯誤，但我希望，我犯錯的次數比以前少。

我肯定變得比較謹慎，而且當別人犯那種錯誤時，我往往也能更敏銳的覺察到。新冠肺炎疫情剛暴發時，我們可以清楚看見這種錯誤：一些看似助人的錯誤訊息，散播得比病毒還要快。有一則被瘋狂轉發的文章（在臉書和電郵群組中流傳），自信滿滿的教大家如何分辨新冠肺炎與普通感冒，再三保證只要氣溫回升，病毒就會死亡，並且提供錯誤的祕方，說要避免喝冰水，而溫開水可以殺死病毒。這篇文章的來源有時候是「我朋友的叔叔」，有時是「史丹佛醫院董事會」，或是某些無可指責的無辜小兒科醫生，它的內容有些是正確的，但大致上純屬臆測，而且具誤導性。然而，一般大眾（通常是明理的人）卻一而再、再而三的轉發。為什麼？因為他們想要幫助別人。他們感到無所適從，然後他們看到了一個顯然有用的建議，於是覺得非轉發給別人不可。會有那股衝動是人之常情，而且是出於善意，但其實是不智之舉。[8]

每當我要複述任何統計結論時，我會先覺察自己有什麼感受。這個習慣無法百分之百防止我犯錯，但對我幾乎沒有害處，有時還幫了我大忙。人類的情緒有很強大的影響力。我們無法讓情緒消失，也不該想要讓情緒消失。但我們可以、也應該試著培養某種敏感度，在情緒蒙蔽了判斷力時有所覺察。

受到欲望扭曲的推論

2011年，牛津大學的行為經濟學家梅拉茲（Guy Mayraz）進行了一個關於「一廂情願」的實驗。[9]

梅拉茲讓實驗參與者看一張價格漲跌的圖表。這張圖其實是股市漲跌的歷史資料片段，但梅拉茲告訴受試者，這張圖是小麥價格最近的漲跌變化。他請每個人預測，小麥價格接下來是漲還是跌，假如他們猜對了，就可以得到獎勵。

但梅拉茲已經先將受試者分成兩組。一組人被告知他們是「農民」，假如小麥價格上漲，他們就可以得到額外的工資。另一組人被告知他們是「麵包師傅」，假如小麥價格下跌，他們就可以領一筆獎金。因此，受試者有機會贏得兩筆獎金：若預測正確，就可以得到一筆獎金，若小麥價格的漲跌對他們有利，還可以得到一筆意外之財。但梅拉茲發現，意外之財會影響參與者的預測。農夫希望小麥價格上漲，於是他們也**預測**小麥價格會上漲。反觀麵包師傅，他們的願望和預測則與農夫相反。這個實驗讓「一廂情願」的概念以最純粹的形式展現：我們的推論會因為我們的願望而搖擺。

另一個例子是經濟學家鮑柏克（Linda Babcock）與羅文斯坦（George Loewenstein）進行的實驗。他們向實驗參與者提供一起摩托車事故真實法庭案例的證據，然後隨機分配角色給參與者，請他們扮演原告律師（主張受傷的摩托車騎士應該獲得十萬美元的賠償），或是辯護律師（主張訴訟應該被駁回，或是賠償金額應該很低）。

實驗對象若能將自己的論點闡述得令人信服，並與對造律師達成有利的和解條件，就能得到一筆獎金。另外，假如他們能正確猜出法官實際判決的賠償金額，還能獲得另一筆獎金。他們的預測應該與扮演的角色無關，然而，他們的判斷卻深受個人願望影響。*[10]

心理學家把這種現象稱為「動機性推理」（motivated reasoning），它指的是人有意識或無意識的帶著目的去思考某個主題，以期得出某種特定結論。例如：觀賞足球比賽時，我們往往只看到對方球員犯規，卻忽略我方球員的過失。我們更容易注意到想要注意的事物。[11]

或許最震撼的例子是，有些人否認「人類免疫缺乏病毒」（HIV）是導致愛滋病的原因。有些人甚至認為 HIV 根本不存在。不論是上述哪一種人，他們都拒絕接受現在已經非常有

---

* 在這兩個實驗中，人受少量獎金的影響比較小，受他們扮演的角色所引發的情緒影響比較大。實驗結果證明，採取特定觀點對人所做的決定會有很大影響。

效果的標準治療方法。遺憾的是，一些知名人士因為抱持這種觀念，而害自己與孩子喪命。不過，這種觀念應該會讓他們覺得很安心，尤其在治療方法剛問世時，當時的方法療效較差，而且有嚴重的副作用。你可能會以為，抱持上述觀念的人只是極少數，但事實不然。美國有一項研究調查同性戀與雙性戀男性的看法，結果發現幾乎有半數的人認為 HIV 不會導致愛滋病，而且有超過一半的人認為標準療法害處大於益處。另一個研究以愛滋病患為對象進行調查，結果發現，持否定看法的人高達 15% 到 20%。這些調查的隨機採樣不夠嚴謹，所以我不會太認真看待這些研究數據。然而，它提供了明確的證據，說明有許多人拒絕接受科學共識，而讓自己置身險境。[12]

當牛津大學的研究人員在2020年3月發表新冠肺炎的「冰山一角」模型時，我也看見了「一廂情願」的運作痕跡。那個模型指出，新冠病毒可能比我們所想的更具傳染力，但危險性更低。這個樂觀的預測暗示了一件事：最糟的情況很快就會過去。那是流行病學家圈子裡的小眾看法，因為當時還沒有數據顯示絕大多數人其實是無症狀感染。這個研究提出一個重點：我們非常需要更有效的資料來找出真相。只可惜，大多數民眾沒有抓到那個重點，而是拚命分享「好消息」，因為所有人都希望那就是事實。[13]

動機性推理並非只以「一廂情願」的形式呈現出來，不過它是一種很常見的形式。我們之所以相信某件事，部分原因是我們想要相信它。感染 HIV 的人如果相信這種病毒不會導致愛滋病，也不會透過母乳傳給孩子，他們的心裡會好過很多。「農夫」想要正確的預測小麥價格，但他也想要賺取獎金，於是他的預測就被貪婪扭曲了。熱中政治的人希望自己所支持的政治人物聰明、機智而且清廉，於是往往會忽視與這個願望相反的證據。

另外，熱愛維梅爾的藝評家會有非常強烈的動機，希望自己眼前的這幅畫並非假畫，而是一幅傑作。

為布雷迪烏斯量身打造的圈套

導致布雷迪烏斯失足的正是「一廂情願」的人類天性。這位藝術史學家有個弱點：他對維梅爾的宗教畫非常著迷。全世界只有兩幅，而他發現了其中一幅：〈信仰寓言〉。他當時仍持有那幅畫。另一幅是〈基督在馬大與馬利亞的家〉，這是維梅爾唯一描繪《聖經》場景的畫。布雷迪烏斯曾在 1901 年鑑定過它，他堅信那不是維梅爾的作品。不過，其他藝評家不認同他的看法。到最後，所有人一致認為布雷迪烏斯錯了，包括布雷迪烏斯本人。

經過那次慘痛的教訓，布雷迪烏斯下定決心絕不重蹈覆轍。他對維梅爾的了解與熱愛無人能及，所以他總是在尋找機會洗刷汙名，他一定要正確的鑑定出維梅爾的下一幅傑作。

此外，布雷迪烏斯開始著迷於維梅爾早期的宗教畫〈馬大與馬利亞〉，與他幾年後更具個人特色的畫作之間的落差。在那兩種畫風之間，是否潛藏著尚未被發現的作品？假如能發現另一幅宗教畫，豈不是太完美了？

布雷迪烏斯對於維梅爾持有一個獨特的看法，他認為維梅爾年輕時曾到義大利旅行，受到偉大的義大利畫家卡拉瓦喬的宗教畫啟發。但那只是布雷迪烏斯的個人猜測。維梅爾的生平罕為人知，沒人知道維梅爾是否見過卡拉瓦喬的畫。

范米格倫非常清楚布雷迪烏斯的揣測，於是畫了〈以馬忤斯〉來誘騙他。那是一幅主題取材自《聖經》的大型油畫，構圖有卡拉瓦喬的影子，顯然是在向這位大師致敬，就像布雷迪烏斯一直認為的。范米格倫加了一些維梅爾風格的筆觸在其中，使用了十七世紀常用的布景。耶穌基督擘開的餅特別被強調出來，將濃厚的白色油彩以點描法呈現，就像那個出名的珍珠耳環。而且油彩呈現變硬與裂開的樣貌，透露出歲月的痕跡。

布雷迪烏斯的心中沒有一絲懷疑。他怎麼會起疑呢？范米格倫的幫手布恩向布雷迪烏斯展示的不是一幅畫，而是一個證據，證明他的看法自始至終是正確的。這個老人在人生的尾聲，終於找到了那失落的環節。布雷迪烏斯想要相信這是真跡。由於他是專家，所以他不費吹灰之力就可以提出許多理由，來支持他下的結論。

例如麵包上那個洩漏祕密的點描法：在外行人眼裡，那些白點似乎畫得不太高明，但它卻使布雷迪烏斯想起了維梅爾在〈倒牛奶的女僕〉中強調的那個誘人的麵包。一般人可能看不出這幅畫的構圖有卡拉瓦喬的影子，但它難逃布雷迪烏斯的法眼。他還能舉出其他線索，證明〈以馬忤斯〉是真跡。他注意到范米格倫用來當成布景的花瓶，正是十七世紀畫作的特點。此外，畫作上的顏料也是十七世紀的（至少很接近了）。范米格倫巧妙的運用了維梅爾的慣用色彩。還有畫布：像布雷迪烏斯這樣的專家只要察看畫的背面，根據畫布的新舊程度，立刻能識出十九或二十世紀製作的假畫。范米格倫非常清楚這一點，因此他用十七世紀的畫布來作畫。他小心翼翼的除去表面的顏料，但保留底色以及特有的裂痕。

接下來還有一種最簡單的測試：顏料的新舊程度。想要假造古畫的人會面臨一個挑戰，那就是油彩需要經過半個世紀才會全乾。你可以拿一支棉花棒沾一點酒精，輕輕摩擦油畫的表面，看看顏料會不會沾染在棉花上，如果棉花上沾了顏料，就代表那幅畫是後來才製作的贗品。只有變硬的顏料才能通過這項測試。

布雷迪烏斯曾用這個方法鑑定出假畫，而〈以馬忤斯〉上的顏料完全不掉色，這讓布雷迪烏斯有絕佳的理由相信，〈以馬忤斯〉的年代久遠，因此它一定是真跡。范米格倫利用一種簡單的化學作用騙過了布雷迪烏斯，那是他經過幾個月的實驗找到的方法。范米格倫把十七世紀的油彩與一種全新的材料混合：酚醛樹脂，這種樹脂在攝氏 105 度下加熱兩小時，就會變成一種塑膠：電木。難怪顏料會變硬，而且不會掉色，因為它被混入了一種工業塑膠。

布雷迪烏斯根據好幾個不甚重要的理由，相信〈以馬忤斯〉是維梅爾的作品。那些理由足以蓋過一個再明顯不過的事實：那幅畫與維梅爾的所有畫作一點也不相像。

我們再看一下布雷迪烏斯的激動評論：「我想說，這是臺夫特的維梅爾最傑出的作品……它和維梅爾其他的畫作截然不同，但千真萬確是本人的作品。」

「和維梅爾其他的畫作截然不同」不是一種警訊嗎？但布雷迪烏斯實在太想要相信那幅畫是他花了一輩子尋找的作品，因為它可以證實維梅爾與卡拉瓦喬的連結。范米格倫設下了一個只有真正的專家才會掉入的陷阱，其餘的部分是由布雷迪烏斯的一廂情願心態完成的。

反被專業誤

布雷迪烏斯證明了一個事實：即使是專家，也難以避免掉入動機性推理的陷阱。在某些情況下，專家的專業知識甚至對他們有害。法國諷刺作家莫里哀曾寫道：「博學的傻瓜比無知的傻瓜更愚蠢。」富蘭克林曾評論道：「講道理是一件很便利的事，因為我們可以為我們有心的每件事，找到或製造一個理由。」

現代科學支持莫里哀與富蘭克林的看法：專業知識愈多的人，愈有能力拆穿騙局，但假若他們落入動機性推理的陷阱，他們也有更多的能力找出更多理由，相信他們想要相信的事。

最近有一份證據回顧得出一個結論：順著成見來評估證據

與檢驗論點的傾向很普遍，在聰明人中同樣常見。精明或受過教育也無法使人不受這個傾向的影響。[14] 在有些情況下，它甚至可能成為我們的弱點。

政治學家泰伯（Charles Taber）與洛奇（Milton Lodge）在 2006 年發表的一項研究，可以為我們說明這個現象。他們延續愛德華茲與史密斯對於政治與懷疑的研究（在序言曾提到），想要檢視美國人對於爭議性政治議題的思考方式。他們選擇的議題是槍枝管制與平權法案。

泰伯與洛奇請實驗參與者閱讀正反雙方的論點，來評估每個論點的優缺點。你可能以為，了解正反雙方的意見後，可以讓人更能理解對方的觀點。但事實不然，更多的資訊反而使眾人的立場更加對立，這是因為人會挖掘他們得到的資訊來堅持己見。鼓勵人去搜尋更多資訊，他們會尋找支持己見的資料。而鼓勵人去評估反方觀點的優勢時，他們會花相當多的時間設法駁斥它。

得出這類結論的研究不只有泰伯與洛奇的實驗，但這個實驗有個特別讓人感興趣的部分，它證明了專業知識確實會讓情況變得更糟。* 專業知識較豐富的實驗參與者，會找到更多資料來堅持己見。更令人意外的是，他們所找到的與己見相異的資料比較少，彷彿他們會主動運用自己的專業知識，來閃避令

---

* 這個實驗詢問人民對於美國政府運作方式的看法（例如：需要多少參議員投票否決，才能推翻總統的否決權），來衡量政治專業知識的複雜度。

他們不自在的資訊。他們會提出更多論點來堅持己見，同時在反方論點中挑出更多毛病。他們具備更多的能力，可以得出想要的結論。[15]

當人有所偏袒，最容易激起政治性的情緒反應。有強烈政治立場的人會希望自己站在對的那一邊。當我們聽見某個主張時，我們當下的反應，取決於我們是否認為「像我這種人就該有這種看法」。

以氣候變遷為例：「人類的行為導致地球暖化，為我們的生活方式帶來極大威脅。」許多人對這樣的主張會產生情緒反應；這和地球與火星之間的距離不同。我們的身分認同會決定我們選擇相信或否定這個主張；這個主張透露出我們是什麼樣的人、我們的朋友是什麼樣的人，以及我們想要活在什麼樣的世界裡。假如我做的新聞標題或是用社交媒體分享的圖表，提出了與氣候變遷有關的主張，它會引起別人的注意與關切，原因不在於這個主張是對還是錯，而是出於世人對這個主張的感受。

如果你不相信，請思考一下蓋洛普在 2015 年所做的意見調查。調查結果指出，美國的民主黨員和共和黨員對於氣候變遷的擔憂程度有天壤之別。這個情況的合理解釋是什麼？科學證據是中性的，我們的看法不該產生偏移，但事實上，我們的看法就是會偏移。[16]

教育程度愈高，差距就愈大。大學以下教育程度的人當中，45% 的民主黨員與 22% 的共和黨員對於氣候變遷「非常擔憂」。但在大學畢業程度的人當中，有 50% 的民主黨員與 8% 的共和黨員對於氣候變遷「非常擔憂」。衡量科學素養時也呈現類似的模式：比起科學素養較低的人，科學素養愈高，共和黨員與民主黨員之間的差距就愈大。[17]

若不涉及情緒反應，愈高的教育程度與愈多的資訊，肯定可以幫助世人在真相上（或是最可能的理論）達成共識。然而，提供愈多資訊，似乎會讓人對於氣候變遷的看法變得更加對立。這個事實足以說明情緒扮演了多麼重要的角色。人會努力做出符合自己看法和價值觀的結論，就和布雷迪烏斯一樣，知道的愈多，就掌握愈多武器可以得出他們想要的結論。

心理學家把促成這種兩極化的歷程稱作「偏見同化」（biased assimilation）。假設你在雜誌上看到一篇文章，探討人對死刑的效應有什麼看法。你對這個議題很感興趣，於是你開始閱讀這篇文章，你看到了某個研究的簡短概述：

> 帕默爾（Palmer）與格蘭道（Grandall）這兩位研究者以有死刑和沒死刑的鄰近兩州為一組，挑了十組對象比較凶殺發生率。結果發現，這十組對象中有八組的情況是：有死刑的州有比較高的凶殺發生率。因此，這項研究不支持死刑的嚇阻效果。

你的看法呢？你覺得這個結論有道理嗎？

假如你反對死刑，那麼你可能會認同這個結論。但假如你支持死刑，可能會產生懷疑，也就是我們在菸草公司的例子中看到的情況。這個研究執行的方式夠專業、夠嚴謹嗎？他們有考慮過其他解釋嗎？他們是如何處理資料的？簡言之，帕默爾與格蘭道真的知道他們在做什麼嗎？還是他們只是兩個騙子？

請放心，帕默爾與格蘭道不會因為你的起疑而生氣，因為這兩個人並不存在，他們是三位心理學家羅德（Charles Lord）、羅斯（Lee Ross）與萊普（Mark Lepper）捏造出來的人物。這三位心理學家在 1979 年設計了一個實驗，想探究人對於自己強烈認同的論點的思考歷程。研究者募集了一群有堅定看法的參與者，有些人強烈支持死刑，有些人強烈反對死刑。他們讓實驗參與者閱讀兩個捏造出來的研究結果：一個研究顯示死刑可以嚇阻重大犯罪行為，另一個研究顯示相反的效果（也就是帕默爾與格蘭道的例子）。[18]

你可能預期，實驗參與者會忽略與自己的看法相矛盾的研究結果。但羅德與他的同事意外發現，人得到愈多細節（圖表、研究方法、捏造出來的學者見解），就愈容易否決他們不喜歡的證據。假若懷疑是武器，那麼細節就是彈藥。

當我們遇到不喜歡的證據，便會自問：「我**必須**相信它嗎？」當我們獲得更多細節後，就有更多機會從那個論點中挑出毛病。當我們遇到贊同的證據時，則會問另一個問題：「我**能**相信它嗎？」愈多細節代表有更多的理由堅持己見。[19]

提供正反雙方意見的詳細資訊，可能使雙方的看法離得愈來愈遠，而不是愈來愈近，這個現象違反了我們的直觀感覺。我們若有堅定的看法，會樂於接納自己喜歡的證據，同時對不喜歡的資料或論點產生反感。這種對證據「偏見同化」的傾向意味著，知道的東西愈多，在有爭議的議題上就更有偏袒的空間。

社會、文化對「真相」的影響

這個現象似乎很荒謬。不是所有人都想知道真相嗎？當真相會影響我們的生活時，理應如此。否認 HIV 與愛滋病之間關係的例子告訴我們，有些人會大費周章的拒絕自己不喜歡或聽了會不舒服的觀念，即使那些觀念能救自己一命。一廂情願的力量有時大到超出想像。

不過，是非對錯往往不會產生攸關生死的影響。在許多問題上，得出錯誤的結論可能對我們一點害處也沒有，有時甚至是有助益的。

要了解這個現象背後的原因，可以思考一個多數人認為沒有客觀「真相」的議題：吃牛肉、豬肉或狗肉有沒有道德上的高低之分？你對這個議題的看法基本上取決於你的文化。幾乎沒有人想要探討其背後的邏輯，融入當地文化是比較明智的選擇。

在很多時候，**有**正確答案的議題往往也是如此。在氣候變遷的議題上，即使無法篤定，但我們基本上認為這個議題有一個客觀的真相。不過，你只是這個地球上 80 億人口的其中之一，你的看法幾乎沒有任何影響力，只有少數人例外。除非你是中國國家主席，否則不論你說了什麼或做了什麼，都無法逆轉氣候變遷的趨勢。從自我中心的觀點來說，即使你犯了錯，也幾乎不會造成任何後果。

然而，你的看法是否被社會接納，會帶來真實且直接的後果。

假設你在蒙大拿州種植大麥，又熱又乾的氣候對你的收成造成了愈來愈不利的影響。氣候變遷的議題對你很重要。但是，蒙大拿是個民風保守的鄉下地方，在這裡，「氣候變遷」一詞帶有政治色彩。你能怎麼辦呢？農民索默菲（Eric Somerfeld）克服了這個困難：

> 索默菲看著田地裡枯萎的作物，他心知肚明，這些作物枯萎的原因是什麼——氣候變遷。但是當他在酒吧和朋友喝酒時，他使用了另一種語言。他拋下了禁忌用語，改用「不穩定的天氣」和「更乾、更熱的夏天」等詞彙。這在農業國家是很常見的聊天策略。[20]

但若索默菲是住在波特蘭、奧勒岡或是英國的布萊頓，他到酒吧喝酒時就不需要如此小心翼翼了，因為他很可能有一些非常重視氣候變遷議題的朋友。不過，那些朋友很可能會讓另一種人覺得被排擠：那些人強烈主張氣候變遷是中國搞出來的。

所以，或許受過高等教育的美國人對於氣候變遷議題有兩極化的看法，也沒什麼好奇怪的。人類演化的漫長歷史，使人類天生非常關心自己能否融入周遭的群體。這個習性有助於解釋泰伯與洛奇發現的結果，也就是在政治對立的議題上，掌握愈多資訊的人愈容易落入動機性推理的陷阱：我們提出的觀點若愈符合朋友認同的看法，朋友就愈尊敬我們。

有些人否認 HIV 導致愛滋病的例子，使我們明白即使面對攸關生死的議題，人依然可能犯下大錯。不過，若犯錯會遭到社會排斥，我們可能會比較謹慎。若犯錯不會帶來太大的不良後果，我們往往更容易步入歧途。許多造成對立的爭議也有這個情況。

我們往往傾向於認為動機性推理只發生在別人身上。若我們三個人之間有政治歧見，那麼我是有原則，你是有偏見，而他是陰謀論者。不過，假如我們能夠承認，我們有時候是用心來思考，而不是用腦袋來思考，這可能會是比較有智慧的認知。

倫敦國王學院的神經學家德梅耶爾（Kris De Meyer）讓學生閱讀下列文字，這些文字說明了環保運動支持者在面對氣候變遷否定論時會遇到的問題：

> 若要簡述氣候變遷否定論者所從事的活動，我想我們可以說：
>
> (1) 他們的行動很激進，而我們的行動是防衛性的。

(2) 否定論者的活動很有秩序，彷彿他們已經有了很好的對策。

我認為我們可以將否定論者視為十足的投機者。他們很有行動力，而且當他們在挑選要用哪些資訊來攻擊科學界時，似乎是毫無原則可言。不過，我們也沒做到將自身觀點充分向媒體界與大眾溝通，這一點可說難辭其咎。[21]

控制情緒再下判斷

德梅耶爾所有的學生都是氣候變遷論的堅定支持者，他們對於否定論者反科學的態度與混淆視聽的言論感到很生氣，因此他們全都非常認同這段文字。接著，德梅耶爾把這段文字的出處告訴這群學生。它並非擷取自最近的電郵，而是菸草公司的行銷主管在 1968 年所寫的一份惡名昭彰的內部備忘錄，幾乎一字不差。不過，那份備忘錄抱怨的對象並非「氣候變遷否定論者」，而是「反菸勢力」，這是唯一更動的部分。你可以用同樣的話語、同樣的論點，甚至以同樣的理直氣壯，來（正確的）主張氣候變遷是真實的，或是（錯誤的）主張吸菸與癌症的關聯不存在。

（基於個人理由，人類這個傾向的一個例子使我非常在意，不吐不快。我有一群具有強烈環保意識的左傾朋友，他們對於支持氣候變遷的科學家所遭受的人身攻擊，做出義正辭嚴的批評。讀者對那些攻擊應該不陌生：科學家基於個人的政治偏見，或是為了爭取政府補助而捏造數據。簡言之，採取抹黑的手段，而不是提出證據。然而，我這群朋友也以同樣手法攻擊我的經濟學家友人，他們說：經濟學家基於個人的政治偏見，或是為了爭取企業補助而捏造數據。這兩件事的本質是相同的，當我試著向一位思考周延的朋友指出這個事實，卻踢到鐵板。她完全聽不懂我在說什麼。我本來想說她是「雙重標準」，但那對她不公平〔因為那會暗示她是故意的〕，她並不是故意的。那是一種無意識的偏見，我們很容易在別人身上看見這種偏見，卻很難發現自己也抱持這種偏見。）*

我們對統計或科學結論的情緒反應並不是次要問題。我們的情緒比任何邏輯觀念更能影響自身的看法，而且這個情況經常發生。當我們想要維護自己的政治立場、想要維持喝咖啡的習慣、不想面對 HIV 確診的殘酷現實，或是基於其他會引發情緒反應的理由，往往能夠說服自己相信很奇怪的事情，或是懷疑確鑿的證據。

但也不需要感到絕望。我們可以學習控制情緒——那是成長過程的一部分。第一步很簡單，就是留意自己的情緒。當你看到某個統計結論時，留意一下你有什麼反應。假如你覺得氣炸了、很得意，或是難以接受，請暫時冷靜片刻。然後用頭腦

＊我很確定我自己也有這個毛病，只是不清楚自己的偏見表現在哪些方面。

思考一下。你不需要成為沒有情緒的機器人，但你可以、也應該讓思考與感受同時並進。

大多數人不會主動想要自我欺騙，即使那可能對我們的社交生活有利。我們或許會基於私心想做出某些結論，但看見事實也很重要。很多人希望成為電影明星、億萬富豪，或是希望酒後不會宿醉，但真正會產生這種期待的人少之又少。人的一廂情願是有限度的。若能養成從一數到三讓自己冷靜三秒鐘的習慣，並且留意自己不假思索的反應，就愈能接近我們可能得到的真相。

舉例來說，某個學術研究團隊曾進行一項調查，他們發現大多數人完全有能力區分嚴謹的新聞報導與假新聞，大多數人也認為，散播事實而非謊言是很重要的。然而，這些人卻樂於轉發標題為「超過五百名移民大篷車隊成員身穿炸彈背心被逮」的報導，因為他們不假思索就點擊了「分享」功能鍵。他們沒有思考「這是真的嗎？」也沒有思考「我認為這件事很重要嗎？」事實上，當他們瀏覽令人眼花撩亂的網路新聞時，他們是被自己的情緒與偏見牽著鼻子走。好消息是：只要冷靜片刻，稍微思考一下，就能過濾掉大部分的錯誤資訊。這並不難，每個人都能辦到，只要養成暫時冷靜下來並用頭腦思考的習慣就行了。[22]

另一個研究發現，最有能力分辨真新聞與假新聞的人，通常在「認知反射測驗」（cognitive reflection test）得到很高的分數。[23]這個測驗是行為經濟學家佛雷德里克（Shane

Frederick）設計的，後來因為康納曼的《快思慢想》而廣為人知。這個測驗的問題如下：

> 一根球棒和一顆球合計 1.1 美元，球棒比球貴 1 美元，請問一顆球幾美元？

另一題是：

> 一個湖泊裡有一大片睡蓮，睡蓮葉所占的面積每天會成長一倍。睡蓮葉若要覆蓋整個湖面需要 48 天，那麼覆蓋湖泊的一半需要多少時間？*

許多人第一次答題時都答錯了，不過，要答對這些題目需要的不是智力或數學訓練，而是冷靜片刻，檢查一下你的直覺反應。佛雷德里克表示，只要你能發現你的反射反應有誤，通常就有能力答對這些題目。[24]

認知反射測驗會誘使我們不假思索的跳到錯誤的結論，煽動性的迷因或慷慨激昂的演說也是。所以我們要讓自己冷靜一下。正因為如此，大部分的人要說服別人時，總是設法激起

---

* 答案是 0.05 美元和 47 天。或許第二題現在會有比較多人答對。睡蓮葉以指數增長的趨勢擴張面積，我們經歷過感染率以指數增長的新冠肺炎疫情之後，對於這種增長速度已經比較有概念了。

對方的情緒——欲望、渴求、同情心，或是憤怒。川普（或是綠色和平）的推文曾經使你想要冷靜思考一下嗎？在現今的世界，若有人想要說服你，他絕不希望你冷靜思考，而是希望你趕快做出回應與訴諸情緒。

你千萬不要急就章。

范米格倫的邪惡本領

德國占領一結束，范米格倫就遭到逮捕。他應該為與納粹合作接受起訴與懲罰。

這個狡猾的偽造者在納粹占領期間發了大財。他擁有好幾棟豪宅。阿姆斯特丹的居民在戰爭期間總是挨餓，范米格倫卻經常舉行狂歡派對，將大把大把的珠寶賞給娼妓。他就算沒有加入納粹，如此的行為也和納粹沒兩樣。他與納粹為友，宣揚納粹理念不遺餘力。

范米格倫出版了一本極其邪惡的書，名叫《圖畫 1》（*Teekeningen 1*），並親自繪製插圖，書中充斥著怪誕的反猶太詩文與插圖，運用了納粹的代表性圖像與色彩。他砸大錢印書，送給他覺得可能會讀這本書的人。他還親手送了一本給希特勒，以炭筆親手寫下獻辭：「以感恩稱頌之心，致贈我摯愛的元首——漢・范米格倫」。

這本書被收藏在希特勒的圖書館裡。

若要理解接下來所發生的事，我們需要了解情緒的運作方式，而非邏輯思考。荷蘭人民被德國占領五年之後，變得灰心喪志。有大量猶太人被遣送出荷蘭並遭到屠殺，安妮·法蘭克只是其中最有名的人。但很多人不知道，比起法國或比利時，有更多猶太人從荷蘭被遣送出境。[25]當然，范米格倫是幫凶。但在戰爭結束後，荷蘭人已經沒有心情以漫長的訴訟來審判他，他們迫切渴望聽見一個更啟發人心的故事，就像布雷迪烏斯迫切想要找到一幅卡拉瓦喬風格的維梅爾畫作一樣。就在此時，范米格倫再次製造了大眾想要的東西：一個讓人聽了心情愉快的故事，某個荷蘭人以騙術大膽反擊納粹的故事。

范米格倫的起訴者在無意中成了他的幫手。他們安排了一齣荒謬的宣傳大戲，讓范米格倫「證明」他是偽造者，而不是賣國賊：讓他當眾繪製一幅有〈以馬忤斯〉風格的作品。當時有一個引人矚目的新聞標題是：「他拚了老命作畫」。荷蘭與全世界的報社都被這位大娛樂家耍得團團轉。

到了開庭時，媒體上演了一場鬧劇，充滿魅力的范米格倫擔綱主角。他為自己杜撰了一個故事：他偽造維梅爾的畫作，只是為了證明他身為藝術家的價值，同時揭穿藝術專家的真面目，證明他們沒有真才實學。當法官提醒他，他的假畫都賣了很高的價錢，他回答說：「假如我賣的價錢太低，就表明它們是假畫了。」全場的人聽了之後哄堂大笑；他們全都被范米格倫迷住了。這個人原本應該被當成賣國賊看待，現在卻把自己打造成愛國人士，甚至是個英雄。他操弄了荷蘭人民的情感，如同他在戰爭前操弄布雷迪烏斯的情感一樣。

不只荷蘭人相信范米格倫把戈林耍得團團轉，范米格倫發現這個故事讓不少人津津樂道。早期為范米格倫寫傳記的作家，把他描繪成一個被誤解的騙徒，他的作品遭到不公平的排斥，使他受傷很深，不過，他樂於用計騙過荷蘭的占領者。一個常被人轉述的說法是，戈林在紐倫堡等待受審期間，當他得知自己被范米格倫愚弄時，「看起來像是第一次見識到什麼才是真正的邪惡」。你聽了這則軼聞之後，一定會忍不住說給別人聽。但就像麵包上的點描技法，那些精采的細節全是假的。

假如范米格倫親自為希特勒題字的那本《圖畫 1》在審判前被發現，這位個子不高、膽子卻很大的偽造者的故事就會破功，范米格倫的真面目就會被揭穿。是這樣嗎？

關於《圖畫 1》，有個令人不安的實情：那本在希特勒圖書館裡的書，其實很快就被發現了。荷蘭一家支持反抗運動的報社 De Waarheid 在 1945 年 7 月 11 日就揭露了這個事實。但它沒有起任何作用，因為根本沒人想知道這件事。范米格倫為自己開脫的說法是：他簽過名的書有好幾百本，為希特勒題的字一定是別人加上去的。那件事若發生在現代，范米格倫很可能會把那則報導斥為「假新聞」。

范米格倫的藉口很扯，但他依舊成功催眠了檢察官，如同他催眠布雷迪烏斯一樣。他的伎倆就是利用有趣的細節使人分心，講一個人人想聽的故事。

在法庭做結案陳詞時，范米格倫宣稱他這麼做不是為了錢，錢只是為他帶來無窮的麻煩而已。這個說法實在很大膽：別忘了，當阿姆斯特丹人在戰爭期間挨餓時，范米格倫的豪宅裡滿是娼妓、珠寶，以及珠光寶氣的娼妓。不過這都不重要，因為報社和民眾全都樂於接受他杜撰的故事。

范米格倫以偽造罪被定罪之後，在眾人的歡呼聲中離開法庭。他這次完成了更大膽的騙局——一個行騙的法西斯份子，成功將自己包裝成荷蘭人眼中藝高人膽大的英雄。布雷迪烏斯迫切需要一幅維梅爾的畫。荷蘭民眾迫切需要一個反抗納粹的代表人物。范米格倫就是知道怎麼滿足別人的需求。

還沒有服刑之前，范米格倫就在 1947 年 12 月 30 日死於心臟病。在他死前幾個星期，有一項民意調查顯示，除了總理之外，范米格倫是全荷蘭人氣最高的人。

假如一廂情願的心理作用能夠把拙劣的假畫變成維梅爾的真跡，或是把骯髒齷齪的納粹變成全國的英雄，那麼它就能將含糊曖昧的統計數據變成確鑿證據，把確鑿證據變成假新聞。但我們可以扭轉這個情況。盼望還是存在的。接下來，我們將展開一趟發現之旅，了解數據如何讓這個世界變得可以理解。第一步是，當我們面對新資訊時，先停下腳步加以思考，並檢視自身的情緒，留意自己是否試著做出某個特定的結論。

當我們接觸到某個統計結論，並且想要用社交媒體與朋友分享，或是想寫一篇義憤填膺的反駁文時，我們應該先自問：「我現在是什麼感覺？」*

這麼做不只是為自己好，也是一份社會責任。我們已經見證了，社會壓力對人的信念與思考歷程有多麼強大的影響力。當我們放慢步伐，控制自己的情緒，壓抑想要表達政黨認同的欲望，然後冷靜的權衡事實，不僅能夠把事情想清楚，也能成為別人的榜樣。我們不一定要有政治立場，我們可以成為願意以公正態度思考與推理的人。我想要成為那種榜樣，希望你也是。

范米格倫非常了解，人的感受會影響思考結果。是的，專業與技術性知識很重要，下一章將會討論和數據打交道時的技術面問題。假如我們不管好情緒（不論那情緒驅使我們懷疑還是相信），就有可能陷入自欺的危險之中。

＊接續的這個問題可能也值得一問：「**為什麼**它讓我有這種感覺？」

準則二

回想你的親身經歷

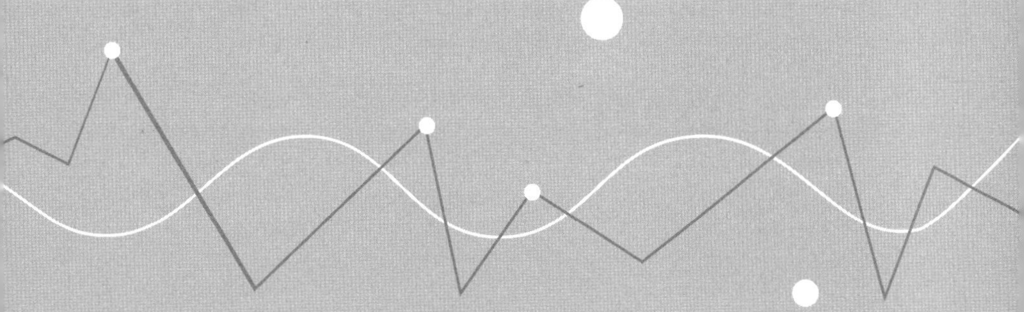

從鳥的角度，你往往可以俯視每樣事物……從蟲的角度，

你就無法看見所有的事物，只能看見眼前的東西。

——尤努斯（Muhammad Yunus）[1]

隨著《數字知多少》愈來愈上手之後，我覺得製作這個節目是個夢想中的演出機會。揭穿新聞報導對數字的扭曲使用，是很有意思的事。透過統計學的望遠鏡看出去，我總能看見有趣的新東西。不過，我遇到了一個潛在的問題：在前往 BBC 錄音室的路上，我覺得我的個人經驗與一些看似可信的統計數據互相矛盾。

容我解釋一下。這趟通勤路程其實有點狼狽。我住在倫敦東區的哈克尼，錄音室在倫敦西區的白城。每天早上，我必須先快步穿越一條車水馬龍的馬路，跳上擠滿了人的雙層巴士，巴士走走停停的駛向貝思納爾格林（Bethnal Green）地鐵站。巴士上的人很多，但地鐵車廂裡的人更多，其擁擠程度令沙丁魚罐頭望塵莫及。我和一堆乘客在中央線地鐵站的月臺等車，期盼車廂裡有足夠的空間讓我擠進去，但我一點把握也沒有。我們通常要等兩、三列地鐵消化排在前面的人，才能擠進車廂裡那堆臭臉乘客之中。想找個座位坐下根本是不用奢望的事。

這個通勤體驗衝擊了我原本認為「數據讓這個世界變得可以理解」的看法。因為當我檢視倫敦大眾運輸的統計數據時，那些數據和我親眼見到的景象，或是我的鼻子在夏天聞到的濃濃汗臭味，是互相矛盾的。數據顯示，倫敦巴士的平均乘客數是 12 人，而我每天早上乘坐的雙層巴士上有 62 個座位。[2] 這兩者實在差太遠了。有時候，我覺得觸手可及的範圍內就有 12 個人，整輛巴士裡的乘客當然遠遠超出 12 人。

地鐵乘客數的落差更是大得離譜。根據倫敦交通局的資料，每列地鐵列車可容納超過 1,000 人。[3] 但平均乘客數是多少？不到 130 人。[4] 什麼？中央線地鐵列車上若有 130 人**消失**，也不會有人察覺。把 130 個人塞進一節車廂，讓其他七節車廂空著，也不是難事。130 人不是離峰時刻的人數，是全天平均乘車人數。一輛巴士上只載 12 個人，一列地鐵的乘客數為 130 人，我真的相信這些統計數字反映的是真實情況嗎？當然不信。我每天都要歷盡千辛萬苦才能擠進地鐵車廂，有時甚至連地鐵月臺都進不去。列車乘客人數**絕對**比統計數據更多。

在錄音室裡，我頌讚統計學思維，但在前往錄音室的路上，我的日常經驗告訴我，那些數據必定是錯的。

我們有時可以非常真實的體驗到，親眼所見的情況與統計數據之間的矛盾。我們透過前一章知道，不被自己的感覺蒙蔽很重要。我自許為數據偵探，所以你可能以為，我也認為我們不該輕信自己的感覺。你到底該相信什麼？可靠的報表，還是你那雙自欺的眼睛？

真相其實相當複雜。我們的親身經驗不該像情緒一樣被摒棄，至少，要先稍微動腦思考一下。有時候，統計數據可以大大幫助我們理解這個世界；有時候，統計數據會誤導我們。所以要有足夠的智慧分辨，統計數據是否與日常經驗矛盾，如果發生這種情況，該相信哪一邊？

當數據和日常生活各說各話時，該怎麼辦？這就是本章的重點。

統計數字無法反映事實全貌

首先，我們可以先去了解，數據是從哪裡來的？以我的通勤經驗為例，數據來自倫敦交通局，那是監督管理倫敦市的公路和大眾運輸系統的政府組織。那麼，交通局的人如何確知巴士或地鐵列車上有多少人？好問題，答案是：他們無法確知。不過，他們可以做有根據的猜測。多年前，這個估計值是根據問卷調查得到的，研究者在巴士站或地鐵站，用問卷詢問或是請人填寫問卷。這顯然是一種無趣又費時的方法，不過，這個方法不太會導致很大的誤差，它無法解釋我的經驗與官方數字之間的巨大落差。

在現今這個零接觸支付的年代，要估計乘客數目變得容易多了。絕大多數的巴士乘客都是使用記名制的晶片卡，像是交通局發行的牡蠣卡或是智慧型手機。交通局的數據專家可以得知乘客搭乘巴士的起點和時間。他們仍然必須根據專業知識來推測乘客的下車時間，不過，這通常不難。例如：當他們透過數據看到你不久之後搭上了回程巴士，就可以推斷你在哪裡下車。或是他們會看見你接下來用同一張卡搭乘地鐵：每當我搭乘的巴士到了貝思納爾格林地鐵站附近，而我在一分鐘之後就刷卡進了貝思納爾格林地鐵站，那麼他們就可以確信，我在這一站下了車。

乘客在倫敦地鐵網絡裡進進出出，交通局無法得知旅客的搭乘路線，所以還是無法得知每列地鐵有多少人搭乘。不過，他們仍舊可以根據專業知識推測、用紙本問卷進行調查，來獲得更多資料，以判斷乘客的乘車路線。

這種估計後來又變得更精準了。交通局在 2019 年 7 月 8 日啟用了一套系統，以無線網路來衡量倫敦不同區域的地鐵乘客分布密度。有愈多手機連上無線網路，某個地鐵站的伺服器就愈忙碌。交通局就可以透過這套系統，即時偵測旅客的多寡或是其他問題。（我曾在這套系統啟用的次日，與交通局的資訊團隊訪談，這套系統讓他們非常振奮。）[5]

因此，統計數據至少要被視為大致可信的，不能一概認為是錯誤的。

下一步是設法弄清楚，我們的親身經驗為何和統計數字有那麼大的落差。以我通勤的例子來說，很顯然，我的通勤時間落在尖峰時刻，而且是在乘車人數最多的地鐵站，難怪車上會那麼擁擠。

但這個問題還有更深的層面要考量。很有可能大部分的車班並不擁擠，但大多數人搭乘的正是最擁擠的班次。我以一個最誇張的情況來說明，假設有一條地鐵線，一天發十班車。尖峰時刻那班列車有 1,000 個人擠在裡面，其餘九班車沒有任何乘客。那麼這條地鐵線的平均乘客數是多少？ 100 人，這和交通局的數據相去不遠。但乘客的體驗是什麼？每個人都覺得車上擠爆了。

倫敦地鐵的真實情況沒有那麼極端。全空的列車應該不多，但離峰時間的乘客確實相當少，尤其是與通勤方向相反的班次。因此，覺得車上人很少的乘客並不多。那些統計數據反映的是事實，但不是事實的全貌。

當然，我們也可以用其他方法來理解地鐵擁擠的問題。你可以把焦點從列車改成乘客，來衡量一般乘客遇到的狀況：在一百次搭乘經驗中，有多少次是非常擁擠的情況？這是衡量乘客體驗的好方法。交通局現在確實改變了他們蒐集的數據與報表內容，來反映乘客感受到的狀況，而不是列車的載客狀況。

然而，我們沒有一個客觀的方法，可以用來衡量大眾運輸工具的運輸量。從我的搭乘經驗來看，我覺得我搭的每輛巴士都載了很多人，但交通局的數據顯示，事實上許多巴士多數時候是空車。因為巴士不會憑空出現在人多的區域；它們開到折返點之後，勢必要往回開。交通局很關心平均使用率低的車班，因為那是開支，而且占據了馬路的空間，還會排放廢氣。因此對他們來說，平均使用率是重要的指標。

簡言之，我的眼睛告訴我一些關於倫敦運輸網絡的重要事實，而統計數據告訴我另一些不同的事實，那些事實同樣重要，而且無法透過其他方式得知。有時候，親身經驗告訴我們一件事，統計數據則告訴我們完全不同的事，而且兩者都是事實。

素樸實在論

當然，不是所有情況都是如此。回想一下前面提到的研究結果：菸癮大的人罹癌率是一般人的 16 倍。許多人會從個人經驗找到理由懷疑這個結論。或許你九十多歲的老菸槍祖母壯得像頭牛，而你只認識一個死於肺癌的人，這個人是你隔壁鄰居的叔叔，他這輩子從來沒吸過菸。

乍看之下，這類似我的通勤經驗與交通局數據之間的矛盾。但若經過仔細檢視，就可以找到理由摒棄個人經驗，相信統計數據。16 倍雖然不是個小數字，但罹患肺癌的人數不致於多到會混淆直覺。這世上有許多太微小或太罕見的模式，肉眼難以發現；而有些模式即使不算微小或罕見，不用統計觀點也難以察覺。

許多病痛就屬於這種情況。每當我們覺得不舒服，不論是頭痛、憂鬱、膝蓋疼還是很醜的疤，都會尋找解決方法。例如：我太太最近只要一抬手，肩膀就會很痛，以致於無法自己穿衣服或是拿高處的東西。不久之後，她去看物理治療師，對方找出她的問題，並教她一些不太容易做的運動。她每天都認真做這些運動。幾週後她告訴我：「我覺得我的肩膀比較好了。」

我說：「哇，物理治療似乎很有效欸！」

我太太說：「或許吧。」她大老遠就能識破我設下的陷阱。「也可能我的肩膀本來自己就會好。」

的確，從我太太的觀點來看，事實是什麼並不重要。她只希望肩痛能治癒，她的感覺是唯一的衡量標準。至於要判斷她做的運動是否有助於復原，她的個人經驗派不上用場。但對於其他有肩痛症狀的人來說，他們只關心使肩痛消失的原因是什麼。我們需要知道的是，那些運動有沒有幫助，或是有沒有其他更好的治療方法。

其他與醫療有關的方法也是如此，不論是飲食控制、治療方法、運動、抗生素或止痛藥。對我們來說，症狀解除是一件好事，但是對未來的患者而言，他們需要知道我們所做的事真的可以解除症狀，還是只是做白工：沒有效果、浪費錢、浪費時間，甚至產生令人不適的副作用。基於這個原因，我們需要倚賴隨機試驗，與最佳療法或是安慰療法做對比。在這個情況中，我們的個人經驗並非不重要，只不過它無法為其他人提供有幫助的資訊。

當個人經驗與統計數據互相矛盾時，我們可以仔細檢視整個情況，來揭露個人經驗可能無法成為可靠參考的原因。世人一度認為，麻疹腮腺炎德國麻疹混合疫苗（MMR）可能會提高自閉症的風險，這個觀念是錯誤的，但有正確認知的人不到一半。[6]

拜統計觀點所賜，我們現在可以肯定的說，這種連結並不成立。自閉症並不普遍，所以需要把有接種和沒有接種疫苗的孩子拿來進行比對。丹麥的研究者曾進行一項大規模研究，追蹤 65 萬名孩童的情況。大多數孩子在十五個月大時接種了 MMR 疫苗，並在四歲時追加一劑疫苗，但約有 3 萬名孩童沒有接種疫苗。研究者發現，在這 65 萬名孩童當中，約有 1% 的孩子被診斷出自閉症，在有接種疫苗和沒有接種疫苗的孩子當中，比例都是如此。（當然，沒有接種疫苗的孩子罹患麻疹、腮腺炎或德國麻疹的風險會比較高。）[7]

那麼，為何還有許多人對 MMR 疫苗存疑？一個原因是，有人曾針對這個議題發表了不夠嚴謹的研究報告。另一個原因是，許多人聽說有些孩子在接種疫苗不久之後被診斷出自閉症，而孩子的父母認為疫苗就是元凶。試想一下，你帶孩子去接種疫苗，不久之後，你的孩子就被診斷出自閉症。你會把這兩件事連在一起嗎？一般人很難不這麼想。

其實，這種以訛傳訛的看法會盛傳並不令人意外，因為自閉症通常在兩個年紀被診斷出來：孩子一歲三個月大的時候，由小兒科護理師觀察到自閉症的早期跡象；若那時沒發現，接下來就會在孩子上學不久之後診斷出來。[8] 而 MMR 疫苗的接種時間，通常就落在這兩個年紀。當我們發現一種有說服力的說法，可以解釋個人經驗為何與統計數據有出入，我們就會把疑慮拋開，相信數據。

另一個例子比較不帶情緒色彩，那就是我們與電視和媒體的關係。出現在電視上的人，大都比你和我更有錢，也比你我更有名。他們的外貌也很可能比你我更好看，至少絕對比我好看（製作人邀我做廣播節目，而非電視節目，不是沒有原因的）。當思考一般人的外貌、名氣與財富時，我們的認知常在不自覺中因為透過媒體認識的人而遭到扭曲；他們大都有名有利、外貌俊美。即使經過思考之後，意識到電視上的人物並非全球人口隨機取樣的結果，也難以擺脫上述固有印象。

心理學家將這種「把個人觀點誤認為普遍觀點」的傾向，稱為「素樸實在論」（naïve realism）：認為自己看見的現實情況是真實無誤、沒有扭曲的。[9] 當我們把個人觀點誤認為真理，素樸實在論就可能使我們產生非常離譜的錯誤認知。大選結果與預期相反時，我們會感到非常驚訝：社交圈裡的人和我們有相同的看法，為何全國其他人的選擇和我們不同？民意調查不一定都是準確的，但我可以向你保證，比起你和朋友聊天得到的結果，民意調查更能準確預測大選結果。

素樸實在論是影響很廣的錯覺。市調公司益普索莫里曾在三十八個國家，對 3 萬人進行調查，問題涵蓋各種社會議題，結果發現這 3 萬人（世上大多數人可能也差不多）的認知，與可信的統計數據大相逕庭：[10]

(a) 我們對凶殺案發生率的認知是錯誤的。我們認為自 2000 年以來，這個比例不斷在上升。但在進行調查的大多數國家中，這個比例呈現下滑趨勢。

(b) 我們認為，過去十五年來恐怖主義導致的死亡人數比十五年前更高，但事實恰好相反。

(c) 我們認為，28% 的受刑人是外來移民。益普索莫里的全國調查顯示，正確數據是 15%。

(d) 我們認為，全國每年有 20% 的少女懷孕生子。當你仔細思量，會發現這個數字挑戰了生物學的可信度。十八歲的女孩進入青春期已經六年，所以假如她們每年有 20% 的機率懷孕生子，那麼大多數的女孩到十八歲時都已經為人母了。（有些十八歲的女孩沒有生過孩子，有些人生了好幾胎，這兩種人會互相抵消。）請你環顧周遭，這是真的嗎？益普索莫里指出，正確的數值是每年有 2% 的少女懷孕生子。*

(e) 我們認為，全國有34%的人有糖尿病；真實數字是8%。

(f) 我們認為，75% 的人有臉書帳戶，進行調查時（2017年）的正確數字是 46%。

我們對世界的認知為何會錯得這麼離譜？這很難找到明確答案，但一個可能的原因是，我們從媒體得到了這些印象。我並不是說，有信譽的報紙或電視頻道會傳遞錯誤資訊（雖然這個情況也曾發生過）。問題在於，新聞報導涵蓋了樂透得主的人生故事、有情人終成眷屬的愛情故事、恐怖份子的殘暴行為、可怕的陌生人攻擊事件，當然也有（我們通常不太愛聽的）最新時事。這些事都無法反映日常生活狀況，但全都讓人印象深刻，而且彷彿就發生在自家客廳裡。我們對這個世界的印象就這樣形成了。

---

* 這使我們警覺到，讓自己冷靜的動腦想一想是多麼重要的事。我們不需要高等數學的知識也能知道，20% 這個數字根本不符合現實經驗。在有些國家，民眾認為每年有 50% 的少女懷孕生子，這代表每位女性在成年時已經有三個孩子。

偉大的心理學家康納曼在《快思慢想》中解釋說：「面對難以回答的問題時，人往往會另外找一個簡單的問題來回答，而且通常沒有意識到我們正在這麼做。」我們不問：「我會不會遭到恐怖份子殺害？」我們自問：「我最近有沒有看到關於恐怖主義的報導？」我們不問：「我所認識的女孩之中，有多少人已經當媽媽了？」我們問：「我能不能想起一則最近發生的少女懷孕新聞？」

這些新聞報導也是資料。它不是具有代表性的資料，但會影響眾人對世界的看法。我把康納曼的用語稍微改一下，稱它為「自動化統計資料」（fast statistics），這類資料直接、直覺、從內而來，而且有很大的影響力。我們通常不會立刻想到「邏輯性統計資料」（slow statistics），也就是謹慎蒐集的客觀資訊，而非主動跳進我們腦中的資訊。但在稍後的章節會發現，我們其實可以透過一些方法，吸收更多邏輯性的東西與更平衡的資訊。

失控的數據

到目前為止，我們看到了深思熟慮的邏輯性統計資料，比快速隨性的自動化統計資料更值得信賴的例子，也看到了這兩種資料可以帶給我們有益視角的情況。但是否有一種情況，我們應該信任個人印象更甚於數據資料？

當然有。有些事情是無法從試算表得知的。

以穆勒（Jerry Z. Muller）的《失控的數據》（*The Tyranny of Metrics*）為例。這本書有 220 頁，每章篇幅平均為 10.18 頁，有 17.76 條附注。書的封底列出了 4 位名人推薦，書的重量是 421 克。當然，這些數字無法告訴我們，我們想知道的事，也就是書的內容在講什麼，值不值得看？你若要對這本書有一些了解，就需要親自讀它，或是去讀別人的書評。

穆勒利用一種「邏輯性統計資料」來剖析問題，也就是管理指標或績效目標方面的數據。統計性的指標，可以顯示出我們以其他方式看不出來的事實與趨勢，但沒有專長或不曾仔細觀察的管理者或政治人物，常用它來取代切身經驗。舉例來說，假設有一群醫生蒐集了診療結果的數據並加以分析，他們或許可以從中得到對工作有益的知識。然而，如果這些醫生的主管決定把獎金或升遷與這些數據指標綁在一起，我們可以預期這個做法會造成本意之外的結果。例如：有幾個研究發現，心臟胸腔外科醫生拒絕為身體狀況很差的患者開刀，因為他們擔心手術成功率會被拉低。[11]

我在前作《亂，但是更好》中，以一章的篇幅探討了類似的例子。英國政府曾經蒐集數據，統計民眾要等待幾天才能排到醫生的門診，這其實是個有用的資訊。但英國政府後來設定了一個目標，要縮短民眾的平均等候時間。於是醫生從善如流，從此拒絕接受預約掛號；患者必須每天早上打電話掛號，並祈求電話能打通。於是，統計資料上的等候時間永遠不到一天。

《美國新聞與世界報導》的美國最佳大學排名指南，是大家廣泛使用的參考資料。當《美國新聞與世界報導》決定把「低錄取率」視為好學校的指標，會發生什麼情況？許多大學開始搶著吸引更多人來申請，超額受理入學申請，以便降低錄取率。

另一個例子是被罵到臭頭的「死亡人數」指標。美國在越戰時期的國防部長麥納馬拉（Robert McNamara）認為，殺死的敵人愈多，就愈接近勝利。這個看法的正確性令人懷疑，但敵軍死亡人數很快就成為分隊排名與個人升官的非正式依據，因此經常被誇大。有時候，比起努力殺敵，統計敵軍已死亡人數是比較容易辦到的事，於是計算死亡人數反而成為美軍的目標。這是個危險而且沒有效用的行為，但它是麥納馬拉扭曲的激勵制度造成的結果。

這件事顯示，有些統計數據並沒有蒐集的價值，但你能理解麥納馬拉為何想要取得這些數據。他想要了解與掌控一個離他很遙遠、而且不曾經歷過的狀況。我在幾年前訪問過麥馬斯特（H. R. McMaster）將軍，他曾深入研究美軍在越戰期間所犯的錯誤。他告訴我，美國陸軍曾經認為他們可以「透過電腦螢幕上的東西了解實際情況」。

事實不然。有時候，你必須親臨現場才能了解實情，尤其當情況詭譎多變，並且涉及難以量化的人性細節，像是戰場。諾貝爾經濟學獎得主海耶克（Friedrich Hayek）提出一個名詞，來指稱難以用指標和地圖呈現的認知：「特定時空的知識」。

社會學家一直都知道，當統計指標被人用來控制世界，而不是理解世界，它就成了有害的東西。經濟學家喜歡引用古德哈特（Charles Goodhart）在 1975 年提出的看法：「如果為了控制的目的而施加壓力，觀察到的統計規律就會失效。」[12]（更直白的說法是：「當手段成為目標，它就不再是好的手段。」）心理學家則喜歡引用坎貝爾（Donald T. Campbell）在同時期提出的說明：「任何量化社會指標若成為做出社會政策的依據，就很容易受到貪腐壓力的影響，因此扭曲或破壞它原本要監督的社會過程（social process）。」[13]

古德哈特與坎貝爾面臨的是相同的根本問題：統計指標可以用來代表一些非常重要的事情，但它充其量只是分身，永遠無法等同於本尊。當你開始把它當成目標，做為改進的依據，或是用來當成遠距控制他人的指標，它就會遭到扭曲、造假或破壞。這個手段就會失去它的價值。

我和家人曾在 2018 年到中國旅遊。這趟旅行使我明白，我不需要在自動化與邏輯性統計資料之間選邊站。最深入的理解是將兩者融合在一起。

邏輯性統計資料說出了一個我們熟悉的故事，至少對我這種熱愛經濟學的人來說是如此。自 1990 年以來，中國的人均所得增長了 10 倍。自 1980 年代初以來，赤貧人口減少超過 7.5 億，遠超過全國人口的一半。中國在過去三年使用的水泥，超過美國在二十世紀消耗的總水泥量。就書面資料來說，這是人類的經濟活動歷史上，最驚人的爆炸性成長。

然而，親眼看見這個爆炸性成長卻是截然不同的感受。當我搭車穿越中國南方的廣東省（也就是成長的最前線），我心中的震撼遠超出統計資料給我的印象。我們從高樓大廈林立的香港出發，進入深圳，然後走進使帝國大廈相形失色的平安金融中心的陰影，搭上高鐵。

倫敦的高樓通常是獨自一棟存在，或是兩、三棟蓋在附近。深圳的摩天大樓是十幾棟一模一樣的龐然大物聚攏在一起，與公寓建築比肩而立。在一個建築群的旁邊，是另一群另一種造型的高樓，然後又是另一群。在霧霾中，類似曼哈頓的摩天大樓景觀隨處可見。在搭乘高鐵前往廣州的四十五分鐘之內，我的視野裡只有綿延不絕的高樓大廈，以及看不到盡頭的水泥建築。

我們一家人最後在風景如畫的陽朔落腳。儘管被宜人的自然風光圍繞，我那晚卻無法成眠。永無止境的高樓群在我的眼前閃過。我不敢想像，假如我們在廣東的時候，我那個六歲大的兒子不小心走失了，會怎麼樣？我的焦慮思緒在我的家人和這個世界之間反覆來回遊走。如此多的人。如此多的水泥建築。我們的地球怎麼承受得了這樣的負擔？

當然，我的親身經驗和經濟數據之間並沒有矛盾；這兩個觀點其實發揮互補作用，描繪出中國經濟成長的完整面貌。邏輯性統計資料督促我要深思與計算，花一點腦力處理數據，思考這些數據套在我眼前的這個中國是否合理。高鐵之旅則給了我自動化統計資料。它激發了一種更直覺的思維，我自動化的快速對廣州形成印象，然後比較廣州與我熟悉的英國城市，並焦急的為我愛的城市所面臨的危機感到擔憂。*

這兩種了解世界的方式各有優缺點。尤努斯是一位經濟學家、微型貸款的先驅，也是諾貝爾和平獎得主。他把個人經驗的「蟲之眼觀點」與統計數據的「鳥之眼觀點」做比較。蟲和鳥看見的世界非常不同，而尤努斯教授特別強調近距離觀察的優點。

但鳥兒可以看見很多東西。尤努斯教授仔細觀察周遭的貧困孟加拉婦女的生活，看見了一個能夠幫助她們改善生活的機會，那就是提供她們低利貸款，於是創造了一個微型創業世代。不過，那種近身的直覺需要以嚴謹的統計數據做交叉確認。尤努斯努力推廣的微型信貸方案，現在得到了更徹底的檢視，研究者採用隨機化試驗，對於一群背景相似的小額貸款申請者，以隨機方式決定受理還是拒絕他們的申請。（就像是臨床試驗讓某些患者服用新藥、某些患者服用安慰劑一樣。）這些試驗發現，小額貸款的益處相當有限，而且短暫。當我們把這個嚴謹的試驗稍微調整做法，例如：在給微型創業者小額現金的同時，還搭配輔導者提供給他們的建議。結果發現，比起只提供貸款，現金加上輔導的方式，更能幫助那些做小生意的

＊康納曼與《快思慢想》的粉絲，可以在此處看見康納曼的「系統一」和「系統二」概念。

人賺到錢。[14]

統計數據可能使人覺得無趣單薄，它無法像個人經驗那樣，以直覺的方式觸動我們，讓人印象深刻。然而，個人經驗能做到的事很有限。我到中國的時候，只接觸到旅遊景點、機場與高鐵路線。若認為我已經看見了關於中國所有重要的事，那就是大錯特錯。

要在鳥之眼觀點（我們從數據得到的概括性、嚴謹但無趣的洞察）與蟲之眼觀點（我們從個人經驗取得的豐富但狹隘的認知）之間找出平衡點，並不容易。我們必須不斷提醒自己，可以學到與可能錯失的東西分別是什麼。就和其他領域一樣，在統計學領域，當嚴謹的邏輯與個人印象互相補強與修正，會形成相輔相成的效果。理論上，我們可以找到方法把兩者的優點結合起來。

掌握事情的全貌

有一個人試著這麼做，那就是瑞典的蓋普曼德基金會的安娜・羅朗德（Anna Rosling Rönnlund）。蓋普曼德基金會致力於破除世人對全球發展的誤解。羅朗德希望運用一個充滿巧思的網站「美元街」（Dollar Street），消弭自動化與邏輯性統計資料（也就是蟲之眼與鳥之眼觀點）之間的落差。

在美元街上，你可以把蒲隆地馬坎巴省的布托伊家，拿來和中國雲南的畢家對照，比較這兩家人的生活情況。蒲隆地的布托伊（Imelda Butoyi）是個農民，她和四個孩子每個月靠 27 美元度日。中國的畢華與岳亨兩夫妻開了一間公司，每個月的收入是 1 萬美元。每個月靠 27 美元過日子和每個月有 1 萬美元可用的生活，當然是天差地別。但是我們光靠數字無法體會這個差距到底有多大，也難以將這兩種生活拿來和自己的生活做比較。

美元街試著盡最大的努力，透過電腦螢幕解決這個問題。這個網站利用短片與數千張照片，呈現了各種房間與日常生活用品的樣貌：爐灶、光源、玩具、存放鹽的地方、電話、床。它以 150 張照片來呈現每個家庭的面貌，涵蓋了日常生活的場所與物品，並盡量以相同的方式呈現。那些圖像所傳達的訊息一目了然。

比起月收入 27 美元這個精確但單薄的數據，布托伊家裡的照片給了我們更鮮明的印象。這個家的牆是泥造的，屋頂以乾草與泥土蓋成，光源是柴火，戶外挖個洞、蓋上木板，就是廁所。屋裡以夯土為地板。孩子的玩具是幾本圖畫書。

畢家有現代化的淋浴設備、馬桶與平面電視。他們的汽車停在家門前。照片將一切清楚的呈現出來，包括廚房狹小擁擠，只能用兩口電陶爐烹煮食物。

羅朗德表示：「我們把照片當作數據來用。」[15] 這些照片能發揮數據的功用，是因為照片能夠加以分類、比較，並與數字連結，而不是沒有規則可循，或是產生誤導作用。這個網站有篩選功能，你可以只看某個收入水準的照片，像是低、中、高收入家庭，或是只看某個國家的照片，或是只看某一種物品的照片，像是牙膏或玩具。

例如：你可以把所有低收入家庭的烹飪用具照片瀏覽一遍，並發現通行全世界的標準烹飪方法，是把鐵鍋掛在柴火上加熱。比較富裕的家庭都是使用可控制火力的旋鈕式電陶爐或瓦斯爐。不論在世界的哪個角落，窮人大都是全家人睡在同一個房間的地板上，有錢人則可以享有個人隱私與舒適的床。我們以為的文化差異，其實大都是收入高低造成的差別。

漢斯·羅斯林（Hans Rosling）是世界知名的統計學者，但他如此寫道：「數字永遠無法告訴我們，人類生活的全貌是什麼。」（漢斯是安娜的公公。）當然，漢斯說的一點也沒錯。數字永遠無法道出故事的全貌，因此，他以醫生兼學者的身分周遊世界，並讓故事與統計數據相輔相成。不過，數字所說的故事依然有其重要性。

我喜歡美元街的原因是，它美妙的結合了自動化與邏輯性統計資料，也就是把蟲之眼與鳥之眼觀點綜合在一起。它呈現了我們憑直覺就可以理解與記得的日常生活照片。我們因此能對世上所有人的生活方式感同身受。但這麼做的背後有一個清晰的統計脈絡：月入 27 美元、500 美元或是 1 萬美元的生活水準，以及有多少人按照這些生活水準過日子。

假如我們不了解統計數據，很可能會對這個世界形成錯得離譜的認知。我們往往會告訴自己，親眼所見的一切就是真相，但其實不然。即使握有可靠的統計數據，要明白事物的因果關係仍是難事，若沒有數據，恐怕就毫無指望了。

然而，假如只靠統計數據來理解世事，我們的理解會非常有限。我們需要對於用五官感知的世界，以及試算表檢視之下的世界，同樣感到好奇。

因此，我的第二個建議就是，試著同時運用蟲之眼與鳥之眼觀點。這兩種觀點通常會告訴你不同的事，有時甚至使你感到困惑：這兩種看法怎麼可能都是正確的？這個疑惑應該要激起你想一探究竟的心。有時候是統計數據誤導了我們，有時候是眼睛所見欺騙了我們，又有時候，當掌握事情的全貌之後，兩者之間的矛盾就解決了。我們通常需要問幾個有智慧的問題，才能解決這個矛盾，我將在下一章介紹這些問題。

準則三

別急著算數字

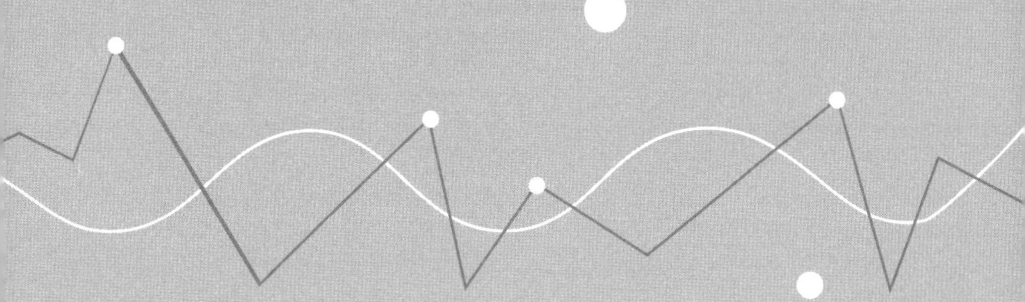

一旦知道真正的問題是什麼，你就會明白答案的意義。

——道格拉斯．亞當斯，《銀河便車指南》裡的超級電腦「深思」

這是個至關重要的問題。全英國，不同地區的新生兒死亡率出現非常明顯的差異，原因不詳。醫護人員可以採取任何措施來挽回這些新生命嗎？臨床醫生被派到死亡率較低的醫院觀摩，奉命思考能向這些醫院學到哪些教訓，並重新徹底檢討孕婦的產檢與生產流程。

但萊斯特大學的史密斯（Lucy Smith）醫生對這個做法始終存疑。[1] 於是她仔細審視兩組數據，一組數據來自英國中部地區，另一組來自倫敦。這兩組醫院服務的社群非常相似，但倫敦的新生兒死亡率卻明顯比較低。倫敦的醫院在門診、產房或新生兒加護病房有不同的做法嗎？

史密斯醫生發現，並沒有。死亡率的落差並非源自兩地醫院有不同的做法。

若孕婦在懷孕十二或十三週終止懷孕，大家會說那是流產。當胎兒在懷孕二十四週以後早產，根據英國法律，這要被記錄為出生。不過，假如是在二十二或二十三週終止懷孕，它該被歸類為流產還是出生，就很難決定了。這個階段出生的胎兒，大約只有成人的巴掌那麼大，很難存活下來。許多醫生把這個令人心碎的情況稱為「晚期流產」，即使胎兒曾有短暫的心跳或呼吸。史密斯醫生告訴我，遇到這種情況的父母大都認為「流產」這個說法很不恰當。或許是出於想要幫助這些父母走出悲傷的善意，中部地區的新生兒醫生一致決定，以另一種方式來描述這個情況：寶寶出生時是活著的，但出生後不久就死了。

上天垂憐，二十二或二十三週終止懷孕的情況很少見。經過一些簡單的計算之後，史密斯醫生發現，這個做法足以解釋兩組醫院新生兒死亡率的整體落差。倫敦的新生兒並沒有比較高的存活率。差異並非來自事實，而是來自事實被記錄的方式。

同樣的差異也影響不同國家之間的比較。以高所得國家來說，美國的新生兒死亡率是出奇的高，在 2010 年，每一千名新生兒有 6.1 人死亡。在芬蘭，死亡率只有千分之 2.3。其實，美國的醫生和英國中部地區的醫生一樣，傾向於把二十二週終止懷孕的情況記錄為出生後夭折，而不是晚期流產。這或許是基於文化因素，或是出於不同的法律或財務考量。不論原因是什麼，美國有些醫院（但不是所有醫院）的新生兒死亡率偏高，似乎是因為他們把懷孕二十四週前夕出生的嬰兒記錄為出生後夭折，但其他國家記錄為流產。若只看懷孕二十四週之後出生的嬰兒，美國的新生兒死亡率就從千分之 6.1 降到 4.2。芬蘭的數字幾乎沒什麼變動，只從千分之 2.3 降到 2.1。[2]

比較同一個國家在不同時期的趨勢時，也會發現這個問題。英格蘭和威爾斯在 2016 年的新生兒死亡率，突然比 2015 年高出許多，這與一直以來穩定下降的趨勢不符，因此格外醒目。媒體自然立刻發出警訊。《衛報》報導說：「醫療專業人士表示，肥胖、貧窮、吸菸與助產士的短缺，都有可能是原因。」[3]

的確如此。但有一群醫生投書《英國醫學期刊》指出，官方數據顯示，懷孕二十二週出生的嬰兒數量也呈現激增的情況。[4]這代表有愈來愈多醫生跟隨英國中部地區的做法，把這種情況記錄為出生後夭折，而非晚期流產，而且這些證據足以解釋新生兒死亡率的上升。

這裡有個重要的啟示。當人意圖探尋事情發生的理由，他們其實是想找怪罪的對象。新生兒死亡率不斷上升，是因為政府沒有提供足夠的經費給醫療單位，還是因為孩子的母親有吸菸的習慣，或是過度肥胖？倫敦醫院的新生兒死亡率比中部地區還要低，代表中部地區的醫院有哪裡做錯了嗎？事實上，這不是任何人的錯。

別「急著算數字」

當我們想要了解（任何）統計結論時，我們要做的第一件事，就是追問那個結論到底是什麼意思。

統計新生兒死亡率似乎是悲傷但簡單的事：計算有多少新生兒死亡。但若稍微思考一下，你會發現要區分嬰兒與胎兒其實一點也不容易，這是倫理上的大問題，而且觸及美國政界對這個議題的兩極化立場。負責統計的人必須在某處劃出界線。

假如想要了解真實情況，就需要了解這條分界線劃在哪裡。

新冠疫情也引發了類似問題。我在 2020 年 4 月 9 日寫下這段話時，媒體報導說，在過去二十四小時，英國本土的新冠肺炎死亡人數是 887 人，但我恰好知道那個數字有誤。蘇格蘭統計學家伯德（Sheila Bird）深入探究之後告訴我，真正的數字很可能約為 1,500 人。[5] 為什麼會有這麼大的差距？一部分原因是有些人在家裡死亡，而官方數據只將醫院死亡人數列入計算，但最主要的原因可能是人力短缺的醫院延遲了好幾天才通報數據。假設今天是星期四，公布的可能是星期天或星期一的死亡人數。由於死亡人數每日激增，三天前的數據其實無法反映現在的情況到底有多糟。

統計學建立在衡量與計算事物的數量。《數字知多少》的共同製作人布拉斯藍德提出一個假設性的問題：當我們看見草地上有兩隻綿羊，這片草地上有幾隻綿羊？當然是兩隻。只不過，其中一隻是小羊，另一隻是待產的母羊，事實上，牠正在生小羊。那麼草地上有幾隻羊？一隻？兩隻？兩隻半？算成三隻就太勉強了。不論是談醫院的護理師人數（兩位兼職護理師要算成兩個人頭，還是一個人頭？），還是超級富翁的所得（是他們向政府申報的數字，還是有辦法估算他們藏起來的資產？），都要先弄清楚我們在衡量或計算的是什麼，以及用什麼方法計算。

當我發現眾人其實很少這麼做時，感到大吃一驚。多年來，我利用每個星期的廣播節目，試著帶領大家走出統計數據的迷宮，卻逐漸發現，我遇到的問題大都源自眾人在一開始就走錯方向。大家會一頭栽進統計結論的技術性問題：詢問樣本誤差、誤差範圍是什麼？探討數字是上升還是下降？相信、質疑、分析、剖析，忙得不亦樂乎，卻不花一點時間了解最重要、最根本的事實：計算的對象到底是什麼？用的是什麼定義？

這個陷阱雖然常見，卻沒有一個稱呼，於是我想出了「急著算數字」（premature enumeration）這個說法。

這個情況經常出現在我和太太的對話裡。每天早餐時間，我們會從冰箱上的收音機聽到一些統計結論：某個政治人物所說的幾句話，或是某個研究的驚人結論。例如：「一項最新研究顯示，玩暴力電玩的孩子，比較可能在現實生活中展現暴力行為。」儘管我太太認識我已經二十年，她仍然一直誤以為我的腦子裡有數不清的試算表，裡面包含各種統計數字。於是她會轉頭問我：「那是真的嗎？」有時候，我恰好剛研究到那個議題並且知道答案，但多數時候我只能回答：「那取決於他們討論的是什麼……」

我並非試圖擺出哲學懷疑論者的樣子，或是故意想惹火我太太，我只是指出事實：我不完全了解那些結論的內容，所以我（還）沒有立場判斷那是不是真的。舉例來說，「暴力電玩」指的是什麼？「小精靈」（Pac-Man）算嗎？小精靈會做出很可怕的事，它會把活生生、有表情的生物一口吃掉。那「太空侵略者」（Space Invaders）呢？玩這款遊戲時，你只能開槍殺人或是躲避被殺。不過，那可能不是那些研究者的意思。在知道他們**真正**的意思之前，我知道的並不多。

那「玩」的定義又是什麼呢？或許研究者請兒童*填寫問卷，試圖找出每個星期固定會玩好幾個小時暴力電玩的孩子。又或者他們找來一些受試者，請這些人在實驗室裡玩二十分鐘的電玩，然後做某種測驗，看看他們是否在現實中變得「更暴力」。不過，有沒有變得更暴力到底要怎麼定義？

戈丁（Rebecca Goldin）是數學家，同時是統計學素養計畫 STATS 的主持人。[6] 她表示：「許多研究不會直接對暴力進行衡量。他們會衡量其他東西，像是侵略性行為。」而侵略性行為本身也不容易衡量，因為很難定義。有一個影響甚廣的電玩研究，請受試者把辣醬加在別人的飲料裡，藉此衡量侵略性行為（我發誓，這不是我捏造的）。這個「辣醬模式」被視為衡量「直接而且毫無模糊空間」侵略性行為的方法。[7] 我不是社會心理學家，所以那個定義或許是合理的。我是說或許。但很顯然，就像「嬰兒」、「綿羊」或「護理師」一樣，「暴力」和「玩」這類直覺性詞彙，可能也潛藏許多彈性空間。

當我們對這個世界做出事實性主張時，也應該運用同樣嚴格的態度，來檢視政策提案。我們都知道，政治人物喜歡策略性的保留一些模糊空間。他們經常宣揚「公平」、「進步」或「機會」，或是說一些令人火冒三丈的話，像是「我們提出這個政策，是因為我們認為這是應該做的事。」然而，即使是內

---

* 我們所說的「兒童」，是指五歲、十歲還是十六歲的孩子？

容明確的政策，假如我們不了解它的主張，它仍然可能不具有太大的意義。你想要提高學校的預算嗎？很好！那是按照學生的人頭來算，而且把通貨膨脹計算在內，是嗎？

舉例來說，英國脫歐遊說團體「說離開就離開」（Leave Means Leave）在 2017 年發表一項政策，呼籲要「凍結無特殊技能移民申請五年」。[8] 這是個好主意嗎？在知道它指的是什麼意思之前，我們很難回答這個問題。現在你應該懂得要問：「你所謂的『無特殊技能』是什麼意思？」經過進一步了解之後，我們知道，假如沒有公司以 3.5 萬英鎊以上的年薪雇用你，你就算是無特殊技能。而這個收入水準把絕大多數的護理師、小學老師、技師、法務助理和藥劑師排除在外。它可能是個好政策，也可能是個壞政策，但是當大多數人聽到「凍結無特殊技能移民申請」的意思，是提議不讓老師和加護病房護理師進入英國，他們應該會大吃一驚。[9] 事實上，它已經不只是政策提案：英國政府在 2020 年 2 月公布了新的移民限制法規，門檻降低了（年薪降為 25,600 英鎊），但使用的語言不變，仍然以「有特殊技能」和「無特殊技能」下定義。[10]

急著算數字的錯誤不會有差別待遇：最有數字頭腦的人和一聽見數字就頭痛的人，面臨的風險是一樣的。的確，如果你對數字很有自信，你可能比一般人更傾向於將數字切割、剖析、找出相關性、做迴歸分析、標準化、重設基準，遊刃有餘的用試算表或統計軟體操弄數字，卻沒有意識到你並不完全了解這些抽象的數量代表什麼意思。我們可以說，人類的這個傾向導致了最近一次的金融危機：繁複的數學風險模式蒙蔽了我們的眼睛，使我們忘了問，風險到底是怎麼衡量的，以及衡量的結果是否值得我們賭上全球金融體系的崩毀。

在製作《數字知多少》的過程中，我發現這個問題無所不在。在使用某個定義多年之後，我們訪談的專家往往會忘記，當一般聽眾聽見那個詞彙時，想到的可能是截然不同的概念。心理學家平克所謂的「知識的詛咒」，一直阻礙了人與人清晰明瞭的彼此溝通：一旦你對某個主題瞭如指掌，你就很難從完全不懂的人的視角來看事情。我的同事和我也無法免疫。當我們開始破解某個統計學的混淆觀念時，會習慣性的從下定義開始做起，但一段時間之後，就開始把這個定義視為理所當然。因此我們經常提醒自己，記得先向聽眾解釋這個定義。

數字背後的悲劇

若是赫夫，他應該很快就會指出一個事實，「用統計數據說謊」的一個簡單方法，就是使用誤導性的定義。然而，我們經常也會自我誤導。

以 39,773 這個數字為例，它是美國 2017 年槍殺死亡的人數（這是來自美國國家安全委員會的最新數據）。每次大規模槍擊事件成為新聞頭條時，這個數字就會被提出來，雖然絕大多數槍殺死亡的人跟大規模槍擊無關。*（當然，並非每次大規模槍擊事件都會成為頭條新聞。按照一般的定義，只要有四個人因為單一事件而死亡或受傷，就會被定義為大規模死傷。若按照這個定義，幾乎每天都有大規模槍擊事件在美國發生，但這些事件大都不會被新聞編輯看上。）

「槍殺死亡」的概念聽起來並不複雜：槍枝和死亡是什麼，一聽就懂。然而「綿羊」也是。因此，我們需要暫停一下，仔細審視我們的直覺。即使是死亡事件發生的年份，都有可能不像你所想的那般簡單明瞭。舉例來說，英國在 2016 年的凶殺發生率突然急遽上升。那是因為政府的死因裁決庭終於做出裁決，判定 1989 年希爾斯堡足球場擁擠踩踏導致 96 人死亡的事件為非法殺害。這個事件原本被視為意外，但官方於 2016 年認定為凶殺。這是極端的例子，但官方記錄死因的時間，通常會比死亡實際發生的時間更晚一些。

但在此處更重要的問題是，「死亡」隱含的意思。沒錯，死亡並不是模糊的概念。但是當我們聽見「39,773」這個數字時，眼睛所看見的新聞畫面是許多救護車與警車出現在令人怵目驚心的凶殺案現場，自然而然就把這個數字與凶殺，甚至是

---

*「大規模槍擊」的定義其實相當模糊。美國聯邦調查局有一個大規模凶殺案件的檔案，但他們的定義只包含發生在公眾場所的攻擊事件。這使得許多與毒品和家庭內凶殺有關的案件被排除在外。另一個統計單位「槍枝暴力檔案」（Gun Violence Archive）則把這些事件包括在內。這使得兩個單位統計出來的總數有很大的差距。不過，不論是哪一種統計方式，死於大規模槍殺事件的人，只占槍殺死亡者的一小部分。

大規模殺人聯想在一起。事實上，美國約有 60% 的槍殺死亡事件是輕生，而非凶殺或罕見的意外事故。沒有人故意誤導我們認為與槍枝有關的凶殺案件數量比真實情況高出 2.5 倍。只不過在接受訊息時，訊息的脈絡讓我們自然而然產生那樣的假設。

注意到人類可能會犯的錯誤之後，我們應該得出怎樣的結論，就成了下一個問題。民眾可能會擴大解讀，用來支持各種政治活動。槍枝遊說團體會主張，這顯示世人對於大規模槍擊的恐懼遭到了過度渲染。槍枝管制團體則提出相反論點，認為它削弱了槍枝遊說團體一貫的主張——民眾應該有權持有槍枝，以便防禦持槍者的攻擊。因為事實證明，人更可能把槍用於輕生，所以持槍反而提高了民眾的風險。

已經對統計學做過深入思考的我們，不需要急著決定要站在哪一邊，把事情弄清楚才是優先要務，等到了解事實之後，再來談支持哪一邊。

我們也應該要謹記，那 39,773 起槍殺死亡事件的每一起事件，都代表一場悲劇。史達林到底有沒有說過「一個人死是一齣悲劇，一百萬人死只是一個統計數字」令人存疑，但這句格言之所以能流傳到現在，可能是因為它道出了一個事實：人對於數字背後的人性故事嚴重缺乏好奇心。急著算數字是理性層面的疏忽，不去追問統計數字真正代表的意義，是缺乏同理心。

延續輕生的陰鬱主題，我們現在把目光轉向英國。「十七至十九歲女孩中，五分之一曾自殘或輕生」是《衛報》某天聳動的頭條新聞標題。內容提到，導致這個現象的原因可能是社交媒體、維持完美外在形象的壓力、性暴力、學業壓力、求職不順利、搬家到不熟悉的地方、中央政府社會福利預算被刪減，或是 iPad。[11] 不過，儘管這篇報導列出一長串代罪羔羊，卻沒有說明它所謂的自我傷害指的是什麼。

所以我們要從這篇報導引用的原始研究來找答案，這個研究由英國政府補助，由幾個有公信力的研究機構完成。[12] 我們很快就會發現，這個標題悄悄夾帶了一個錯誤（錯誤總是如此）。十七至十九歲女孩中，有五分之一曾自殘或輕生並非事實。事實是，五分之一的女孩表示，她們曾在人生的某個階段這麼做過，不一定是最近。但是……所謂的「做過」到底是什麼意思？研究本身透露的訊息並不比《衛報》那篇報導更多。

英國國民保健署列出了各種自我傷害行為，包括割傷或燒傷自己、用拳頭揍自己或打自己巴掌、服用毒物、服用藥物、酒精濫用、厭食與暴食等飲食失調行為、拔頭髮，甚至是過度運動。[13] 當這些少女回答「是」的時候，她們腦海中想的是這些行為嗎？我們不知道。我向研究者請教，他們的問題指的是什麼意思，他們告訴我，他們想要「涵蓋自我傷害行為的所有範圍」，所以在詢問那些女孩時，沒有向她們提供定義。換句話說，自我傷害的意思完全取決於受訪者的認定，她們認為是什麼，就是什麼。[14]

這也沒關係，試圖涵蓋最廣義的範圍不一定是錯的。十七至十九歲女孩當中，有五分之一曾在人生的某個階段，做出一些她們認為自我傷害的行為，知道這件事對我們或許是有益的。但想要解讀這個數據的人應該牢記，沒有人能夠知道那些女孩真正的想法。所有的自我傷害行為都令人不安，但有些行為比另一些行為更令人不安。狂喝濫飲應該跟厭食很不一樣。

釐清這件事之後，我們再來看那個新聞標題。它把自我傷害與輕生合在一起當成同一件事，這乍看之下似乎很自然，但現在我們會覺得那是不負責任的做法。過度運動與輕生根本是天差地別的兩碼事。根據這份調查報告，自我傷害的行為在年輕女孩中已經普遍到令人擔憂的程度，但輕生行為卻相當少。在英國，十五到十九歲的女孩每 10 萬人有 3.5 人輕生；這相當於全國每年有 70 名少女輕生。[15]

（我希望你現在已經學會開始思考，官方所謂的「輕生」到底是什麼意思。一個人有沒有自殺的意圖，我們永遠無法得知；有時候，人只是想傷害自己，最後卻意外死掉了。英國國家統計局劃出一條清楚的界線：十五歲或以上的孩子，會被認定為有意為之，若低於十五歲，就會被認定是意外。很顯然，那些假設不一定能反映事實，因為有些事實是不可能得知的。）

那個標題只提到女孩，使得把自我傷害與輕生算成同一件事顯得更加不負責。研究確實發現，十七到十九歲的女生比同齡男生更可能把曾經自我傷害的事說出來，然而，輕生風險更高的其實是男生。在這個年齡，男孩輕生的機率是女孩的兩倍。

這些數字的背後是一樁又一樁令人惋惜的悲劇。若想了解實情，或是想知道如何讓青少年的人生不那麼苦，就必須釐清輕生的定義。畢竟，那是我們蒐集數據的目的。

1% 的富人 vs. 99% 的窮人？

我想用本章的後半段詳細探討一個例子，希望藉著這個例子，示範如何把一個複雜的問題想清楚——先釐清衡量的是什麼，然後再開始計算數字。我要談的是一個很重要的議題，許多人對這個議題有堅定的信念，但他們對牽涉其中的定義卻所知不多。這個議題就是貧富不均。我們先來探討一個最常被引述的說法。

「樂施會：全球最有錢 85 位超級富豪的資產，相當於全球最窮半數人口的財富總和」，這是《衛報》2014 年 1 月的一則頭條新聞。[16] 樂施會是國際扶貧非營利組織。《獨立報》隨後從同一份研究取材進行報導，其他媒體也紛紛跟進。這是令人震驚的說法，但它告訴了我們什麼事？

樂施會的目的是博取關注。他們希望引發議論；假如恰好讓這個主題成為眾人矚目的焦點，那也只是他們的第二層考量。這不是我個人的看法，而是這份報告的主要作者富恩特斯（Ricardo Fuentes）在接受樂施會的訪問時說的。訪談內容收錄在樂施會部落格的一篇文章，標題為「剖析一個引人注目的事實」，成就了「樂施會國際版官網史上流量最高的一天」。[17] 文章聚焦於這個說法引發的大眾關注。但這個「引人注目的事實」提供了多少有用的訊息？它是正確無誤的嗎？富恩特斯先生後來告訴 BBC，他的研究「有一些缺陷，但已經夠好了」。

這一點我倒不是那麼確定。三年後，樂施會大幅修正這項分析，把原來的「85 位」超級富豪修改成「8 位」。全球的貧富不均惡化了 10 倍嗎？那些富豪身價翻了 10 倍嗎？還是全球窮人的財富減少了十分之九？事實上，全球的經濟狀況並沒有發生那樣的巨變。樂施會的做法，展現的是利用譁眾取寵且內容空洞的方式，來思考貧富不均。

標題的大幅修正告訴我們，從這個角度切入貧富不均議題，可能不是帶來啟發的思考方法。一些媒體報導的混亂訊息，凸顯出這個數據有多麼令人困惑。《衛報》準確的引述了樂施會的標題──全球最有錢 85 位超級富豪的資產，相當於全球最窮半數人口的財富總和。《獨立報》卻用資訊圖表告訴大家，全球最有錢的 85 個人擁有的財富，相當於全世界其他人的財富總和。（BBC 有一部關於超級富豪的紀錄片，它的預告片也犯了相同的錯誤。）這個資訊與真正的研究結果**相去甚遠**，不過你必須動腦想一下，才能知道為何會如此。

其實你三思也沒用，因為全世界絕大多數的財富，既不在最窮半數人口的手中（他們擁有的財富微乎其微），也不在最有錢的 85 位（或是 8 位？）超級富豪手裡，而是在由數億人構成的中產階級那裡。你很可能是其中之一。《獨立報》與

BBC 把「最窮半數人口的財富」與「超級富豪以外所有人的財富」混為一談。這個小小的混淆造成了「不到 2 兆美元」與「超過 200 兆美元」的差別。不對確實的意義詳加思考，就導致了 100 倍的誤差。

《獨立報》把統計數據導致的迷惑發揮到最高境界，它宣稱「85 位最有錢的人」（也就是 1%）擁有的財富，相當於「世上其他人」（也就是 99%）的財富。按照這個說法，全球人口只有 8,500 人。若它的標題造成 100 倍的誤差，那麼這個說法就造成了近 100 萬倍的誤差。

《獨立報》不可救藥的混淆說法，值得我們再花一點時間討論一下。這個錯誤提醒我們，人多麼容易被情緒牽著鼻子走。這世上有些人的財富確實超乎想像，也有些人幾乎一無所有。這很不公平。當我們因為這個不公平而忿忿然時，可能就中止了理性思考。《獨立報》將 80 億人與 8,500 人混為一談，把「最窮半數人口的財富」與「超級富豪以外的**所有人**的財富」混為一談。這種錯誤愚蠢而可笑。但布雷迪烏斯的例子告訴我們，當我們停止理性思考，開始感情用事，就會立刻犯下愚蠢而可笑的錯誤。

《獨立報》的例子提醒我們，要記得冷靜下來並用頭腦思考一下。不論那「全球 1%」指的是什麼人，數字絕對不會只有 85。我們不需要經過太複雜的計算，也會知道這件事。

我不怪樂施會試圖創造這麼聳動的新聞標題，因為它存在的目的是宣傳活動與募款。它的標題引發其他媒體的跟風亂象，我也不認為它需要為此負責。

然而，我們或許要從這個例子學到釐清事實的重要性。因此，我們要再次回到主軸，也就是要弄清楚所衡量的是什麼，以及如何衡量。

我們要衡量的是資產淨值，也就是扣掉負債之後，房地產、股票與銀行存款等資產的價值。假如你擁有一棟價值 25 萬美元的房子，背了 10 萬美元的房貸，那麼你的資產淨值就是 15 萬美元。

樂施會的估算方式是這樣的：把最窮半數人口的資產淨值總和（數據來自瑞士信貸集團贊助的研究），[18] 拿來和超級富豪的資產總和（根據報紙的富豪排行榜）做比較。他們發現，只要把最有錢的 85 位富豪的財富加起來，就足以超過全球最窮半數成年人口（相當於 24 億人；瑞士信貸的研究未將孩童列入估算）的財富總和。

不過，資產淨值可以告訴我們多少事呢？假設你貸款 5 萬美元，買了一輛 5 萬美元的跑車。這輛跑車一開上路，就瞬間減少了好幾千美元的價值，所以你的資產淨值也跟著減少了。假如你剛讀完 MBA、剛從法學院或是醫學院畢業，並背了幾十萬美元的債務，你的資產淨值**遠低於**零。但在財務上，比起自給自足的年輕農民，一個年輕醫生對於自己的財務狀況會更有安全感，即使這位醫生有高額負債，而那位農民擁有一頭瘦骨如柴的母牛，以及一輛生鏽的腳踏車（兩者的淨值合計為

100 美元）。*

資產淨值是衡量富有程度的好方法，卻不是衡量貧困情況的好方法。許多人的資產是零，甚至低於零。有些人非常窮困；有些人的前景看好，就像前面提到的那位剛從醫學院畢業的年輕醫生。

若更深入的探討，我們會發現另一個問題。當你把所有的零與負值加在一起，永遠無法得到正值。因此，把世界上最窮的 10 億人的資產全部加起來，也比不上我兒子存錢筒的價值。我們最近算過，裡面有 12.73 英鎊。那代表我兒子很有錢嗎？當然不。那代表無指望翻身的貧窮是地方性的情況嗎？嗯，不完全是。全球有超過 10 億人一貧如洗，這個事實令人震驚，但我還不確定試著把所有的零加起來，可以告訴我們更多事情。除了 10 億乘以零仍然是零，我不知道那還能告訴我們什麼。

現在我們已經學會，在真正了解數字所代表的意義之前，不要急著算數字。因此，現在是做一點簡單運算的好時機，因為這有助於釐清一些事情。

我們可以從瑞士信貸提出的《全球財富報告》，也就是樂施會引用的那份報告，挑一些數字來看，讓這個主題變得更清晰。†

- 4,200 萬人擁有 100 萬美元以上的資產，總和大約 142 兆美元。其中少數人是億萬富翁，但絕大多數不是。如果你在倫敦、紐約或東京擁有一棟舒適的房子，而且沒有貸款，那麼你應該是其中一份子。若你有一份還不錯的私人養老金，那麼你應該也是。‡ [19] 全球約有 1% 的成年人口屬於這個族群。

- 4.36 億人所擁有的資產，介於 10 萬至 100 萬美元之間，總和約 125 兆美元。全球約有 10% 的成年人口屬於這第二個族群。
- 上述兩個族群的人持有全世界大部分的現金。
- 10 億人擁有的資產介於 1 萬到 10 萬美元之間；總和約 4 兆美元。
- 其餘的 32 億成年人口，合計擁有 6.2 兆美元，每人平均擁有不到2,000美元。其中許多人的資產遠低於平均值。

＊有一個關於川普的故事，也經常成為大家茶餘飯後的話題。在很多年前，當時川普還沒有當選美國總統，並且因為幾筆失敗的房地產交易而負債累累。有一天他指著一個遊民，對著當時還年幼的女兒說：「看到那個流浪漢了嗎？他的資產比我的資產還要多十億美元。」我不知道這個故事是真是假，但就財務觀點來說，這個邏輯是合理的。

† 我使用的是 2018 年《全球財富報告》。2013 年版（「85 位最有錢的人」那個標題最早就是來自這個版本）裡的數字略有不同，但整體情況的變化並不大。

‡ 瑞士信貸沒有把政府養老金計算在內。這一點很有關係，因為政府養老金對於窮人來說非常有價值。把養老金列入資產的計算，會使貧富不均變得更嚴重（因為許多最窮的人其實領不到養老金），還是變得緩和（因為養老金是富有國家裡窮人的重要資產），仍有待商榷。我猜，若把養老金列入計算，會使貧富不均變緩和，但那只是我個人的猜測。我有可能猜錯。在全世界，有三分之一年長者領不到任何一種養老金。

大致來說，最有錢的 5 億人持有全世界大部分的財富，第二有錢的 10 億人持有其餘的財富。那 85 位超級大富豪只是一小撮人，所以他們擁有的財富不到總額的 1%。在我看來，這些數據幫助我們了解的是全球資產的分配情況，而不是媒體一再引述的那個「引人注目的事實」：談的是貧富不均，卻對世界上大部分的財富避而不談。樂施會的目的是製造「引人注目的事實」來博取關注以便募款，所以他們的做法是可以理解的。不過，我的目標是想了解這個地球上的活動和人類社會。這些事實可以輕鬆在網路上查到，用滑鼠點一、兩下就搞定。只要對這個世界懷有一份好奇心，再花個幾分鐘，就能得到這些資訊。

至少樂施會很清楚，他們談論的是貧富不均的議題。更常見的情況是，我們會聽見某個人含糊其詞的喊出「不平等變嚴重」的主張，而我們根本猜不出他要講的到底是什麼：什麼的不平等？誰與誰之間的不平等？這個不平等是怎麼衡量的？

或許他們說的是貧富不均，因為他們看到樂施會的數據從 85 位超級富豪修正到 8 位。又或許他們指的是所得不均。若你想了解大眾的生活方式，以及他們日常的消費能力，檢視所得情況是更自然的切入點。我們在生活中吃什麼、穿什麼和用什麼，通常和資產無關，而是和固定所得有關，包括薪水、退休金、國民年金，或是做小生意賺的錢。很少人能光靠存款利息來過日子。因此，假如想要了解分配不均對日常生活的影響，檢視所得（而非資產）更能看出端倪。檢視所得的另一個優點是，我們不再需要發表荒謬的言論：主張一個普通小男孩擁有的存錢筒的價值，比 1 億人的所得總和還要多。

若要檢視所得不均的議題，要看的是誰與誰之間的不平等？答案顯而易見：富人和窮人之間的不平等。不過，還是有其他的可能性：國與國之間、不同種族之間、男女之間、年長與年輕世代之間，或是同一個國家的不同地區之間。

若決定要檢視高低所得之間的所得不均議題，接下來的問題是：要**如何**衡量？

以下是幾個可行的方法。你可以把所得中位數（所有人的所得由小到大排列，位於中間點的數值）與 10 百分位（接近底層的所得水準）數值拿來做比較。這叫做 50/10 比率，這個做法可以透露窮人與中產階級的相對情況。

另外，你可以檢視這群 1% 最有錢的人之所得占比——這個指標相當中肯，不只透露了億萬富翁的生活水準，還將百萬富翁包含在內。你不需要自己計算：智庫和學術單位都幫你算好了，只要上網就能查到。[20]

這兩個指標似乎可以告訴我們一些重要的事。但萬一兩者互相矛盾，該怎麼辦？假設在某個國家，所得最高 1% 族群的所得突然飆升，與此同時，所得不均的情況變得緩和，50/10 比率下降，窮人追上了富人的生活水準。假如有錢人變得更有錢，但窮人也變有錢了，所得不均的情況是惡化了？改善了？或是兩者都有？

這聽起來或許只是假設性的情況，但事實上，這個情況曾發生在英國。在 1990 年到 2017 年之間，稅後所得最高 1% 族群的所得占比上升了，但低所得者的所得不均情況卻變緩和了，因為窮人的所得追上了中位數。這個情況無法用三言兩語解釋清楚，但我們活在一個複雜的世界裡，不該期待統計數據永遠都是容易解讀的。

幾年前，我受邀在一個電視節目擔任解讀數據的來賓。這是個很有企圖心的特別節目，長度為一個小時，而且有現場觀眾。多位知名來賓在節目上討論，英國的所得不均問題為何很重要。在與製作團隊討論節目內容的前製階段，我建議他們參考「世界不平等資料庫」（World Inequality Database），這個資料庫最早由兩位經濟學家建立：阿特金森（Tony Atkinson）爵士與皮凱提（Thomas Piketty）。大受好評的《二十一世紀資本論》就是皮凱提的著作，而在 2017 年過世的阿特金森爵士是皮凱提的恩師。在經濟制度方面，他們都支持嚴格的重分配（redistributive）課稅與大範圍的政府干預。我和許多經濟學家一樣，對於這種政策抱持擔憂的態度。但我還是向製作單位推薦這個資料庫，因為這兩位是聞名全球的專家。

一切都很順利，直到節目錄影的幾天前，我和製作團隊通電話時，雙方談得有點尷尬。我在電話中不經意提到，所得最高 1% 族群的稅前所得占比，在過去幾年來稍微下降了。我們知道，那不是衡量所得不均的唯一方法，只不過是皮凱提與阿特金森偏好的指標，而且似乎是個很好的切入點：簡單、乾脆、嚴謹，而且容易在電視上解釋清楚。對方聽了之後立刻緊張起來，並告訴我，整個節目的前提是，所得不均在2007年至2008年的金融危機之後就愈來愈嚴重。他們為何會這麼認為？因為數字會說話：所得最高1%族群在2008年的稅前所得占比上升到12%，但金融危機使那個占比降到10%或11%。*這其實沒什麼好意外的：影響甚廣的金融危機很可能使高所得者（像是銀行家、律師和企業高階主管）的收入暫時受到衝擊。此外我們別忘了，這些數據是兩位左傾的經濟學家蒐集的，他們巴不得把銀行家的貪婪或政府權力的縮減所造成的負面影響公諸於世。

但其實不然：對電視製作團隊來說，所得不均變嚴重這件事感覺起來「應該」是真的。或許他們看了我推薦的數據，發現其中有一些瑕疵。又或許他們找到了其他更好的衡量方式。然而，與他們的對話給我一個強烈的感覺，他們似乎根本沒有看我推薦的數據。我希望是我想錯了，因為假如他們有強烈的企圖心，想要製作長達一小時的特別節目，卻不花九十秒的時間查證節目的前提是否成立，那麼他們簡直欠缺好奇心到異於常人的地步。

我編了一個理由，退出了那個節目。

---

* 另一個常用的衡量指標是吉尼係數（Gini coefficient），我們將在下一章探討這個概念。這個係數同樣指出，所得分配不均在金融危機後變緩和了。

「文字」比「數字」更複雜

統計專家有時被譏諷為「數豆子的人」。這個充滿輕蔑意味的詞彙具有誤導作用，而且很不公平。政策裡的重要概念大都不像豆子，不但很難計算數目，而且難以定義。當你確定「豆子」所指為何之後，數豆子這件事可能會比較容易。但假如對定義不夠了解，檢視數字就沒有任何意義。在還沒有開始之前，我們就先欺騙了自己。

解決之道是：弄清楚計算的對象是什麼，以及數據背後隱含了什麼故事。我們很自然會認為，評量數字需要的是數學能力——知道如何計算百分比，或是把天文數字做各種剖析與運算。重點在於數學，不是嗎？

我希望大家從本章學到一個觀念，那就是真相比我們所想的更微妙，但也比我們所想的更容易找到：讓人七葷八素的通常不是數字，而是文字。在了解護理師的薪水有沒有調漲之前，先把「護理師」的定義弄清楚。在你為年輕人自我傷害的普遍情況痛心之前，先冷靜想想，你知不知道所謂的「自我傷害」指的是什麼。在認定不平等的情況急速惡化之前，先自問是「**什麼與什麼**之間的不平等？」若你對於「不平等的情況惡化了嗎？」這個問題，希望得到一個簡潔便利的答案，這個做法不但不公平，而且代表你不是真正關心這個議題。假如我們想知道答案，就要問對的問題，當我們去尋求，一定可以獲得更深入的洞察。

準則四

退後一步，看見全局

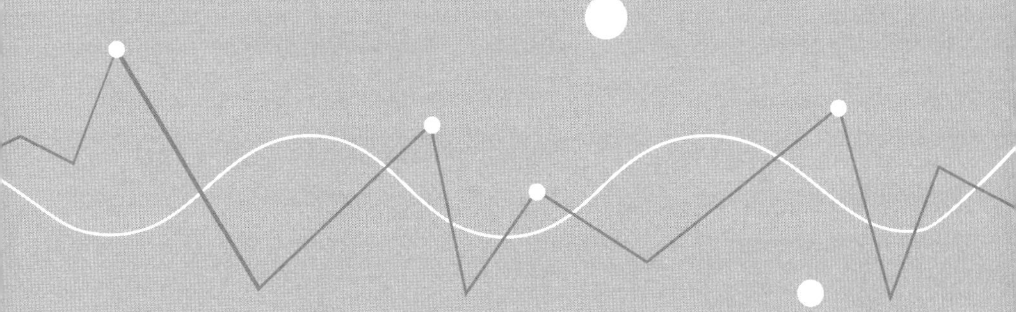

碟形世界（Disc）裡生命最短暫的生物是蜉蝣，牠們的一生不超過二十四小時。有一天，兩隻蜉蝣老前輩在鱒魚河水面隨意的曲折前行，與一些剛孵化的小蜉蝣暢談歷史。

「現在的陽光和以前不一樣。」

「沒錯，以前的陽光比較好，它是黃色的，不是現在這種紅色的。」

「而且位置也比較高。」

「的確如此，你說的沒錯。」

——泰瑞・普萊契，《靈魂收割機》（*Reaper Man*）

2018 年 4 月，倫敦的報紙刊登了一則令人擔憂的消息：「倫敦的凶殺發生率首次超越紐約！」這個標題引發了大眾的騷動。英美兩地對「凶殺」的定義有點不同，但若能暫時不看這一點，這個標題的說法其實並沒有錯。紐約市在 2018 年 2 月發生了 14 起凶殺案，而倫敦是 15 起。[1]

我們應該因此得到什麼結論？沒有結論。

我們不該得到任何結論，是因為這組數字無法告訴我們太多事。如果想要了解實際的情況，就需要向後退一步，採取更廣闊的視角。

關於倫敦和紐約的凶殺案，我們需要知道一些基本事實。在 1990 年，倫敦發生了 184 起凶殺案，紐約有 2,262 起，比倫敦高出 10 倍以上。倫敦人因此對紐約產生一種印象，覺得紐約是個非常危險的地方，而且很怕倫敦會變得和紐約一樣糟糕。自 1990 年以來，倫敦的凶殺案發生率呈現下滑趨勢。2017 年有 130 起，其中 10 人死於恐怖攻擊。倫敦在 1990 年是個安全的城市，現在又更安全了。至於紐約，2017 年的凶殺案降到 292 起，那代表紐約依然比倫敦更危險，不過比 1990 年安全多了。

（我們要看的應該是每百萬人有多少起凶殺案，而不是看凶殺案件的總數。不過，紐約和倫敦的人口相近，所以可以看案件的數字就好。）

紐約現在安全多了。偶爾，紐約的治安情況很好，而倫敦很糟，於是紐約當月的凶殺案件會低於倫敦。數字這種東西本來就會上上下下。*

報紙的標題雖然勉強算是正確，卻把我們導向與事實相反的方向：這其實是好消息，而非壞消息；倫敦其實更安全了，而不是更危險；倫敦依然比治安大幅改善的紐約更安全。唯有將脈絡納入考量，才能看見真相。

＊舉例來說，倫敦在 2019 年發生了 149 起凶殺案，是十年來最高的數字。從 2016 年開始，數字就不斷上升。英國媒體大都把這個情況視為警訊，但若將脈絡考慮在內，就可能不太需要擔心。不過，數字上升顯然不是好的跡象，凶殺發生率是暫時出現震盪，還是長期下降的趨勢開始逆轉？「時間會證明一切」雖是老生常談，卻也是事實。

1965 年，挪威社會學家加爾通（Johan Galtung）與盧吉（Mari Ruge）提出了很有意思的看法：什麼算是「新聞」，取決於我們關注的頻率。[2] 假如媒體知道，大多數觀眾是每天看一次新聞，或是每幾個小時看一次新聞，他們就會告訴我們，在那段期間所發生最引人注目的事件。

以財經新聞為例。即時報導新聞的彭博電視、每天出刊的《金融時報》（我的東家），與每週發行的《經濟學人》，雖然關心的都是商業、經濟與地緣政治議題，但這三種媒體卻有非常大的差異。彭博電視可能會報導過去一個小時內市場上發生的某個巨大變動，但這種變動不會被放進《經濟學人》裡。新聞時鐘的節奏（每週、每天、每小時）會改變新聞的定義。

現在，讓我們想像一個更慢的新聞節奏：二十五年發行一次的報紙。最新一期的報紙裡會有哪些內容？裡面會有各種最新進展，包括好消息和壞消息：中國崛起、網際網路與智慧型手機、蓋達組織興起，以及雷曼兄弟公司倒閉。或許會有一小篇關於犯罪案件的深度報導，提到倫敦的凶殺案件減少了，但降幅比不上紐約。裡面絕對不會提到倫敦正面臨殺人案大氾濫的情況，這種消息只有在快速翻新的媒體管道上才會出現。

那麼，五十年出刊一次的報紙呢？「用數據看世界」（Our World in Data）網站創辦人羅瑟（Max Roser）是個年輕的經濟學家，他受到加爾通與盧吉的啟發，提出一個概念：假設有一家報紙分別在 1918、1968 和 2018 這三年出刊，可能完全不會提及日報視為驚天動地的大消息，但全世界的巨大變化將會占滿前幾版的版面。[3]

五十年出刊一次的報紙，在 2018 年版的頭版新聞會是什麼？可能是一件沒有發生的事：「好險！世界逃過核子浩劫！」看過 1968 年那份報紙的讀者可能焦急的想知道，原子彈在過去三十年是怎麼被發明與製造出來，並在日本造成大災難，然後被殺傷力更強的氫彈取代；以及世界強權如何一再的與核子戰爭眉來眼去，包括韓戰期間、古巴飛彈危機期間，以及柏林會談（不止一次）。2018 年的讀者上次讀報是在 1968 年，對他們來說，冷戰在沒有發射核子彈的情況下結束，是一則大新聞。雖然那段期間的日報不會刊登「今天沒有投擲氫彈」這樣的標題。

又或許編輯會提到氣候變遷，由於 1968 年的報紙很可能不會提及早期的溫室效應研究，所以 2018 年的報紙會先解釋問題的基礎：燃燒瓦斯、石油與煤炭這類石化燃料會改變大氣的成分，導致大氣溫度上升。（頭條：「燃燒煤炭是個糟透了的主意！」）這篇報導還會附上一張嚇人的圖表，顯示全球氣溫不斷上升的曲線。

氣候變遷是很難在短期間內報導的題材。全球氣溫以年為單位上下波動；你會發現上升的年數與下降的年數幾乎差不多，這是製造懷疑的好素材。然而，五十年出刊一次的報紙會明確指出一個無情的事實：自 1960 年代以來，全球氣溫大約上升了攝氏 0.75 度，詳細數據取決於你檢視哪一種衡量溫度的方式，以及在什麼年份衡量。[4] 唉，從對的觀點來看，地球顯然正在升溫當中。

那麼一百年發行一次的報紙呢？觀點會再次改變。若考慮到讀者最近一次讀報是在 1918 年，你可能會決定用一個奇蹟做為頭條新聞，我們的孩子終於可以享有平安的童年：「兒童死亡率下降了 8 倍！」假設有一所學校打算讓 100 名從世界各地隨機挑選的五歲孩童入學。在 1918 年，只有 68 個孩子會在開學日報到，因為 32 個孩子會在五歲之前夭折。這並非短暫性的災難造成的，像是 1914 年至 1918 年的世界大戰，或是 1918 年的全球流感大流行，因為 1900 年的數據更糟。如果是現在，那所學校會有 96 個孩子在開學日報到，只有 4 個孩子會早夭。別忘了，這些孩子是從世界各地挑選的，包括最貧窮、最偏遠與飽受戰火摧殘的國家。這是個驚人的進步。[5]

若是兩百年出刊一次的報紙，編輯可能會採取另一個角度：「大多數的人並不貧窮！」當然，世上還是有許多窮人，約有 6 至 7 億人活在赤貧中。根據世界銀行的定義，每日所得不到 1.9 美元的人都算赤貧，差不多是全球人口的十分之一。不過在十九世紀初，幾乎所有人（20 人中有 19 人）都活在那種困乏的狀態裡。這是極大的進展。唯有向後退一步，改變觀點，才能清楚看見這個事實。

吉尼係數

到目前為止，我們按照時間長短來劃分觀點。我們也可以用其他的比較方式來取得有用的背景資訊。

再回到上一章探討所得不均的例子。我們在上一章學到了幾個衡量所得分配的方法，像是50/10比率，或是所得最高1%族群的所得占比。假如能創造一種複合型衡量法，把所有的所得分配綜合起來，不是很好嗎？其實，這種衡量方式已經存在，我們已經提過最有名的一種──吉尼係數，以二十世紀義大利統計學家科拉多．吉尼（Corrado Gini）命名。

就和其他衡量工具一樣，吉尼係數無法告訴我們所有的事。放眼全球，吉尼係數一直在下降，也就是說，所得分配愈來愈公平。那是因為大量原本非常貧困的人（許多分布在中國和印度），生活水準獲得大幅提升。在計算吉尼係數時，這個情況抵消了高所得族群所得不均的惡化（超級富豪把一般有錢人狠狠的甩在後頭）。[6]沒有任何一個數字能把這個情況講清楚。但吉尼係數確實優雅的反映了每一種所得水準的人的感受。把一塊錢從億萬富豪手中轉移給百萬富翁，不會改變所得最高1%族群的所得占比，因為那一塊錢依然落在那個族群裡。但若把一塊錢從有錢人手中轉移到窮人手裡，不論他們是多麼有錢或多麼貧窮，都會改變吉尼係數。

不過，我們理解吉尼係數時遇到的難題是，要如何以直覺感受它實質的意義。要想像一個吉尼係數為零的國家並不難：在那個國家裡，每個人有相同的所得。同樣的，我們也能輕鬆想像一個吉尼係數為百分之百的國家：在那個國家裡，獨裁的統治者獨占全國所有收入，而其他人一無所有。然而，若某個人住在所得吉尼係數為 34% 的國家，他會過著什麼樣的生活？

如果你住在英國，就能回答這個問題。[7] 但即使是所得分配專家，也需要與其他國家的吉尼係數進行比較，才能了解吉尼係數為 34% 所代表的意義。例如：中國是 50，美國是 42，芬蘭是 25。若把所有人涵蓋在內，從最貧窮的撒哈拉以南非洲國家，到最富裕的石油生產國，全球吉尼係數則是 65，比任何一個國家都高。[8]

如果計算所得以外的吉尼係數，可能會比較明白吉尼係數所代表的意義。以壽命為例。就和所得一樣，並非所有人的壽命都一樣長。有些嬰孩出生不久之後就夭折了，有些人可以活到一百歲。但這些極端情況屬於極少數：大多數人的壽命會超過六十歲，少數人會超過九十歲。因此可以預期，全球壽命的吉尼係數相當低。事實確實如此，答案是 20%。

那麼成人的身高呢？我們根據直覺可以知道，身高的差異其實很小，所以身高是另一個有用的參考點。假如我的粗略計算沒有錯，吉尼係數應該小於 5%。

我曾經為了寫專欄文章，計算英國三十五至四十四歲族群性行為頻率的吉尼係數。我知道你一定很好奇：答案是 58%，比英國所得的 34% 更高。[9] 我們該感到訝異嗎？我不太確定。但事實就是如此。從數據看來，性行為 10 倍的差距（每個月 1 次和每個月 10 次），似乎比所得方面 10 倍的落差更普遍。所幸，壽命的 10 倍差距（百歲人瑞與十歲死亡的孩童）非常罕見。身高上的 10 倍落差？沒聽過，也沒有這方面的世界紀錄。

建立你的「地標數字」

要退後一步並看見全局，另一個方法是抓住比例的感覺。當你看到數據時，只要問一個簡單的問題：「這個數字很大嗎？」《數字知多少》的製作人布拉斯藍德與迪諾爵士，會習慣性的自問這個看似平凡、效果卻非常好的問題。[10]

舉例來說，川普在美墨邊境建造的圍牆，據說要花費 250 億美元。這個數字很大嗎？聽起來很大，但若要真正了解這個數字的意義，你需要一些參照數值。例如：美國的國防預算大約為 7,000 億美元，相當於一天要花掉 20 億美元。圍牆的造價大概可以支撐美軍運作兩個星期。或是換個觀點，美國人民每人要為圍牆負擔 75 美元：美國人口約 3.25 億人，250 億美元除以 3.25 億等於 75。*這個數字是大？是小？你可以自行判斷，但我猜，在做過這些比較之後，你的判斷會比較有根據。

創業家艾略特（Andrew Elliott）對這個問題極為著迷，甚至為此寫了一本《數字公民》（*Is That a Big Number?*）。艾略特建議，每個人應該在腦海儲存一些「地標數字」，做為比較的基準。[11] 以下是幾個例子：

---

* 假如由墨西哥來付這筆費用，每位國民要負擔 200 美元，因為墨西哥的人口比較少。我是說假如啦。

- 美國人口為 3.25 億。英國人口為 6,500 萬。全球人口為 75 億。
- 在英國，六十歲以下的每個年齡層大約有 80 萬人。舉例來說，假如某個政策涉及所有的三歲兒童，那麼就有 80 萬人會受到影響。在美國，這個數值為 400 萬。
- 地球圓周為 4 萬公里（2.5 萬英里），繞行南北極或繞行赤道計算，得到的數字略有不同，但差異不大。
- 波士頓到西雅圖的距離：5,000 公里。
- 床的長度：2 公尺（或 7 英尺）。艾略特指出，這可以幫助你目測房間的大小：這個房間相當於幾張床的大小？
- 美國的國內生產毛額約為 20 兆美元。假如你想要，這足以蓋很多座美墨邊境圍牆。
- 10 萬個字：中等長度小說的字數。
- 381 公尺：帝國大廈的高度。（約相當於 100 層樓。）

我喜歡在腦海中儲存幾個這樣的數字，我是個數字怪咖。我發現，我記住的地標愈多，其他的地標對我來說就愈合理。不過，我們不一定**要**記憶任何地標數字，從參考書籍或網路就可以查到可靠的參考數字。很多時候，重複確認一下會比較保險。

掌握地標數字之後，就可以隨時使用。你可以把不同的東西拿來做比較（1 萬字的報告篇幅似乎很長，但一本普通小說的篇幅是 10 倍之多），或是做一下除法（每個美國人每年要負擔的國防預算超過 2,000 美元）。記住或查詢一些好用的數字，然後再做一下簡單的算術（用計算機也行）。這並不難，卻可以幫助我們看清很多事情。*

我們比較喜歡聽到壞消息？

假如我們不需要做這些事，假如媒體能在使用統計數據時，一併附上大眾理解數據時所需要的脈絡與全面性的觀點，那當然很好。比較負責任的媒體確實會試著這麼做。不過，脈絡和全面性的觀點永遠不會被放在頭版最醒目的位置。

其中一個理由大家其實已經知道了：我們關注的頻率。日報的頭版、電視新聞的頭條消息，以及網頁的最上方位置，都會聚焦於幾個小時內所發生最戲劇性、最吸引人、最重大的事件，因為一般媒體受眾大約每幾個小時查看一次最新消息。有些媒體評論家認為，有另一個原因導致媒體不注重脈絡與全面

---

* 還有一個不是那麼有幫助的方法，就是按照「假如美國國債用 1 元美鈔堆疊起來，可以從地球表面堆到太空／月球／太陽」的邏輯，來描述很大的數字。有些記者似乎認為，這是把巨大數字放入脈絡思考的好方法。是嗎？但我通常覺得這種說法會讓我更沒有頭緒。你知道需要幾張紙鈔才能堆到 3 公尺高嗎？（大約 8,000 張，當然，這個答案是我查出來的，任何人都可以辦到。）一般認為，地表 100 公里之處以外就算是太空，月球距離我們約 40 萬公里，太陽是 1.5 億公里。因此，堆到太陽的紙鈔比堆到太空的紙鈔多更多。根據我的計算，美國國債的紙鈔高度，是地球到月球距離的 6 倍。現在你滿意了嗎？我覺得「每位美國國民要負擔 7 萬美元」是個比較容易懂的概念。

性的觀點：民眾往往會被壞消息吸引。《真確》的共同作者羅斯林鼓勵眾人根據可靠的資料，來採取更符合現實的觀點。他把上述現象稱為「負面型直覺偏誤」（negativity instinct），而當你省略脈絡時，大多數的新聞通常會變成壞消息。

我對於「民眾傾向於被壞消息吸引」這個概念抱持保留態度，因為樂觀才是人類的自然傾向；心理學家沙羅特（Tali Sharot）認為，80% 的人有「樂觀偏見」，像是高估自己的壽命、事業發展與天分，同時對於生病、失能或離婚的風險視而不見。[12] 康納曼是諾貝爾獎得主，同時也是行為經濟學創始人之一，他把過度自信稱為「最大的認知偏誤」。[13] 在許多方面，人類確實是正向思考的生物，有時候甚至有點太正向了。

比較可能的解釋是，我們會被意料之外的新聞吸引，而令人意外的新聞大都是壞消息。[14] 若媒體只偏愛負面消息，他們應該會經常報導吸菸導致死亡的新聞。美國居民死於吸菸相關疾病的人數，是 2001 年 9 月恐攻事件死亡人數的 10 倍，那是美國歷史上最多人死於恐怖攻擊的月份。[15] 即使發生恐怖攻擊事件，週刊也不會不知道，在那一週裡，香菸殺死的人比蓋達組織更多。報紙忽略了吸菸造成的死亡，因為他們對令人震驚的消息更感興趣。

當然，令人震驚的新聞也可能是正面的。但心理學家平克指出，好消息通常是慢慢傳開，壞消息往往是突如其來。[16] 這個說法聽起來是對的，畢竟，要破壞一個東西很快，而建造某個東西需要花比較多的時間。偉大的心理學家特沃斯基

（Amos Tversky）曾在平克年輕時與他分享一個想像實驗：[17]

請想像今天能發生在你身上最好的一件事。可能是中樂透（那真的是好事嗎？），或是其他好事：經過幾個月的努力，終於懷孕成功；爭取升遷或入學申請成功。但對大多數人來說，大部分的時候，人生要發生意外巨變的可能性，其實很有限。許多人的日子已經過得相當不錯了；遇到逆境時，人生通常是慢慢好轉，而不是突然出現奇蹟。

那麼人生際遇急轉直下的例子呢？太容易想像了。你（或是你摯愛的人）可能在某一天確診癌症、被車撞到，或是遭到暴力攻擊。你家可能被闖空門或是失火。你可能被炒魷魚。你可能蒙受不白之冤，被指控犯了你沒犯的罪。你可能發現你的伴侶有外遇，或是想要離婚。我不需要花太多腦筋就想出這一大堆可能性，我很確定，你可以不費吹灰之力就加上一長串其他的可能性（只怕你會一邊說一邊冒冷汗）。這張災難清單可以一直寫下去。

因此，當媒體想要吸引眾人的注意力時，他們會尋找短時間內發生的令人意外又新奇的事件，而那些事件大都是壞消息。

當政治人物、慈善機構或是辦宣傳活動的人需要吸引民眾的注意時，他們的做法就會開始扭曲。他們知道，若要上新聞頭條，就要發表驚人的言論。例如：2015 年 5 月，英國媒體披露一則令人憂心的消息，中年人中風的風險提高了；這個結論源自中風協會（Stroke Association）大力宣傳的官方統計數據，協會執行長表示：「工作年齡人口的中風人數大幅增加。」[18]所幸，這是錯誤的訊息。由於民眾的飲食習慣改善、更好的治療方法問世，加上政府的宣導，英國的中風人數減少了。但政府的宣導，也使民眾一出現輕微中風症狀就立刻到醫院看診。結果，因為中風而住院的年輕患者增加了，或是按照中風協會的說法：「數字暴衝」，中風協會在這則新聞裡軋了一角。好消息是，英國的中風人數幾乎在所有年齡層都一直穩定且顯著的下降。中風協會如何能透過這樣的報導受到矚目？假如他們沒受到大眾的關注，就募不到款了。

再以樂施會在 2016 年底的感嘆為例：「大獲全勝的全球貧窮問題，正在一個重要領域節節敗退 —— 民眾的觀念。最新全球調查……顯示，87% 的人認為，全球貧窮問題在過去二十年來維持不變或惡化了，但事實恰好相反，貧窮人口減少了一半以上。」[19]這則新聞引起的關注，比不上我們在上一章提到的例子，也就是 85 個人（或是 8 個人？）擁有的財富，相當於全球半數人口（或是全世界其他的人？）的財富總和。危言聳聽的新聞成了頭條，難怪一般人會認為全球貧窮問題惡化了。

英國人對於自己居住區域的移民、少女懷孕、犯罪與失業等問題，並不太擔心，但他們卻對整個國家在這些方面的問題非常憂慮。當你問某個人，他對於自己的工作與國家的經濟狀況有什麼看法，也會發現同樣的情況：大多數人認為自己的狀況還不錯，但非常擔心整個社會的走向。[20]這可能是因為我們對於自己居住的區域有親身接觸的體驗，但對於世界的了解全仰賴新聞媒體。「負面型直覺偏誤」或許不是導致新聞報導傾向取材壞消息的主因，但最後的結果確實就是如此。

1993年，英國當時最受歡迎的主播路易斯（Martyn Lewis）主張，媒體應該多報導優質新聞。[21] 他的說法立刻被其他記者以誇大的方式譏笑，說他只想在新聞時段的結尾，以逗趣的「最後，我們來看狗狗玩滑板……」為前面的壞消息撒上一點糖霜。這其實不公平。*路易斯指的是言之有物的優質新聞報導，而不是現在很流行的貓咪站在掃地機器人 Roomba 上逛大街的影片。

路易斯寫道：「優質報導還是存在，因為稀有，所以更讓人印象深刻。」幸好他的說法與事實恰好相反。自 1993 年以來，全世界每天有 15.4 萬人脫離赤貧。[22] 在 1980 年，全球的一歲孩童只有 20% 接種麻疹、白喉和小兒痲痺症疫苗，80% 被遺漏了。現在，85% 以上的一歲孩童接種了這些疫苗。[23] 全球的孩童死亡率大幅下降。好消息到處都是。它不是因為稀有而讓人印象深刻，而是因為太普遍才沒有人將之放在心上。好事太常發生，以致於無法收錄進報紙裡。「昨天估計有 15.4 萬人脫離赤貧狀態！」這是事實，但不是新聞。

不會有人每天向我們提供有多少人脫離貧困的最新數據，或許永遠也不會有人這麼做；我在 2004 年至 2005 年任職世界

---

* 這些記者的說法也算是情有可原，因為路易斯曾寫過《新聞裡的喵星人》（*Cats in the News*）和《新聞裡的汪星人》（*Dogs in the News*）。

銀行時，每三年才更新一次赤貧人口數據。假如有報紙要報導這則消息，很好，但每一千天才會發生一次。有專業精神的報社不會一再報導這個消息，提醒讀者「這不是新聞，但它是事實！」因此，赤貧人口減少，以及一堆其他事實，包括文盲、民主制度、女性投票權、女童受教育、乾淨的水源、疫苗與免疫、農作物產量、新生兒死亡率、太陽電力的價格、空難死亡人數或是饑荒的情況，都獲得了改善，但是沒有人報導。[24]

這不只因為這些是令人開心的消息，也因為發生的頻率不對。悲慘的故事若出現的頻率不對也常被忽視，吸菸就是最好的例子。它一直存在，因此成了最無趣的人類死亡原因。氣候變遷沒有被忽略，但也很少直接報導出來。刻意引發大眾關注的事件才會有人報導，像是抗議行動、高峰會，或是偶爾出現的科學或官方報告。我們看到這些新聞時會義憤填膺，而這些新聞只會順帶提及氣候變遷的議題。但我們很少看到有人報導變動很慢的指標，像是全球氣溫上升的情況。

第三個例子是在金融領域。我在《金融時報》的同事邰蒂（Gillian Tett）在 2004 年和 2005 年提醒大家，金融市場已經發展出巨大的債務與衍生性金融商品市場，一種與利率、匯率或其他金融指標連動的邊注（side-bet）。全球金融體系就像一座冰山：水面之上是閃閃發亮的股市，很容易看見與討論；水面之下則潛藏著巨大的債務與衍生性金融商品市場。股市會不斷產生數字，包括晚間新聞播報的每日收盤指數。然而，衡量衍生性金融商品市場規模最重要的一個指標，由「國際清算銀行」每三年公布一次。這個頻率與財經報刊的出刊頻率不一致，所以總是被忽略。當然，郃蒂的提醒是值得關注的壞消息：這些市場的問題正是導致2007年至2008年金融危機的主因，而郃蒂是少數幾個事發前就注意到這個問題的人。[25]

有些評論家認為，釜底抽薪之計就是不看報紙。作家杜伯里（Rolf Dobelli）在《衛報》寫了一篇幽默的文章，告訴我們拒看新聞的十個理由。[26]《黑天鵝效應》作者塔雷伯簡單扼要的說：「你只要開始光看上星期的報紙，維持一年的時間，你就會完全不受報紙影響了。」[27]

你可能會覺得，在報業工作的我應該會對這番言論提出抗議，但其實我還滿能理解這個說法的。我發現，我為週六的《金融時報》寫的專欄文章，通常與當週發生的新聞無關。我對於利用最新時事製造熱門文章不太感興趣；我比較感興趣的是，當我讀了一些書或學術文章，或是對生活進行沉思之後，浮現在我腦海的主題。《數字知多少》的粉絲經常把我的文章拿來與廣播或電視的即時新聞對照，我覺得這也挺好的。但我有時覺得，聽眾對我們的讚賞有點像是不勞而獲，因為我們的步調和即時新聞不同。《數字知多少》是每週一次的節目，所以有好幾天的時間可以細想現場訪問裡提到（或遺漏）的某些內容。我們經常花好幾個星期、甚至好幾個月的時間，對某個主題進行深思。假如你可以用對的方式好好探討某個主題，為何要草草處理它？我們通常不會擔心主題被別人搶先報導，因為我們太一板一眼，沒有人會對我們關心的主題感興趣。

基於工作需要，我不能不看新聞，但我不像其他同事那般熱切關注最新消息，這有時會讓他們感到失望。日報的新聞一定比即時新聞更有料，週刊的新聞又比日報的新聞更有內容。而書籍通常又更好。即使是看日報或週刊，我往往比較喜歡不搶時間的解釋性或分析性內容，而不是最新消息。

假如你不看新聞會渾身不自在，那麼我建議你試著朝深而廣的方向移動，而不是追求愈來愈快的節奏。對於令人震驚的新聞，我們可能比較難做到，但這是個好習慣。即時交通資訊或是重大的氣象消息可能需要馬上知道，但其他新聞通常沒有這種急迫性。假如你一個小時或是一週之後再來了解這些新聞，你知道的東西並不會比較少，反而可能更多。你甚至可以開始問：週刊或每週一集的 podcast 會注意到哪些很可能被喧鬧的即時新聞淹沒的事件？

當新冠肺炎剛開始在全球散播時，《科學人雜誌》勸戒新聞記者：「關於疫情的實情，發布了好幾天依然成立的事實，遠比最新的『事實』更可靠，因為最新發布的消息可能有誤或不具代表性，因此有誤導作用……今天只能以根據新聞所形成的個人想法回答的問題，明天或許能以事實來回答。」[28] 很好的建議，適用於記者，也適用於一般人。因此，不論你決定要接收多少新聞，請務必花點時間尋找眼光放遠一點、速度放慢一點的訊息。你會開始注意到一些其他人忽略的事情，不論是好事或者壞事。

到目前為止，對於要如何評估別人提出的統計結論，我們學到了什麼？在第一章，我建議大家要覺察自己對於那個結論的感受；在第二章，我建議要運用親身經歷來驗證它；在第三章，我請你問問自己，是否真的了解那個結論的意思。這些都是建立在常理之上的簡單建議。我在本章加了第四個建議：後退一步並尋找背景資訊，把那個主張放在脈絡裡思考。試著對趨勢有些概念。「又發生一樁可怕的犯罪行為！」與「整體而言，犯罪情況減少了」的趨勢其實是一致的。尋找能夠給你規模概念的參考點，像是把一個國家的情況拿來和另一個國家的情況做比較，或是把政府開支換算成每位國民應負擔多少錢來理解。

上述方法都不需要專業知識，任何人都能運用。綜合應用這些方法將有助於我們了解統計數據代表的意義。不過，有時還是需要深入探究數據是怎麼產生的。現在就一起來了解吧。

準則五

取得背景故事

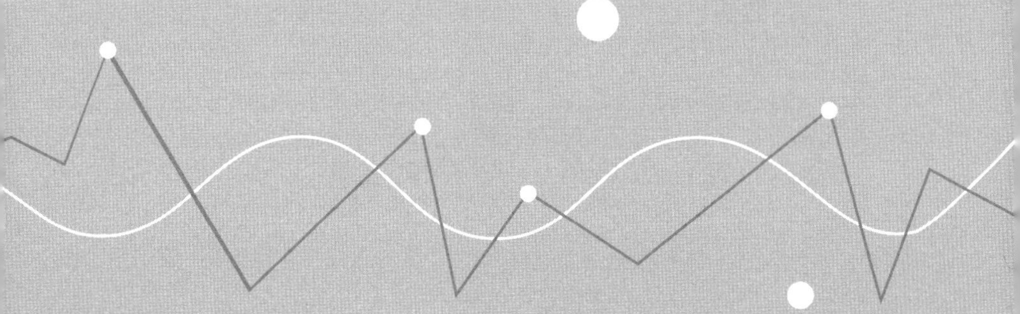

「人類每次交合之後，會有十億個精子為了和一顆卵子結合而彼此競爭。這樣的機率乘以數不盡的人類世代……產生了你，獨一無二的你。要透過低到不可思議的機會，創造出如此獨特的狀態，就像把空氣變成黃金一樣，機率微乎其微。」

「世上任何一個人都是如此！」

「是的，世上任何一個人……但這個世界擠滿了人，奇蹟塞滿了這個世界，因為太平凡，以致於被我們遺忘……」

——艾倫．摩爾，《守護者》

數十年前，兩位頗有地位的心理學家艾恩嘉（Sheena Iyengar）與萊普（Mark Lepper）進行了一項調查。他們在加州一家高檔超市設立一個果醬試吃攤位，有時給客人試吃 6 種果醬，有時給 24 種，客人試吃之後，會發給他們一張果醬折價券。試吃的種類愈多，吸引的人愈多，但真正購買的人卻很少。試吃種類較少時，反而有較多顧客購買果醬。[1]

這個與直覺相反的結果立刻引發熱議與關注。選項少反而比較有吸引力！後來這成為了大眾心理學文章、書籍與 TED 演講的主題。這個結果超出預期，但似乎是可信的，它出乎大多數人的意料，但聽到的人似乎都覺得，他們早就猜到會是這樣。

身為經濟學家，我覺得這個結果有點奇怪。按照經濟學理論，人通常比較喜歡更多的選項，較多的選項永遠不會成為阻礙。不過，經濟學理論有可能出錯，所以這不是我對那個果醬研究感到好奇的原因。

令我不解的是，提供更多選項所造成的效果非常大：試吃 24 種果醬的人，只有 3% 使用折價券，試吃 6 種果醬的人，有 30% 使用了折價券。這個結果顯示，若零售商縮小選擇範圍，就可以使銷售提高 10 倍。有人相信嗎？這個調查在德爾格超市（Draeger's）進行，這家超市提供了 300 種果醬和 250 種芥末醬。這種做法似乎沒問題。難道他們錯過了一個致勝祕訣？星巴克號稱能提供上萬種客製飲料組合，生意似乎也很好。因此我很好奇，上述調查結果是否普遍成立。不過話說回來，那是個嚴謹的研究，而且研究者是有學術地位的學者。證據擺在眼前時，你應該要根據證據調整你的想法，不是嗎？

後來，我在某個會議上遇到一位學者，他告訴我，我應該去找一位名叫謝伯翰（Benjamin Scheibehenne）的年輕心理學家聊一聊。我按照他的建議做了。謝伯翰沒有理由懷疑艾恩嘉與萊普發現的事：人在面對太多選項時，會失去選擇的動機。但他觀察到的事實和我一樣 —— 有太多成功企業都提供消費者多到不行的選項。艾恩嘉與萊普的研究結果要如何套用在這個事實上？謝伯翰有個看法，他認為那些企業找到了方法，幫助大家從複雜的選項中做選擇。這個看法似乎成立。答案或許和熟悉度有關：消費者到超市時通常會買他們買過的果醬，而不是沒看過的新口味。又或許是超市走道的標示方式造成的影響，或是用簡單明瞭的方式將果醬分類陳列。這些可能性似乎都值得探索，於是謝伯翰決定展開調查。[2]

一開始，他先重做一次果醬實驗來取得基準點，以便調整變因來探索不同的可能性。但他根本無法取得基準點，因為他得到的結果完全不同。艾恩嘉與萊普發現，較多的選項會大幅降低選擇動機。但謝伯翰重做相同的實驗時，得到的結果卻不是如此。另一位學者葛芬尼德（Rainer Greifeneder）重做了艾恩嘉與萊普另一個類似的實驗（選擇的東西是高級巧克力），但同樣無法複製「更多選項會形成障礙」的結果。後來，謝伯翰與葛芬尼德合作，找到很多以「更多選項會形成障礙」為主題的研究，但這些研究大都沒有刊登在學術期刊上。

謝伯翰與葛芬尼德把所有研究放在一起看，包括刊登和沒有刊登的研究，卻得不出一致的結果。提供較多選項有時候利於選擇，有時不利於選擇。有刊登的論文往往呈現比較顯著的影響，不論是正面或負面的影響。沒有刊登的論文往往沒有發現任何影響。平均影響力是多少？零。[3]

這樣的結果令人不知所措。到目前為止，我們討論過好幾種狀況：為了某個目的而提出誤導性的主張（樂施會為了得到大眾的關注，媒體為了提高網站點擊率），或是忽略某個小細節（使用不同的說法來描述懷孕中止）。對於學術論文，我們通常可以合理的盼望研究者會注意到那些小細節，而且他們只關心如何獲得更多知識。以謹慎的態度面對有宣傳訴求的團體或是想要吸引點擊數的新聞標題是合理的事，但是當我們拿起一份學術期刊時，難道不能安心的認為裡面刊登的東西是可以相信的嗎？我已經提過，艾恩嘉與萊普是廣受敬重的學者。他們的主張有沒有可能根本就錯了？如果錯了，錯在哪裡？下次如果又有與直覺相反的研究結果引發熱議，並且橫掃科學期刊版面或機場書店的暢銷書架時，我們要如何看待它？

在回答這個問題之前，我們先打個岔，討論一下網路上最出名的馬鈴薯沙拉。

倖存者偏誤

說到籌錢，有比透過募資平臺 Kickstarter 更容易找錢的方法嗎？2012 年，智慧手錶的開路先鋒 Pebble 透過 Kickstarter 募得 1,000 萬美元，為 Kickstarter 打響了知名度。2014 年，有個野餐保冷箱的募資專案募得了驚人的 1,300 萬美元。無可否認，Coolest Cooler 堪稱保冷箱界的瑞士刀，它結合了內建 USB 充電器、雞尾酒攪拌器和揚聲器等功能，吸引了大批支持者。2015 年，Pebble 捲土重來復仇成功，以更高階的新款式募得 2,000 萬美元。

不過，在某種意義上，柴克・「危險份子」・布朗（Zack 'Danger' Brown）在 Kickstarter 創造的成就無人能及。他在 Kickstarter 提出的專案是製作馬鈴薯沙拉，募資目標是 10 美元，最後他募得了 55,492 美元，這應該是潮男表達諷刺精神

（hipster irony）最好賺的實例吧。[4]

布朗的例子使我很想知道，我能不能在 Kickstarter 推出一個吸引人的專案，然後躺著數鈔票。

麥克葛雷格（David McGregor）可能也有這種想法。他的專案內容是在蘇格蘭各處旅行，把當地的壯麗景色拍下來，製作成一本攝影專輯。他的募資目標是 3,600 英鎊 —— 這是找人贊助自己的藝術天分、順便度個假的好方法。萊特（Jonathan Reiter）有更大的企圖心。他的 BizzFit 專案是寫一套程式，為雇主和求職者提供媒合服務，募資目標是 3.5 萬美元。萊伯納（Shannon Limeburner）也很有商業頭腦，她想募集 1,700 美元，來製作她設計的一系列泳裝樣品。紐約州雪城有兩兄弟推出了一個專案，他們想募集 400 美元，拍攝一部他們在萬聖節用惡作劇把鄰居嚇個半死的影片。

這些大異其趣的專案有一個共同點：沒有任何人贊助他們的專案。他們都無法說服陌生人、朋友，甚至是家人贊助他們一毛錢。

這些在 Kickstarter 募資失敗的例子，是透過住在威尼斯的設計藝術家洛魯索（Silvio Lorusso）創立的網站 Kickended.com 找到的。Kickended 搜尋 Kickstarter 上所有募不到任何一毛錢的失敗專案。（這種案子很多，大約占十分之一，只有不到四成的專案達到募資目標。）

Kickended 提供了一個重要的服務，它提醒我們：我們環顧四周所見的一切，無法代表這個世界；我們的觀點存在著系統性的偏誤。一般來說，當我們談到偏誤，想到的是有意識的思想傾斜，但很多時候，之所以有偏誤是因為外界向我們呈現某些故事，卻把另一些故事過濾掉了。

我從來不曾透過媒體報導或部落格文章得知，充滿雄心壯志的年輕樂團「刻板印象白日夢」（Stereotypical Daydream）曾透過 Kickstarter 想募資 8,000 美元，來錄製一張音樂專輯。（「我們曾經用過各種方法存錢，想在專業錄音室錄製一張正式的專輯，只可惜到目前為止還沒有存夠錢。」）當你得知這個樂團沒有透過 Kickstarter 募得任何一毛錢時，大概不會太驚訝吧。

另一方面，我聽過許多人談論 Pebble 智慧手錶、Coolest Cooler 保冷箱，甚至是馬鈴薯沙拉的事。若我沒有自己做功課，或許會對在 Kickstarter 上募資這件事抱持一種不切實際的期待。

當然，這種偏誤不只發生在 Kickstarter 上，而是無所不在。我們閱讀的大都是暢銷書，但大多數的書不是暢銷書，而且絕大多數的出書提案都胎死腹中。音樂界、電影界與創投界的情況大致也是如此。

即便是新冠肺炎的案例，也受到選擇性注意的影響：擔心染病的人會去醫院接受檢測，不擔心染病的人會待在家裡，這使得疫情顯得比實際情況更糟糕。雖然負責統計工作的人非常清楚這個問題的存在，但在沒有系統性檢測的情況下，他們也無計可施。然而在疫情暴發初期階段，政府所面臨的決定都是最棘手的，而且無法做系統性檢測。

數學家沃爾德（Abraham Wald）有一個著名的故事。美國空軍在 1943 年曾向他請教，該如何加強戰鬥機身的保護。那些空戰返回的戰鬥機，機身與機翼有許多中彈的痕跡，軍方應該在那些地方加裝防護裝甲，不是嗎？沃爾德在報告裡提出了非常專業的建議，但重點大致是：我們只看到飛回來的飛機。那些被擊落的飛機是什麼情況？在返回的飛機上，我們很少看到引擎或油箱中彈的情況。原因可能是那些地方很少被擊中，也可能是因為那些地方被擊中的飛機全都回不來了。假如我們被「倖存者偏誤」（survivorship bias）誤導，只看倖存的飛機，就會徹底誤判哪裡是飛機最脆弱的地方。[5]

我們的誤區不止於此。這個關於倖存者偏誤的故事本身，也活生生的成了一個倖存者偏誤的例子；沃爾德提出了一份複雜的專業分析文件，但這個部分全被略過，坊間流傳的故事幾乎沒有提到沃爾德真正做了什麼事。倖存下來的部分是一個數學家的靈光一閃，並且被人以生動的細節描述。真實的情況與最後留下來的東西通常相去甚遠。[6]

因此，Kickended 為 Kickstarter 令人咋舌的火紅專案提供了反面的觀點。假如我們只慶祝成功的專案，卻對失敗專案（占大多數）視若無睹，看到的將是整件事中非常奇怪的一塊小切片。

現在，我們對於那個果醬實驗到底發生了什麼事，可能開始有一些概念了。就像 Coolest Cooler 保冷箱一樣，那個實驗引發了熱議，但它沒有把實情全說出來。謝伯翰的角色有點像是創立 Kickended 的洛魯索：他檢視的不只是最出名的實驗，還包含實驗結果不同、並消失在眾人視線中的所有其他實驗，而他得到了一個截然不同的結論。

故得證：人類有預知能力！

再說一個故事，不過請你把 Kickended 所扮演的角色放在心中。2010 年 5 月，有一篇出人意表的論文投稿到《性格與社會心理學期刊》，作者是班姆（Daryl Bem），在學術界是頗受敬重的心理學家。他的研究論文之所以令人驚訝，是因為它為一個不可思議的主張提出了可信的統計學證據。他的主張是：人可以預知未來。這個研究涵蓋了九個實驗。在其中一個實驗中，研究者要實驗參與者注視電腦螢幕上的兩面簾子，並告訴他們，其中一面簾子後面有一張情色照片，他們只要根據直覺猜測哪面簾子後面有照片就好。參與者要選擇一面簾子，當他們做出選擇後，電腦要隨機把情色照片放在其中一面簾子後面。若參與者猜測的正確率明顯高於機率，就證明他們有預知能力。結果證明他們確實有這個能力。[7]

在班姆的另一個實驗中，他們讓受試者看四十八個字，測驗他們記得幾個字。接下來，他們請一些受試者用電腦把那四十八個字打出來。一般來說，練習有助於提升記憶力，但在班姆的實驗中，即使在記憶測驗結束後再讓受試者練習，練習的效果依然存在。

我們要認真看待這樣的結果嗎？別忘了，這篇論文〈感知未來〉（Feel the Future）刊登在頗有地位的學術期刊上，而且通過了同儕審查。論文裡的實驗通過了標準的統計檢驗，統計檢驗存在的目的，是為了排除僥倖成功的結果。這些事實給我們一些理由相信，班姆發現了人類其實有預知能力。

當然，我們有更充分的理由不相信班姆發現的結果，因為預知違反了一些普遍被接受的物理定律。抱持強烈懷疑是合理的事。俗話說，非常主張需要非常證據。

班姆到底怎麼取得那些可以讓學術期刊接受的證據？這實在令人不解。或許當你把它與 Kickended 連結在一起之後，就不再那麼困惑了。

班姆的論文發表在《性格與社會心理學期刊》之後，有幾個人按照班姆的研究方法做實驗，卻沒有得到任何人類有預知能力的證據。不過，《性格與社會心理學期刊》卻拒絕發表這些研究。（它刊登了一篇評論，但評論的影響力比不上實驗。）那份期刊拒絕的理由是，他們「不發表複製實驗」。換句話說，當某個實驗證實某個效果之後，檢驗那個效果的研究就沒有刊登的機會了。理論上，這個理由聽起來很合理：假如有一篇論文是確認一件大家已經知道的事情，有誰想看呢？但在現實裡，它會產生一個荒謬的效果：即使有一件你認為你知道的事被人證明是錯的，你也不會有機會知道它是錯的。班姆的驚人研究結果就此一錘定音。[8]

不過它同時也首開先例。在班姆的研究發表之前，假如有一篇論文的摘要寫著：「我們對數百名大學生進行測驗，想了解他們是否能預知未來。結果證明他們不能。」不論這篇論文是多麼嚴謹，我強烈懷疑有任何一家具學術地位的期刊會發表這篇論文。

這個例子的「倖存者偏誤」不亞於媒體只挑 Kickstarter 的爆紅專案來報導，或是透過檢視受損處並不致命的飛機，推論飛機最脆弱的地方是哪裡。我們可以合理猜測，在所有的實驗中，那份期刊只對證實預知能力的研究有興趣。這個偏誤並不是針對預知能力，而是因為那份期刊偏好新奇且令人驚訝的新發現。在班姆的論文發表之前，「大學生無法預知未來」這個主題一點都不重要，也不吸引人。在他的研究發表之後，「大學生無法預知未來」這個主題變成了「本期刊不歡迎複製實驗」的例子。換句話說，只有證明人有預知能力的證據會獲得刊登，因為只有證明人有預知能力的證據才使人感到驚奇。「沒有證據顯示人類有預知能力」的研究，就像是引擎被擊中的戰鬥機一樣：不論它發生的頻率有多高，都不會進入我們的視線範圍。

「更多選項會形成障礙」遠比「學生能預知未來」更可信，即使如此，果醬實驗仍可能受到上述效應的影響。假設你在艾恩嘉與萊普的突破性研究結果發表之前，就把以下這個研究投稿到那個心理學期刊：「我們設立試吃攤位，提供多種起士。這個攤位有時提供 24 種起士，有時提供 6 種。提供較多試吃種類時，民眾購買起士的機率也比較高。」好無聊！這一點也不令人驚奇。有誰想刊登呢？當艾恩嘉與萊普做出結果相反的實驗，這種論文不僅有發表的價值，而且會像 Coolest Cooler 保冷箱一樣引發熱議。

假如你只讀《性格與社會心理學期刊》刊登的實驗，很可能會做出一個結論，認為人確實能預知未來。這種倖存者偏誤稱作「發表偏誤」（publication bias），理由顯而易見。有趣的新發現會被刊登，沒有效果或無法複製先前結果的研究，就要面對較高的發表門檻。

班姆的研究結果就像是募得 5.5 萬美元的馬鈴薯沙拉專案一般，極度非典型，因此獲得廣泛的報導。那些未獲刊登的複製實驗，就像「刻板印象白日夢」樂團想募資出唱片一樣：一毛錢也沒募到，而且沒人在乎。

除了這一次，有個人在乎。

諾塞克（Brian Nosek）對班姆的研究有這樣的評語：「那篇論文很美妙。它遵循所有的論文原則，而且以非常美妙的方式完成。」[9]

諾塞克是維吉尼亞大學心理系教授，他非常清楚，如果班姆遵循了所有學術心理學的原則，而實驗結果顯示人類能夠預知未來，那代表學術心理學的原則出了問題。[10]

諾塞克想知道，假如你有系統的重現更多受人尊敬與肯定的心理學實驗，會怎麼樣？有多少實驗能得到相同的結果？他發電郵給志同道合的其他研究者，在很短時間內，就建立了一個由近三百位心理學家形成的全球性網絡。他們一同合作，檢閱最近發表在三間最有聲望的學術期刊上的論文。謝伯翰挖掘的是一個特定的領域——動機與選擇的連結，諾塞克的同儕網絡想把範圍擴大，他們選擇了 100 篇論文。有多少複製實驗得到相同的結果？數量少得驚人：只有 39 個。[11] 這樣的結果使諾塞克與整個心理學界產生很大的疑問：**究竟**為何會這樣？

部分原因必定和發表偏誤有關。就和班姆的研究一樣，學術期刊有一種系統性的偏誤，想要出版有趣的研究結果。當然，僥倖過關的研究往往比貨真價實的研究更有趣。

不過還有更深的原因。基於那個原因，諾塞克必須請其他同行幫忙，而不能叫他的研究生助理幫他做所有的檢閱工作。由於頂尖的期刊對於出版複製實驗不太感興趣，假如諾塞克讓他的研究團隊把所有的工作時間都用來進行複製實驗，可能會毀了學生的學術生涯。因為他的學生需要有更多論文發表在期刊上，才能在學術界繼續發展。對年輕研究者來說，「不發表，就完蛋」，因為許多大學與研究機構以出版紀錄為客觀基準，來決定把教授升等機會或研究補助金給誰。

這是我們在第二章遇到的越戰死亡人數問題的另一個例子。傑出的研究者確實會發表大量研究論文，並且會有許多人引用。然而，當研究者因為論文數量與聲望取得了一定地位之後，就會開始設法在這兩方面同時獲取最大的成果。他們的動機開始變得不單純。如果你的實驗結果看起來有可能出版，但基礎不是很穩固，按照科學界的邏輯，你要試著反駁這個結果。然而按照學術界的邏輯（取得補助金與升等），你要立刻將它發表出來，而且不要深究。

因此，不僅期刊傾向於刊登出人意表的研究結果，研究者在面對「不發表，就完蛋」的誘因時，往往也會把令人驚奇但禁不起檢驗的研究結果拿去投稿。

研究的歧路花園

幻術師布朗（Derren Brown）曾製作一部未經修剪的影片，他在影片中把硬幣投擲到碗裡，連續十次都是人頭朝上。布朗後來公布他的祕訣：他花了九個小時投擲硬幣，直到拍出這段驚人的影片。[12] 假如你投擲正常的硬幣，連續十次都是人頭朝上的機率是 1/1024。因此，只要投擲個幾千次，保證可以得到這樣的結果。布朗大可把這個驚人的片段投稿到「投擲硬幣期刊」，附上一個引人注目的標題「人頭朝上！ 1977 年鑄造的美國兩分五毛錢硬幣出現投擲偏誤」（這個標題是由兩位記者戈爾史坦〔Jacob Goldstein〕與科斯丹鮑姆〔David Kestenbaum〕提供的）。[13]

我想說明一下，那篇論文如果存在，它是在欺騙世人。另外，也沒有人會相信那種極端且刻意為之的發表偏誤，能夠解釋諾塞克與他的同儕為何會發現大量無法複製的研究。不過，這其中還是存在著灰色地帶。

有沒有可能是，有 1,024 個人進行了投擲硬幣的實驗，其中一人得到了連續十次都是人頭朝上的驚人結果？就數學觀點來說，這和布朗的做法沒有兩樣，然而，那位得到驚人結果的研究者並沒有作弊。要那麼多研究者做投擲硬幣的實驗，似乎不太可能。不過我們不知道，在班姆之前有多少人曾經試著做實驗證明人類有預知能力，結果卻失敗了。

研究者的實驗室裡也可能存在灰色地帶。舉例來說，假設有一位研究者做了一個探索式實驗，若他得到了令人耳目一新的結果，為何不發表呢？若實驗失敗了，他可以把這個經驗當作教訓，再展開其他嘗試。這種行為對外行人來說並不過分，對於那位研究者來說，可能也不算不合理。儘管如此，這仍然是一種發表偏誤，同時意味著，僥倖成功的研究結果，有不成比例的機率已發表出來。

還有另一個可能性，研究者發現了一些有發展潛力的結果，但那些結果沒有得到充分的統計數據支持，跨過被發表的門檻。既然如此，何不繼續做實驗，再去找更多受試者，蒐集更多數據，看看能不能讓研究結果通過統計門檻？這種做法仍舊不算不合理。蒐集更多數據怎麼可能有錯？那不是代表這個研究愈來愈接近真相嗎？進行大規模研究一點也沒有不妥之處。一般而言，數據愈多愈好。然而，假如數據是透過一次次的實驗、一點一點蒐集而來的，這樣的結果就站不住腳。標準統計檢驗的假設是，所有數據是一次蒐集完成，然後進行檢驗，而不是蒐集一點資料並檢驗，然後再蒐集一點，直到湊出所需要的數據。

我們可以用例子來看見問題所在。假設有一場籃球比賽即將進行，有人問你：兩支球隊的得分差距要多大，才足以讓你相信，贏的球隊之所以獲勝，不是因為運氣好，而是因為比對手更有實力？嚴格來說，這個問題沒有標準答案，因為有時候運氣會造成很誇張的結果。但你或許會說，比賽結束時雙方得分若相差十分，就足以讓你相信贏的球隊比對手實力更強。粗略的說，標準統計檢驗就是以這種方式來決定，某個效果是否「顯著」到跨越發表門檻。

但假設球賽出現十分以上的差距（不論哪支球隊獲勝），主辦人就可以得到一筆獎金，於是他在沒有讓你知道這件事的情況下，決定只要有一隊贏對方十分，他就讓比賽提前結束，假如比賽時間結束時，兩隊的分數相差七、八分或九分，他就會延長比賽，讓比數拉大到十分。畢竟只差一、兩球就能證明誰比較優秀啊！

很顯然，這是檢驗標準的誤用，但這種誤用在現實情況中似乎很普遍。[14]

第三種問題是，研究者可以決定如何分析數據。或許這個研究結果只適用於男性，而非女性。*若研究者對年紀或收入

* 若沿用前述籃球比賽的比喻，相當於主辦人只認定投籃命中的得分，不把罰球得分列入計算。這個做法或許很離譜，但在科學界，探索不同方法是非常合理的。雖然非常合理，但若不謹慎操作，就會變成一個陷阱。

做一些調整，研究結果或許就會達到統計顯著性。或許實驗出現了一些奇怪的異常值，唯有把這些異常值納入或排除，這個研究才站得住腳。

又或許研究者可以衡量不同的變因。例如：若要研究螢幕使用時間對青少年身心健康的影響，可以用不同方式衡量螢幕使用時間和青少年身心健康的情況。我們可以藉由詢問青少年感到焦慮的頻率、他們對人生有多滿意，或是問青少年的**家長**覺得孩子狀況如何，來評估他們的身心健康狀況。至於螢幕使用時間，則可以用手機的追蹤應用程式來直接衡量，或是透過意見調查來間接衡量。或者不衡量「螢幕使用時間」，而是衡量「社交媒體使用頻率」。這些選擇沒有對錯之分，不過，標準統計檢驗假定研究者在決定衡量方式之後才蒐集資料，然後再檢驗數據。假如研究者先進行多次檢驗，然後再選定所要的數據，就可能出現比較多僥倖過關的情況。

即使研究者只進行一次檢驗，假如他是在蒐集資料並大致了解情況之後才做檢驗，仍然可能形成較多僥倖過關的情況。這會導致另一種發表偏誤：假如某一種分析數據的方式無法得出有效的結果，而另一種方式得出了一個有趣的結果，那麼當然比較可能拿後者去投稿，並發表出來。

科學家有時把這個做法稱做「HARKing」，「HARK」是「Hypothesising After Results Known」（得到結果後提出假說）的縮寫。我先說明，蒐集數據、設法找出模式，然後再建構假說，這個做法並沒有錯。這是科學界的做法。不過，你必須再去取得新的數據，並用這些數據來檢驗你的假說。運用你形成假說的資料來驗證你的假說，是不被接受的做法。[15]

傑爾曼（Andrew Gelman）是哥倫比亞大學統計學教授，他傾向於使用「歧路花園」（the garden of forking paths）一詞來描述這個情況，「歧路花園」是根據波赫士的一個短篇故事命名。當我們要決定蒐集什麼數據，以及如何分析這些數據時，就像是站在分岔路口，要決定走左邊還是右邊那條路。幾個看似簡單的選擇，可能很快就形成錯綜複雜的多種可能性。一組選擇使你得到某個結論；同樣合理的另一組選擇，可能使你找到截然不同的模式。[16]

班姆的研究發表一年之後，有三位心理學家發表了一篇論文，證明研究者使用標準統計方法時，若結合上述很顯然是不重要的偏差與含糊，可能會犯下多麼嚴重的錯誤。[17] 西門斯（Joseph Simmons）、西蒙遜（Uri Simonsohn）與尼爾森（Leif Nelson）「證明」，只要聽披頭四的〈當我六十四歲〉這首歌，就可以使你年輕一歲半。[18]

我知道你一定很好奇：他們是怎麼辦到的？這三位研究者蒐集了參與者的各種資料，包括年齡、性別、心理年齡、父親的年齡、母親的年齡，以及一大堆完全不相干的資料。他們分析了所有變因的所有可能組合，同時以十個參與者為一組，一組一組的分析，查看何時能得到統計顯著性。最後他們發現，假如他們調整父親的年齡（不調整母親的年齡），並且只要使用前二十位參與者的資料，同時捨棄其他變因，就能證明：若讓隨機挑選的一組人聽〈當我六十四歲〉，而隨機挑選的對照組聽另一首歌，前者的心理年齡會比後者年輕很多。這當然是謬論，但這個謬論卻和有分量、有學術地位的研究極為相似。難道有真心想做學問的研究者，願意捨棄嚴謹的實驗方法，而採取操弄實驗的手段嗎？這種情況可能不常見，但這麼做的人可以得到更多關注。而絕大多數不願意這麼做的人，仍然可能在無意中犯了相同類型但比較輕微的統計錯誤。

標準統計方法存在的目的，就是為了排除大多數的偶然結果。[19] 但發表偏誤再加上不夠嚴謹的實驗操作，可能會造成大量的偶然結果混入真正新發現的統計意外。

「有趣」的陷阱

赫夫的《別讓統計數字騙了你》指出，發表偏誤如何被眼裡只有賺錢、沒有真理的無良企業當成武器來用。他以他招牌的酸言酸語提到，牙膏製造商只要在做實驗時把所有不利的結果「丟到看不見的地方」，然後等待有利的實驗結果出現，最後就可以理直氣壯的在廣告裡說，他們的牙膏可以創造驚人的效果。[20] 這種做法確實有風險存在，包括應用在廣告上，以及應用在有潛在豐厚利潤的藥物療法臨床試驗上。不過，意外導致的發表偏誤，可能會帶來比刻意的發表偏誤更大的風險嗎？

2005 年，伊安尼迪斯以一篇文章〈為何大多數已發表的研究結果是不實的〉，引起了小小的騷動。伊安尼迪斯是一位後設研究者（meta-researcher），他研究的對象就是學術研究。*他估計，各種微不足道的偏誤累積造成的效果，很可能代表不實的研究結果遠多於貨真價實的結果。他這番話是在班姆的預知能力研究刊登在《性格與社會心理學期刊》五年以前說的。而班姆的研究引發了諾塞克的複製實驗。預知能力或許不存在，但伊安尼迪斯顯然預見了即將來臨的危機。[21]

我承認，當我剛聽到伊安尼迪斯的研究結果時，也覺得他講得太誇張了。沒錯，所有的科學研究結果都可能被推翻，每個人都會犯錯，學術期刊有時候會刊登糟糕的論文。然而，他怎麼可以聲稱超過半數的實證研究結果是不實的？不過在訪問過謝伯翰，並得知論文被揀選的真相之後，我也開始產生疑問。這些年下來，我和許多一開始只是起疑的人一步步清楚意識到，伊安尼迪斯挖出了重要的事實。

班姆的預知能力研究會聲名大噪，情有可原。但外界的人之所以知道許多令人驚奇的心理學發現，是透過一些書籍，像是諾貝爾獎得主康納曼的《快思慢想》、心理學家柯蒂的《姿勢決定你是誰》，以及心理學家鮑梅斯特與記者堤爾尼合著的《增強你的意志力》。這些新發現就和果醬實驗一樣，擊中了違反直覺的甜蜜點：奇妙到讓人留下印象，但不致於讓人斥為

＊你可能還記得，伊安尼迪斯曾出現在本書的序言，這位流行病學家在 2020 年 3 月提到，新冠肺炎可能是人類「百年一遇的大慘敗」，因為世界各國被迫必須用少得可憐的數據來對抗病毒。

不可能。

鮑梅斯特在學術心理學界闖出名號，是因為他做了一些研究，顯示人的自我控制能力是有限的。他把剛烤好的巧克力餅乾擺在受試者伸手可及之處，並請受試者藉由吃紅蘿蔔來抗拒巧克力餅乾的誘惑；接下來請受試者去完成某個困難的任務，結果發現，受試者很快就放棄了。[22] 柯蒂發現，請人擺出「威力姿勢」，例如像神力女超人一樣雙手扠腰，會刺激睪酮素的分泌，並抑制壓力荷爾蒙皮質醇的分泌。[23] 康納曼在書中提到了巴夫（John Bargh）發現的「促發效應」（priming）。巴夫請年輕的實驗受試者玩字謎遊戲，讓一組受試者搜索與年老有關的單詞，像是禿頭、退休、皺紋、佛羅里達和灰色。另一組則沒有接觸到這類詞彙。接下來，他請受試者到走廊的另一頭去進行下一個任務。結果，沒有接觸這類詞彙的人以輕快的步伐前往目的地，受到與老年有關的單詞「促發」的受試者，則以顯然比較慢的步伐前往目的地。[24]

這個結果讓人訝異，康納曼對促發效應研究的看法是：「『不相信』這個選項並不存在。研究結果不是捏造的，它的數據也不是僥倖過關。你別無選擇，只能接受：絕大多數的研究結論是真的。」

現在我們發現，不相信這個選項**是**存在的，而康納曼也可以選擇不相信。發表偏誤以及更廣義的歧路花園造成了一個結果：旁觀者與研究者覺得看起來似乎很嚴謹的許多研究，結論很可能站不住腳。事實證明，這些關於意志力、威力姿勢或促發效應的研究結果，都很難透過複製實驗重現。上述研究者都為他們的發現提出辯解，但有愈來愈大的可能性指向這些研究之所以通過統計門檻，只是出於偶然。

康納曼寫了一封公開信給心理學界的同儕，警告他們，假如他們不改進研究的可信度，將會無可避免的面臨一場「大災難」。這個大動作引發了眾人對這個議題的關注。[25]

從伊安尼迪斯的原創性論文，班姆那個沒有人相信的研究結果，到鮑梅斯特、柯蒂與巴夫的研究難以複製所引發的爭議，以及諾塞克發現許多受矚目的心理學研究往往**無法**重現、站不住腳（伊安尼迪斯也一直這麼主張），並給予整個事件「慈悲一擊」。這一切有時被人稱為「再現危機」（replication crisis）或「再現性危機」（reproducibility crisis）。

在知道 Kickended 所做的事之後，我們或許不該對這種危機感到訝異，儘管如此，這件事還是令人非常震驚。知名的心理學實驗之所以廣為人知，不是因為它以非常嚴謹的方式進行，而是因為它非常**有趣**。僥倖過關的研究結果往往比較讓人驚奇，也更可能擊中違反直覺的最適點（不會太荒謬，也不完全在意料之中），以致於變得極有吸引力。「有趣」過濾器的威力異常驚人。

母牛比證券經理人更擅長投資？

假若發表偏誤（與倖存者偏誤）只是稍微扭曲我們對世界

的看法，那麼它造成的傷害不會太大。我們頂多會看見某人在求職面試之前找個角落擺出神力女超人的扠腰姿勢。雖然許多想創業的人對於自己在 Kickstarter 募得資金的機率過度樂觀，但是他們能夠為了實現嶄新的商業點子辭掉工作，那是理性的人做不到的，而大多數人都能享受自己的成功帶來的果實。此外，沒有幾個科學家會接受班姆所發現的人類預知能力，理由很簡單，實證醫學專家高達可為我們做出總結：「我不是很感興趣，理由就和你們一樣。假如人類真的能預見未來，現在很可能已經知道未來會如何了；非常主張需要非常證據，而不是單次的發現。」[26]

但高達可認為我們的風險可能不只如此，我和他的看法一致。這種偏誤可能對財務與健康造成嚴重後果。

先談錢的事。商業書寫（也就是我涉足的領域）充斥著倖存者偏誤的例子。畢德士（Tom Peters）與華特曼（Robert Waterman）在 1982 年出版了轟動一時的商業暢銷書《追求卓越》（*In Search of Excellence*），這本書蒐羅了當時表現最突出的四十三家企業的管理觀念。我在前作《迎變世代》中對這本書有一些小小的取笑。假如這些企業真是管理藝術的模範生，它們應該能屹立不搖。假如只是因為運氣好才成功，那麼它們的好運氣應該有用完的時候。

果然，在兩年之內，有近三分之一的企業陷入嚴重的財務危機。許多人開始嘲笑畢德士與華特曼，但事實是，健康的經濟體本來就充滿變動。明星企業竄起，然後墜落。有些企業的優點能維持很久，有些企業的優點只是短暫的存在，有些企業完全沒有優點，只有一點點好運氣。你可以試著向成功故事學習，但是要小心，因為按照塔雷伯的名言，我們很容易會「被隨機性騙了」。

或許這些商業作品全都無法造成太大傷害：當賣場的日常運作數據與商業書所提供的智慧相牴觸時，賣場一定是獲勝的一方。雖然果醬實驗成了教室裡的知名案例，但沒有幾間店在決定貨架上要放多少種果醬時，會把「更多選項是不好的」這個研究結果當作一回事。儘管如此，我們不得不猜想，在可靠的數據愈來愈稀有的時代，許多重大的決定是根據倖存者偏誤做出來的。

在財金界，這個問題可能更嚴重。一家挪威電視臺提供了精采的例子。它在 2016 年舉辦了一個選股比賽，投資者要購買價值 1 萬挪威克朗（相於 1 千美元）的挪威股票。有各式各樣的人參賽：一對證券經紀人，他們堅信「知道得愈多，績效會愈好」；該節目的主持人；一位占星師；兩位美女部落客，她們表示自己完全不認識那些股票上市的公司；一頭名叫葛蘿絲的母牛，製作單位在一片草地上畫出格子，每個格子代表一家公司，牠排便在何處，代表牠選擇那家公司的股票。

占星師的表現最差；專業證券經紀人的表現稍微好一點，與葛蘿絲差不多（兩組選手在三個月的比賽期間，得到 7% 的投資報酬率）；美女部落客的表現又更好一些，但最後的優勝者是節目主持人，他三個月內的投資報酬率高達 25%。他們是怎麼辦到的？很簡單：他們並沒有立刻加入這場自己舉辦的比賽。他們偷偷的選了二十種投資組合，最後只公布績效最好的投資組合。在公布手法之前，他們是觀眾眼中的選股王。倖存者偏誤戰勝了一切。[27]

因此，我們很難評估投資經理的績效。他們會設法讓我們相信他們是投資天才，但能夠提出的證明只有過去的投資紀錄。我們只要一聽到「我的基金在去年擊敗了大盤，前年也是」，往往就會開始掏鈔票。問題是，除了看到他們偶爾對別人的高調投資案的失敗幸災樂禍，我們只看到他們的成功投資案例。績效不佳的基金往往被中止交易、併購或是重塑品牌。大型投資商會提供各種基金，並且會大肆宣傳他們的成功經驗。那個挪威電視節目濃縮與誇大了選股比賽的過程，但你可以放心，當基金經理宣傳他們的戰績時，他們列出的基金絕對不是隨機挑選的。

倖存者偏誤甚至會扭曲某些投資績效研究。那些研究者看的是「今天存在的基金」，而他們沒有充分意識或考慮到今天還存在的基金是倖存者，倖存者偏誤就這樣形成了。《漫步華爾街》作者墨基爾（Burton Malkiel）是經濟學家，他曾試著估算倖存者偏誤使現存基金的績效膨脹了多少。他估計是每年1.5%，這個數字很驚人。乍看之下好像不多，但考慮到時間因素之後，它可能產生兩倍的效果：你預期你的退休存款會有10 萬英鎊，但事實上只剩下 5 萬英鎊。換個說法，假如你忽略所有悄悄消失的基金，你看到的績效是實際績效的兩倍。[28]

這樣的結果是為了說服民眾投資主動式管理基金，而這種基金的手續費通常很高。但事實上，民眾若投資成本低、不那麼搶眼、被動式追蹤整個股市的基金，其實比較有利。這個決定在美國一年會牽動數百億美元，假如它是個錯誤，就是個價值數十億美元的錯誤。[29]

錢的話題到此為止。那麼健康呢？治療方法是否有效果是攸關生死的大事。隨機對照試驗（randomised controlled trial）通常被視為醫學證據的「黃金標準」。在一個隨機對照試驗中，有些人接受實驗性療法，另一些隨機挑選的人接受的是安慰劑治療，或是目前已知最好的療法。隨機對照試驗確實是對新療法最公平的單次檢驗，但假如隨機對照試驗受到發表偏誤的影響，我們就看不到所有做過的檢驗，而得到的結論很可能會嚴重扭曲。[30]

舉例來說，2008 年有人對於各種抗憂鬱藥物的研究進行調查，結果發現有 48 個試驗有效果，3 個試驗沒效果。這樣的結果聽起來令人振奮，但是當你考慮到發表偏誤的風險後，情況可能就沒那麼樂觀了。於是研究者做了進一步的檢視，挖出 23 個沒有發表的試驗，其中有 22 個試驗顯示，藥物對患者沒有幫助。研究者又發現，那些論文提到有效果的試驗中，有 11 個試驗在提交給主管機關美國食品藥物管理局的摘要中，卻顯示是沒有效果。那些論文只納入好消息，拋棄壞消息，最後呈現的是一種看似有效的藥物，但事實上，那個藥物是沒有效果的。抗憂鬱藥物效果的真正比數不是 48：3，而是 38：37。

或許抗憂鬱藥物在有些時候，或是對某些人有效。但可以公正的說，期刊發表結果沒有把所有實驗公平的反映出來。[31]

這一點很重要。當我們在沒有看見完整故事的情況下做決定，就任憑倖存者偏誤導致數十億美元被誤用，數十萬人白白喪命。我們沒看到的是：投資失敗的基金、無法從「垃圾堆裡的垃圾」翻身的矽谷創業家、沒有機會發表的研究，以及失蹤的臨床試驗。

緩步改善「再現性危機」

到目前為止，本章一直在說一個災難故事。唯一的亮點是，比起五年前，我們對所有的問題有更清楚的了解與體認。因此，讓我們繼續聚焦於這個亮點，尋求改善現況的盼望。

對研究者來說，改進的方法是：他們需要和盤托出所有失敗的研究，他們需要公布曾經蒐集但沒有發表的數據、束之高閣的統計檢驗、被失蹤的臨床試驗，以及遭期刊退稿，或是研究者棄之不用並另闢蹊徑的無趣研究結果。

評論者也有類似的責任：不只是報導令人目瞪口呆的新發現，還要以過去已發表的論文為脈絡來看待這些新發現，最好再參考應該要發表卻被忽略、最後悄悄消失的研究。

最理想的狀況是，我們要超越傑爾曼的「歧路花園」，從高空鳥瞰這座迷宮，看見死巷以及沒什麼人走的小路。若能以最便利的形式掌握所有相關資訊，自然能擁有那種鳥瞰觀點。

雖然我們離那樣的標準還很遠，但可以看見情況已經改進了。這進步相當緩慢，而且不夠完全，但依然是進步。例如：在醫學界，國際醫學期刊編輯委員會在 2005 年宣布，頂尖醫學期刊不發表沒有預先註冊的臨床試驗。預先註冊的意思是，在展開試驗之前，研究者必須在一個公開網站上說明他想要研究什麼，以及打算如何分析結果。這種預先註冊是補救發表偏誤的重要方法，因為所有研究者很方便就能找到那些只有試驗計畫，卻沒有試驗結果的研究。預先註冊也應該讓其他研究者可以閱讀別人對某個試驗的評論，並確認這個試驗的數據確實按照原先規劃的方式來分析，而沒有在數據產生之後改變分析方法。

預先註冊並非萬靈丹，尤其是它會為社會科學的田野調查帶來挑戰，因為學者的田野調查通常需要依附政府或慈善組織所進行的專案。這種專案會隨著時間的推移，以研究者無法掌控或預測的方式不斷演變。即使是要求研究者預先註冊的醫學期刊，有時也沒有執行自己的要求。[32] 牛津大學實證醫學中心的高達可與同事花了幾個星期，系統性的調查頂尖醫學期刊新發表的論文。他們找到 58 篇沒有達到期刊要求標準的論文。例如：在某些臨床試驗中，原本說要衡量患者的某些數據，但後來提供的卻是不同的數據。高達可與同事隨即寫糾正信函給期刊編輯，但他們的信通常沒有機會刊登出來。[33]

標準沒有徹底執行，確實令人失望，但不令人意外，因為這整個系統基本上是按照專業團體的標準進行自我約束，而不是由某個權威人士來管理。在我看來，情況在過去二十年來已經有了長足的進步：大家的覺察力提高了，糟糕的做法會遭到揭發，再說了，有一套不完整的標準總比完全沒有標準好。《試驗》（*Trials*）在 2006 年創刊，它會發表所有臨床試驗的結果，不論研究結果有沒有效、是否有趣，確保沒有任何一個科學研究只是因為沒有新聞價值，就無法見天日。在這方面，自動化工具有很大的發揮空間，像是自動找出無疾而終的試驗、有預先註冊卻沒有發表的研究，或是當論文有更新、修正或撤銷的情況，卻被其他論文引用時，偵測出這樣的例子。[34]

在心理學界，預知能力研究引發騷動，可能是一件好事。心理學界的學者當然都希望自己的論文能發表，但多數人並不想從事沒有價值的研究，他們都想找出真理。「再現性危機」似乎促使大家對於好的研究標準更有自覺，同時鼓勵大家多進行複製實驗，並且懲罰打混草率的研究。

我們看到令人鼓舞的跡象：有愈來愈多研究者願意進行複製實驗。例如：政治學教授尼漢（Brendan Nyhan）與瑞夫勒（Jason Reifler）在 2010 年發表了一份研究，以「逆火效應」（the backfire effect）為主題。簡言之，這份研究指出，原本相信某個錯誤訊息的人，在看到這個錯誤訊息被事實查核破解之後，反而更加堅信這個錯誤訊息的真實性。這個研究引發一些記者的道德恐慌，尤其當川普在政壇崛起之後。事實查核只會讓情況更加惡化！逆火效應正中違反直覺的甜蜜點。尼漢與瑞夫勒鼓勵其他人做更深入的研究，但那些後續研究顯示，逆火效應非常罕見，而事實查核確實是有益的。有一個研究摘要的結論是：「一般來說，破解錯誤訊息有助於使民眾對某些主張的看法更加精確」。當尼漢發現有人引用他的論文，卻不將其他的後續研究納入考量時，他在推特上引用了這段結論。[35]

許多統計學者認為，這個危機提醒我們要對標準統計檢驗進行省思：「統計顯著性」這個概念其實有很大的問題。在數學層面，這個檢驗很單純。你先假定沒有效果（藥物沒有療效；銅板的投擲結果是公平的；預知能力不存在；提供二十四種果醬和六種果醬的試吃攤位，達到的效果相同），然後你自問，你觀察到的數據不可能發生的機率有多高。例如：若你假定銅板的投擲結果是公平的，然後你投擲了十次銅板，你預期會得到五次人頭，不過，如果得到六次、甚至七次人頭，你也不會感到訝異。但是如果連續出現十次人頭，你應該會很吃驚。當你想到這種機率只有不到千分之一時，你可能會開始質疑原本的「銅板的投擲結果是公平的」這個假定。統計顯著試驗也倚賴相同的原則：先假設沒有效果，然後再看看你蒐集的數據是否與這個假設牴觸？舉例來說，在進行藥物試驗時，你的統計分析會先假設藥物沒有效果；當你看到許多服用藥物的患者，病情顯然比服用安慰劑的患者好很多，你就會修正你的假設。一般而言，假如隨機觀察的數據和你蒐集的數據一樣極端的機率低於 5%，這樣的結果就「顯著」到足以推翻假設，於是就可以做出一個有信心的結論，認為這種藥物有效果，提供較多果醬種類會降低民眾買果醬的機率，人類確實有預知能力。

這裡的問題顯而易見。5% 是個武斷的切割點，為什麼不是 6% 或 4%？這個問題也促使我們以非黑即白、通過或沒通過的二分法來思考，而不是接納一定程度的不確定性。假如你覺得上一段文字看得霧煞煞，我不怪你。統計顯著的概念本來就很難理解，幾乎是逆向思考：它告訴我們，根據某個理論觀察到數據的機率（理論認為沒有效果）。其實，我們希望知道的是相反的結果：根據數據證明某個理論成立的可能性。我個人的直覺是，統計顯著性是個沒有幫助的概念，我們並不需要它。但其他人的態度比我更謹慎。〈為何大多數已發表的研究結果是不實的〉這篇論文的作者伊安尼迪斯主張，統計顯著性雖然有很多缺陷，但它是個「很好用的屏障，可以擋掉沒有根據的說法」。

只可惜，我們找不到任何一種聰明的統計方法，可以讓所有的問題消失。要得到更嚴謹的科學研究，這條路有好幾個步驟要走，而我們已經在路上了。我最近有機會訪問諾貝爾經濟學獎得主塞勒（Richard Thaler），他曾與康納曼以及許多心理學家合作。他將心理學視為有同情心的局外人，我覺得他的說法很到位。「我認為，再現危機對心理學界很有幫助。」他對我說：「有益健康。」[36] 與此同時，諾塞克告訴 BBC：「我認為，假如我們再花五年時間進行一個大型的再現性計畫，將會在再現性看見很大的進步。」[37]

當個認真的讀者

在本書的前幾章，我曾引用好幾個關於動機性推理與資訊偏見同化的心理學研究。現在你或許想知道：我怎麼知道那些研究是可信的？

老實說，我無法確定。我引用的任何一個研究，都有可能成為下一個果醬實驗，或是更慘，成為下一個聽了〈當我六十四歲〉會使人變年輕的研究。但是當我閱讀我提到的那些研究時，我會嘗試應用剛剛提到的建議。我會試著感覺，那些研究在更大的脈絡裡是呈現一致性，還是變成了異常的例子。假如有二、三十位不同的學者使用不同的方法，他們的研究都指向類似的結論（例如：我們的政治信念會影響我們的邏輯性推理），那麼我就比較不擔心某個實驗可能只是僥倖過關而已。假如某個透過實驗發現的結果，放在理論、現實，以及實驗室裡都是合理的，那麼我就會覺得很放心。

對於大部分的話題，多數人不會去找學術期刊來參考，我們倚賴媒體來理解科學知識。科學新聞就和任何新聞一樣：有好的，也有不好的。你可能會看到有些文章把別人膚淺聳動的報導，改寫成同樣膚淺聳動的文章。你也可能發現有一些科學新聞是在解釋事實，以適當的脈絡來理解，並且在必要時對權勢講真話。假如你是個認真的讀者，你大概可以分辨這兩者的差別。這真的不難。你只要自問，這位報導科學研究的記者，是否有清楚解釋這個研究所衡量的是什麼。這個實驗是透過什麼來進行？人類？老鼠？還是培養皿？優秀的記者會把這些說清楚。你接下來要問的是：發現到的效果有多大？其他研究者是否對這個結果感到驚奇？優秀的記者會用一些篇幅說明這些事情，這篇文章讀起來也會有趣很多，因為在滿足你好奇心的同時，還幫助你理解事實。*

若你有任何疑問，很容易就可以找到第二意見：不論是在科學或是社會科學領域，幾乎所有的重要研究結果，很快就會得到其他學者或專家的關注，並在網路上發表看法與回應。科學記者也認為，網路提升了他們的工作品質：有一項調查，詢問一百位歐洲科學記者的意見，三分之二的人同意這個說法，反對的人不到 10%。[38] 這個結果其實很合理：網路讓他們更容易讀到別人的文章、更容易取得系統性的評論，也更容易和科學家聯絡，尋求第二意見。

如果你正在閱讀健康方面的報導，你可以到一個地方取得可靠的第二意見：考科藍協作組織。這個組織以考科藍（Archie Cochrane）命名，他是醫生與流行病學家，大力提倡更嚴謹的醫學證據。1941 年，他遭德國擄為戰俘，他在戰俘營進行了一項湊合出來的臨床試驗。這是一個結合了勇氣、

＊你也可以嘗試另一種方法：當你讀了一篇文章或是臉書貼文，裡面提到某個很酷的研究，請你自問，你會怎麼向朋友說明這個研究。你知道研究者做了什麼事，以及為何這麼做嗎？這個研究結果使人感到意外，還是正如專家的預期？假如你的解釋和「有些研究人員發現藍莓會致癌」屬於同一種類型，那麼這篇文章可能不是優質的報導。

決心與謙卑的試驗。戰俘營裡有很多病人，考科藍也是其中之一。他懷疑這種病是膳食營養缺乏造成的，但他知道，他對這種病的了解不足以讓他有信心提出治療方法。他並沒有陷入絕望或按照直覺而行，而是設法召集囚犯進行試驗，探索不同的飲食造成的效果。後來，他發現囚犯缺乏的是什麼，並向戰俘營指揮官提出無可辯駁的證據。所有戰俘都得到了適當的維生素補充，許多人因此撿回一命。[39]

考科藍在 1979 年寫道：「醫學界面臨了嚴厲的批評，我們並未對於所有相關的隨機對照試驗，定期根據專業或附屬專業做出批判性總結。」考科藍過世之後，這個挑戰由查爾默斯（Iain Chalmers）爵士接手。在 1990 年代初期，查爾默斯開始蒐集系統性的醫學文獻回顧，一開始只蒐集周產期醫學領域的隨機對照試驗（周產期醫學研究的是對孕婦與胎兒的照護）。這個做法後來形成了一個由全世界的研究者組成的國際性網絡，研究者針對各種臨床議題，進行文獻回顧、評論、綜合整理，並且發表最可靠的證據。[40]他們自稱考科藍協作組織，創立考科藍圖書館，並負責維護這個系統性文獻回顧的網路資料庫。並不是所有國家的人都能免費取得完整資料庫，但至少能取得研究摘要，這些摘要針對隨機試驗的知識狀態，提供簡要的敘述。

我從考科藍圖書館的資料庫隨意查詢最近發表的研究摘要，看看會找到什麼。我在首頁看到一個摘要，它允諾要評估「瑜伽對女性尿失禁的療效」。嗯，我不練瑜伽，沒有尿失禁的問題，而且不是女性，因此，我對這份報告的評估，完全不會受到我對這個主題既有認知的影響。

在我看這份報告的內容之前，我在 Google 輸入「瑜伽能治療尿失禁嗎？」「網路醫生」（WebMD）是排在最前面的搜尋結果之一。[41] 這個網站說，有一個新的試驗顯示，練瑜伽可以明顯改善年長女性的症狀，不過它同時提到，這個研究的樣本規模相當小。《每日郵報》也採取類似的方式報導了同一個研究：改善很明顯，但研究規模很小。[42] 第一個搜尋結果來自一個健康醫療資訊網站：[43] 它以興奮的態度看待這個驚人的結果，卻沒有提到研究規模有多小，不過，它提供了連結資訊，讓讀者可以透過連結看到原始研究。[44]

這些報導不算太好，但也不算太糟。說實話，我以為情況會更糟。這些報導也不太可能造成太大傷害。他們可能會帶著錯誤的期待開始練瑜伽，或是開始練瑜伽，然後發現症狀改善了，於是歸功於練瑜伽。但事實上，症狀本來就會自然的改善。不論是哪一種情況，都不會造成災難性的後果。

話雖如此，媒體報導依然沒有提供背景故事。它對某個科學研究進行整理報導，但沒有提到這個研究與過去的研究結果是一致的，還是相牴觸。

相反的，考科藍圖書館將所有與瑜伽和尿失禁有關的研究做了總結性的報告。考科藍圖書館也出現在 Google 搜尋結果的第一頁。考科藍是個公開的網站。

考科藍文獻回顧以淺白、不花俏的文字，提供清楚的結論。只有兩篇論文對這個議題進行研究，這兩個研究的樣本規模都很小。證據力很薄弱，但顯示有練瑜伽比沒練瑜伽更能改善尿失禁的症狀，而正念冥想的效果比練瑜伽更好。就是這麼簡單：簡單 Google 一下，再花一分鐘快速掃視一頁以淺白的英文寫成的報告。（報告已翻譯成多種語言。）假如能有大量且可信證據為根據當然很好，不過在這個例子中，那樣的證據並不存在，而我希望我知道這個事實。託考科藍摘要的福，我們不再需要猜想是否有很多重要的證據被遺漏了。[45]

還有一個相關的網絡，是坎貝爾協作組織，它針對教育和刑事司法領域的社會政策議題做同樣的事。隨著這個網絡獲得愈來愈多動能與資源，我們愈來愈能知道，某個研究結果是否合理，而且與其他研究的模式相符，或者它只是另一個募得 5.5 萬美元的馬鈴薯沙拉專案。

準則六

誰被遺漏了？

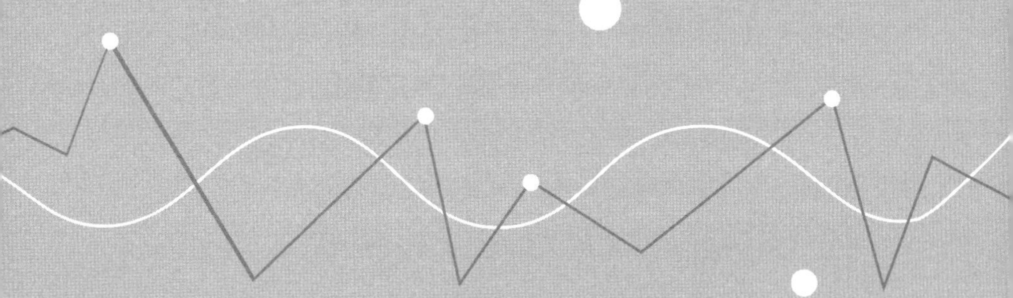

不蒐集數據所產生的力量，

是政府擁有的一種最重要、卻鮮為人知的力量……

決策者透過拒絕蒐集資料，向所有民眾行使權力。

——安娜．鮑威爾史密斯（Anna Powell-Smith），

「遺漏的數字」（MissingNumbers.org）

大約七十年前，知名心理學家艾許（Solomon Asch）給予 123 位受試者一個任務。他讓受試者看兩張卡片，其中一張畫了三條長短不一的線，另一張只有一條「參考線」，然後艾許要他們指出，那三條線當中的哪一條與參考線等長。艾許其實有個祕密計畫：他讓幾個幫手圍繞受試者，這些幫手全都要選擇錯誤的答案。深感困惑的受試者往往（但不是全部）會被周遭的人所給的錯誤答案影響。

艾許的實驗令我深深著迷，我發現我經常在寫作與演講時提到它：要談論從眾壓力時，這個實驗是個很好的切入點。它同時也提供了一個窗口，讓我們得以窺見人性，令人印象深刻。

但這是事實嗎？艾許的實驗既優雅又有震撼力，但就和許多心理學家一樣，艾許使用的受試者得來全不費工夫：1950 年代的美國大學生。或許我們不該苛責艾許；他只是運用了現成的資源。假如要從所有的美國人當中蒐集具有代表性的樣本，會變得很麻煩，若要取得全球性的樣本，難度又更高了。假如艾許是在 1972 年做實驗，而不是 1952 年，他就不可能得

到這樣的結果。（其他人會做追蹤實驗，並發現人的從眾程度並沒有那麼高，或許是因為越戰時期的美國學生比較叛逆。）

然而，我們往往很想把艾許發現的結果視為普遍且不變的真理，將這個利用一群特定的人（例如 1950 年代的美國大學生）進行的實驗，當作是對全世界所有種族進行的實驗，來探討這些心理學實驗的結果。有時候，我自己也會犯這個錯，尤其當我面對廣播節目的時間壓力時。但是，我們應該在廣泛研究多個種族之後，再做出有關人性的結論。現在有愈來愈多的心理學家承認，只以富裕工業化民主國家中受過高等教育的西方人做為受試者的實驗，可能隱含一些問題。

1996 年，考科藍式的文獻回顧發現，艾許的實驗啟發了 133 個追蹤實驗。綜合而論，艾許發現的結果是成立的。與上一章提到的情況相較，這是個令人鼓舞的結果。從眾效應的影響力又大又廣，不過隨著時代演進，它的影響力逐漸遞減。但很顯然，我們的下一個問題是：從眾效應是否會因為受試者不同、所服從的對象不同，而起任何變化？

遺憾的是，後續追蹤實驗的多元性不足：大多數研究在美國進行，而且幾乎都以學生為實驗對象。不過，少數幾個例外告訴了我們許多事。例如：1967 年有一個實驗以加拿大巴芬島的因紐特人與獅子山的譚姆恩族人為對象，結果發現前者的從眾效應比後者來得低。我不是人類學家，不過據說因紐特的文化比較放鬆與重視個體性，而譚姆恩族的社會有嚴格的社會規範，至少在做實驗的年代是如此。除了日本這類的少數例外，一般而言，受到艾許啟發的追蹤實驗，都發現從眾效應在崇尚個人主義的社會中比較低，在傾向於集體主義（重視社會凝聚力）的社會比較高。[1]

那或許暗示，以美國人為受試者使艾許低估了從眾的壓力，因為美國是個崇尚個人主義的社會。不過，心理學教科書與科普書籍往往把艾許發現的從眾效應誇大了。（艾許的受試者通常會反抗群體壓力。幾乎沒有人每次都屈服於群體壓力；他們普遍會在重複的實驗中採取不同的反應，有時與其他人一致，有時與其他人不同。）所幸，這兩種偏誤產生了互相抵消的效果。[2]

從眾壓力有多少成分來自研究對象為單一文化的群體？在異質性較高的群體中，有較多表達異議的空間嗎？這個可能性其實挺高的。例如：有一些追蹤研究發現，比起和一群陌生人在一起，我們和朋友在一起時，有比較明顯的從眾行為。此外，當艾許指示他的幫手給出不同答案時，從眾壓力就消失了：當其他人沒有給出一致的答案時，受試者立刻會選擇正確的答案，即使他是唯一選擇正確答案的人。這一切在在顯示，防止從眾行為的良方，是與多元性高的群體一起做決定，因為大家可能會提出不同的點子與假設。不過，這個實用的技巧難以驗證，因為艾許的原始實驗與許多追蹤實驗都採用屬性相同的群體來進行。我們不禁要為錯失良機而感嘆。

我想，我們要為一件事感到不安：艾許的實驗完全忽略了一群可能採取不同行為的人，而這群人其實很容易被納入實驗。艾許任教於賓州的斯沃斯莫爾學院，這是一所男女合校的菁英學院。但參與實驗的人（包括幫手與受試者）連一個女生也沒有，這是必要的嗎？

「被隱形的女性」

追蹤研究指出，比起全是女性的群體，全男性群體的從眾性比較低。你可以說這也沒什麼大不了的：假如艾許選擇的受試者不是美國年輕男性，他得到的證據會指向更強的從眾性。[3] 性別確實會造成影響，其實艾許應該要研究一下性別造成的差異，或至少要用男女混合的參與者來進行實驗。不過艾許顯然沒有注意到這點，而絕大多數的追蹤實驗似乎也不在意這件事，這著實令人感到不安。

如果歷史上只有艾許一個人這麼做，我們或許可以把他當成一閃而過的流星。但他並非特例，他當然不是特例。他的學生米爾格蘭（Stanley Milgram）1960 年代在耶魯大學做了一個惡名昭彰的電擊實驗。我曾在《金融時報》如此描述他的實驗：[4]

> （米爾格蘭）募集了一群毫無戒心的民眾，參與一個「記憶力研究」。這群人來到實驗室之後，兩兩一組，抽籤決定誰當「老師」、誰當「學生」。學生被綁在電椅上之後，老師要到隔壁房間，操控電擊器。

> 當學生沒有答出正確答案，實驗主持人就會要求老師給予學生電擊，並且一次次提高電擊的強度。許多人會執行可能致死的電擊，儘管他們體驗過被電擊的痛苦，儘管學生表示他的心臟有問題，儘管房間牆壁的另一邊傳來痛苦的哀嚎與求饒，儘管電擊開關旁寫著「危險：強烈電擊」。當然，並沒有人真正遭到電擊，哀嚎是假裝的。然而，這個實驗令人既害怕又著迷。

我的文章應該要提到（即使只是順帶一提），米爾格蘭的實驗對象全是男性。但我當時沒有想到這個議題，所以也沒想到要去確認這一點，就和其他人一樣。

我希望現在有人會想到這一點，因為寫完那篇文章之後，我訪問了佩雷茲（Caroline Criado Perez），請她談談她的著作《被隱形的女性》。那是個很好玩的經驗，她那天帶著一隻可愛的小狗進到 BBC，小狗在錄音室的角落蜷縮成一團，閉目休息，我們則開始討論性別分析資料不足的問題。佩雷茲的書讀起來就不是那麼好玩了，因為她所提到的失職與不公平令人沮喪，包括製作防彈背心的廠商忘了有些警官有胸部，以及蘋果手機的健康應用程式的設計師忽略了有些 iPhone 使用者有月經。[5] 佩雷茲的書指出，會影響我們生活的產品與政策的負責人，往往自動把顧客（或國民）設定為男性。女性的部分都是事後才會想到。佩雷茲提出，我們蒐集的統計數據也不例外：她明白的指出，我們很容易會假設數據反映了公平的「沒有立場的觀點」，但事實上，數據很可能會夾帶微小但根深柢固的偏誤。

以女性長期被排除在臨床試驗之外的事實為例。一個造成遺憾的知名案例是沙利竇邁，孕婦曾廣泛服用這種藥物以減輕孕吐，但後來發現它可能導致胎兒嚴重缺陷與死亡。這個悲劇發生之後，為求謹慎，處於生育年齡的女性就被排除在臨床試驗之外。然而，唯有當我們假設「只用男性進行藥物試驗可以讓人類獲得最多所需的知識」，這個預防措施才有道理。而這是非常大膽的假定。[6]

這個情況已經逐漸改善，但許多研究仍然沒有將資料細分，來探索藥物是否對男性和女性造成不同的效果。舉例來說，「西地那非」原本用來治療心絞痛。然而，以男性為對象的臨床試驗發現了意想不到的副作用：明顯的勃起效果。西地那非現在更為人所知的名稱是「威而剛」，是治療勃起障礙的藥物。不過，西地那非或許還有另一個預期之外的副作用：它可以有效治療經痛。我們無法確定，因為只有一個得到經費補助的小型提示性試驗指出這一點。[7]假如治療心絞痛的試驗納入同樣多的男性和女性，治療經痛的效果或許會和引發勃起的效果一樣顯著。

這類性別差異導致的效應其實出奇的普遍。有一篇文獻回顧，探討的是以雄性和雌性老鼠為試驗對象的藥物研究，結果發現在超過半數的試驗中，藥物對不同性別的老鼠造成了不同的效果。另外，有很長一段時間，利用肌肉幹細胞進行實驗的研究者非常困惑，為何幹細胞有時會再生，有時不會再生，實驗結果似乎毫無規則可言，直到有人去檢查細胞來自男性還是女性才解開謎團：取自女性的幹細胞會再生，取自男性的幹細胞不會再生。

性別的盲點至今尚未完全消除。新冠肺炎疫情暴發的幾個星期之後，研究者發現，男性比女性更容易感染病毒，死亡率也更高。這是行為造成的差異嗎？是否勤洗手、是否有吸菸習慣，抑或是深植於男女免疫系統的差別？很難說，因為在感染人數最多的二十五個國家中，有超過半數（包括英國和美國）沒有做性別資料細分。[8]

還有另一種類型的問題：女性被涵蓋在資料蒐集的範圍內，但問卷裡的問題以問卷設計者腦袋裡的男性中心框架為出發點。大約在二十五年前，烏干達的勞動適齡人口突然增加了10%，從 650 萬爆增到 720 萬人。發生了什麼事？這是因為勞動力調查開始問對問題了。[9]

過去，調查者請民眾列出主要的勞務活動或工作，而許多從事兼職工作、在市場擺攤，或是在自家農地工作的女性，被歸類為「家庭主婦」。新的調查把次要活動也列入詢問範圍，於是，女性長時間從事的兼職工作也納入了調查。就這樣，烏干達的勞動人口一下子爆增 70 萬人，而且絕大多數是女性。問題的癥結不在於過去的調查忽略了女性，而在於問卷建立在傳統的家庭分工觀念上，也就是丈夫從事全職工作，妻子在家從事沒有收入的活動。

一個更隱微的資料缺口，源自政府以家庭為單位，而非以個人為單位統計所得。這是情有可原的：許多家庭是由夫妻一同分擔房租、食物與所有其他的開支，「家庭」是個合乎邏輯的分析單位。我認識的很多人（包括男性和女性）把大部分時間用來照顧家庭與孩子，而他們的另一半從事高收入的工作來養家。我們不能因為某個人沒有收入，就認定這個人過著貧窮的生活。

許多家庭是夫妻共同分擔家庭開支，但我們不能因此假定所有家庭都是如此：收入可能成為夫妻某一方的武器，不平等的收入可能導致權力的濫用。蒐集家庭所得資料，可能使這種權力濫用基於定義而無法反映在統計數據上。我們往往很想假定，沒有衡量的東西就等於不存在。

此外，我們也不需要猜測一個家庭裡由誰負責控制開支的問題是否重要：我們有證據知道，這有時的確很重要。英國在1977 年決定把兒童津貼由抵減稅額（通常歸於父親），改成以現金支付給母親，經濟學家藍德伯格（Shelly Lundberg）與同事對這個新政策進行研究。結果發現，這個轉變使女性與孩童服飾的支出明顯增加了（相較於男性服飾支出）。[10]

我在《金融時報》撰文探討藍德伯格的研究，結果有一位氣憤的讀者寫信問我，我怎麼知道把錢花在女性和孩童服飾上，比花在男性服飾更好？這不是《金融時報》典型的讀者反應，這位讀者劃錯重點了：我的重點不是哪一種支出模式比較好，我只是想指出支出模式出現變化了。家庭所得並沒有改變，但是當所得支付給家庭裡的另一個人，錢就會花在不同的地方。那告訴我們，只衡量家庭所得會遺漏重要資訊。英國的社會福利新制「統一福利救濟金」（Universal Credit）是付給「戶長」。這個根據舊式觀念做出的決定，很可能對男性有利，不過，根據我們能得到的數據，很難判斷事實是否真是如此。

我們也很希望，假如高品質的統計數據能從天上掉下來該有多好。然而，所有數據都始於某個人決定要蒐集數字。蒐集哪些數字、不蒐集哪些數字，衡量哪些數字、不衡量哪些數字，誰被納入計算、誰不被納入計算，完全取決於我們的假設、成見與疏忽。

舉例來說，聯合國訂下計畫，要在 2030 年達成一系列很有企圖心的「永續發展目標」（Sustainable Development Goals）。不過，專家呼籲要注意一個問題：我們往往無法取得所需的數據來判斷是否達成目標。我們是否降低了家暴受害女性的數字？假如只有少數幾個國家決定要蒐集可用的數據和過去的情況比較，就很難判斷這個目標是否全面達成。[11]

有時候，政府決定要蒐集的數據，也相當匪夷所思。事實查核組織 Full Fact 執行長莫伊指出，在英國，相較於被攻擊、搶劫或性侵的人，政府反而更了解打高爾夫球的人。[12] 這並不是因為政府裡某個管預算的人認為，比起犯罪行為，政府需要更了解打高爾夫球的人，而是因為調查的預算通常會和其他專案綁在一起。倫敦取得 2012 年奧運主辦權之後，政府推動了

「活躍生活調查」（Active Lives Survey），涵蓋了 20 萬人與廣大的地域範圍，以便了解每個地區最受歡迎的運動是什麼。這就是我們對於打高爾夫球的人非常了解的原因。

那不是壞事，巨細靡遺的了解民眾如何維持健康是一件很好的事。但那不就表示，政府更應該加強對英國犯罪情況的調查嗎？因為犯罪情況調查只涵蓋了 3.5 萬個家庭。其實，3.5 萬個家庭的規模也足以讓我們了解一般犯罪行為的全國趨勢，但假如它達到「活躍生活調查」的規模，或許就可以了解罕見犯罪行為、較小的族群或是特定城鎮的趨勢。在其他條件相同的情況下，較大規模的調查可以做出更精準的估計，尤其是當我們試著統計一些不尋常的事物時。

但是，規模大不一定保證比較好。觸及廣大的人口但是遺漏了某些人，以致於對於實情形成非常偏頗的印象，也是很可能發生的事。

民調到底準不準？

1936年，堪薩斯州長蘭登（Alfred Landon）是共和黨提名的總統候選人，他要挑戰時任總統小羅斯福（Franklin Delano Roosevelt）。當時頗負盛名的雜誌《文學文摘》（*Literary Digest*）負責預測大選結果。它執行了一個極具企圖心的郵寄民調，調查涵蓋了 1,000 萬人，是當時選民人口的四分之一。如雪片般飛來的大量回函令人難以想像，但《文學文摘》忙得不亦樂乎。它在八月底宣布：「那 1,000 萬份民意調查的第一批回函，將在下星期如潮水般湧現。我們會進行三次的檢查與確認，五次的交叉分類統計。」[13]

花了兩個月將 240 萬張回函統計製表之後，《文學文摘》公布了結論：蘭登將以 55% 的得票率，勝過小羅斯福的 41% 得票率，另外有少數選民投給第三位候選人。

但真正的大選結果卻大相逕庭。小羅斯福以 61% 的得票率，大勝蘭登的 37% 得票率。還有另一個事實令《文學文摘》的處境雪上加霜，民調始祖蓋洛普進行了一個規模遠小於《文學文摘》的調查，但他的預測卻更接近實際結果，他預測小羅斯福將穩穩獲勝。

蓋洛普知道一件《文學文摘》不明白的事：蒐集數據時，規模大小不代表一切。蓋洛普進行的民調是根據投票人口來抽樣。這代表民調機構需要處理兩件事：樣本誤差（sample error）和樣本偏誤（sample bias）。

樣本誤差反映的是隨機抽樣的意見沒有反映母體真實觀點的風險。民調的「誤差範圍」反映了這個風險的大小，樣本愈大，誤差範圍愈小。一千次訪談的樣本已經大到足以達到很多目的，據說在1936年那次大選，蓋洛普進行了三千次的訪談。

假如三千次的訪談已經很好了，那麼為何調查 240 萬個人的意見沒有達到更好的效果？那是因為樣本誤差有一個非常危險的好朋友：樣本偏誤。樣本誤差會發生，是隨機挑選的樣本純粹因為偶然，而沒有如實反映母體的情況；樣本偏誤的發生，則是因為樣本並非隨機挑選的。蓋洛普非常費心的尋找沒有偏誤的樣本，因為他知道，那遠比大規模的樣本更重要。

《文學文摘》為了得到更多資料，忽略了樣本偏誤的問題。他們根據汽車監理資料庫與電話簿的名單寄送問卷。然而在 1936 年，那個樣本基本上來自社會的頂層。擁有電話或汽車的人，通常比沒有電話或汽車的人更富有。此外，比起小羅斯福的支持者，蘭登的支持者有較高的比例會回覆問卷，這使得問題變得更嚴重。這兩種偏誤加起來，就足以讓《文學文摘》的意見調查成為一大敗筆。《文學文摘》得到的資料量是蓋洛普的 800 倍，這使《文學文摘》對錯誤的答案做了精準的估計。《文學文摘》因為沒有注意到被遺漏的人（從來沒有被調查到的人），以及被遺漏的回應，而成了統計學歷史上最出名的負面教材。

所有的民調機構都知道，他們可能犯下和《文學文摘》一樣的錯。比較認真的人會試著（和蓋洛普一樣）去找能夠代表母體的樣本。但這不容易做到，而且愈來愈難辦到：因為願意回答問題的人愈來愈少了。這會導致一個顯而易見的問題：願意回答問卷的人是否真的能代表其他人。一部分原因是，大家愈來愈不願意和陌生人講電話，但那不是唯一的解釋。例如，「英國選舉研究」（British Election Study）在 1963 年進行了第一次的面對面意見調查。調查團隊登門拜訪民眾，詢問他們的意見，結果調查團隊得到了近 80% 的回答率。到了 2015

年，同樣是面對面調查，結果只得到 55% 的回答率。在他們拜訪的家庭中，有接近半數不是沒人開門，就是有人應門但拒絕回答問題。[14]

民調機構試著修正這個情況，但沒有任何一種方法能保證有效。統計學家漢德（David Hand）把那些被遺漏的意見稱為「暗數據」（dark data）：我們知道每個人都有自己的意見，但只能猜測他們的意見是什麼。我們可以忽略暗數據，就像艾許和米爾格蘭忽略了女性的反應；又或者，我們可以竭盡全力把那些遺漏的意見找出來。然而，卻永遠無法徹底解決這個問題。

英國在 2015 年進行大選時，民調指出，時任總理卡麥隆（David Cameron）不太可能連任。結果這個民調錯了：卡麥隆率領的保守黨在下議院險勝。沒有人知道民調哪裡出了差錯。許多民調公司認為，選民在選前最後一刻突然轉向保守黨。假如他們在最後一刻再做幾次快速民調，或許就能發現民意的轉變。

但那個判斷是不正確的。後來的研究顯示，真正的問題出在暗數據。大選落幕之後，研究者根據隨機挑選的樣本進行登門拜訪，詢問民眾是否有投票，以及把票投給誰。他們得到的結果和原先的民調相同：支持保守黨的民眾人數不足以讓卡麥隆連任成功。但這群研究者再去拜訪上次無人應門的家，以及上次拒絕接受調查的民眾。這次，他們多找到了一些保守黨支持者。這群研究者鍥而不捨的一再去拜訪前一次沒有調查成功的家庭，有些家庭甚至拜訪了六次，最後終於得到了名單上幾乎所有家庭的意見。他們的結論是：追溯民調的結果與大選結果吻合——保守黨勝出。

假如問題出在最後一刻的民意轉向，解決之道就是大量進行最後一刻的快速民調。但真正的問題是保守黨支持者比較難觸及，所以真正的解決之道就是費時費工的確實執行民意調查。[15]

這兩個問題在 2016 年重創了美國的民調機構。民調顯示，在決定選舉結果的搖擺州，希拉蕊・柯林頓的選情似乎領先川普。然而，民意在最後一刻轉向了川普。此外，重挫 2015 年英國大選民調機構的不表態偏誤，也在美國大選發生：希拉蕊的支持者比川普的支持者更容易被民調機構觸及。客觀來說，民調誤差並不是太大，只不過在民眾的想像中被放大了，這或許是因為川普是個不同以往的候選人。不過，民調失準有一部分原因是，當民調機構試著要和具有代表性的選民樣本接觸時，有太多川普支持者被遺漏了，這是個不爭的事實。[16]

「樣本數＝全體」？

要解決樣本偏誤的問題，有一個很有企圖心的方法，那就是不再試圖從母體切出一塊具有代表性的樣本，而是直接詢問每一個人的意見。這就是人口普查在做的事。然而，即使是做人口普查的機構，也不敢假設他們已經把所有人都納入調查。美國在 2010 年進行的人口普查，只有 74% 的家庭回覆。有很多人被遺漏了，或是選擇不回覆。

2011 年英國人口普查的回覆率是 95%，相當於 2,500 萬個家庭。這個情況的確比美國好多了，乍看之下幾乎達到了完美的境界。在 2,500 萬個家庭回覆的情況下，隨機發生的樣本誤差就變成微不足道的小問題。但是，即使僅僅只有 5% 的人被遺漏，樣本偏誤依然令人在意。人口普查的負責人知道，當裝著普查文件的官方信封砰一聲落在民眾家門口的腳踏墊上，某些類型的人根本不會回覆這種郵件：住在類似學生宿舍的分租房屋的人；二十多歲的年輕男性；英文程度不好的人。因此，那 5% 不回覆的人，很可能和其他 95% 的人非常不同。光是這一點就足以使普查資料出現偏頗。[17]

人口普查是蒐集統計資料最古老的方法。比較新的方法（同樣也想觸及所有的人）是「大數據」。牛津大學網路研究所教授麥爾荀伯格是《大數據》的共同作者。他告訴我，對於大型資料集，他比較偏好的定義是「樣本數＝所有」（N=All），也就是我們不再需要抽樣，因為我們掌握了所有的人。[18]

有一種大數據的來源實在太平凡，以致於往往被忽略。我們以觀賞電影所產生的數據為例。在 1980 年，你唯一的選擇是到戲院看電影，而且很可能是付現金買電影票。你創造的唯一資料是電影票存根。到了 1990 年，你可以到錄影帶出租店去租電影錄影帶；店家可能用電腦或是紙筆來追蹤你的租借紀錄。不過即使是用電腦記錄，那臺電腦也應該不會連結到任何資料庫。但是到了二十一世紀，當你登入 Netflix 或是亞馬遜的網站時，你的觀賞資料立刻進入一個巨大的網路世界——可以輕鬆的加以分析、交互參照，或是與資料銷售商分享（只要雙方談妥條款和條件）。

當你到圖書館申請借書證、繳稅、簽電信服務合約，或是申請護照時，也是同樣的情形。很久很久以前，這類資料存在於紙卡上，被收在按照字母分類的巨大目錄冊裡。當初設計這種資料的目的，並不是為了要像人口普查或意見調查那樣進行統計分析。這類資料只是行政管理步驟的一部分，蒐集資料僅是為了完成工作。隨著時間推移，行政管理資料逐漸數位化，詢問資料的演算法也不斷精進，使得這些資料可以方便的進行統計分析，進而補足、甚至取代調查所得到的資料。

不過，「樣本數＝全體」往往更像是一種令人安心的假設，而非事實。行政管理資料通常會包含每個家庭裡負責填寫資料與付帳單的那個人的資料，但不想曝光的人就比較難以掌握。此外，我們很容易忘記，「樣本數＝全體」並不等於「樣本數＝使用某個服務的所有人」。例如：Netflix 掌握了每位使用者的大量數據，但是對於使用者以外的人，Netflix 所知甚少。假如 Netflix 想要根據他們對於某一個族群的了解對其他族群進行推斷，就會變成一件危險的事。

比起行政管理資料，「基礎資料」（found data）才是大數據的命脈。所謂的基礎資料，就是當我們拿著手機到處走，用 Google 查東西、進行網路支付、用推文發表個人想法、在臉書上張貼照片，以及用手機啟動家裡的智慧型恆溫器時，渾然不覺遺留下來的資料。若你是 Netflix 的使用者，你提供給 Netflix 的不只是你的姓名和信用卡資料，還有你透過串流服務觀賞的所有影片，包括你在什麼時間觀賞，在什麼時間暫停觀賞，以及所有相關的資料。

當投機者從網路世界攫取這些資料，有可能被人以各種不當的方式扭曲。例如：假如想要了解大眾意見的動態，可以使用情緒分析演算程式來分析推特上的推文，而不再需要花錢請人做民調。推特可以把所有推文提供給我們分析，不過在實務上，大多數研究者只會取用一部分的資料。然而，就算分析所有的推文，也就是「樣本數＝全體」，仍然只能知道推特使用者的想法，而不是全世界所有人的想法，而且推特使用者並無法代表全世界的人。以美國為例，推特使用者有很高比例是年輕、住在都市、受過大學教育的黑人。與男性相較，女性更傾向於使用臉書和 Instagram，但比較少用 LinkedIn。西班牙裔比白人更愛用臉書，黑人比白人更愛用 LinkedIn、推特和 Instagram。這些事實並不是那麼顯而易見。[19]

微軟研究員克勞佛（Kate Crawford）蒐集了許多例子，顯示「樣本數＝全體」這個假設會產生誤導效果。當珊迪颶風在 2012 年侵襲紐約地區時，研究者公布了運用推特與一個定位搜尋引擎 FourSquare 的資料分析所得到的結果。他們表示，他們追蹤到颶風侵襲的前一天，日用品的銷售額突然飆高，而在颶風離開的隔天，酒吧和夜店的生意好到爆。這也沒什麼。不過，那些關於颶風的推文絕大多數來自曼哈頓，而事實上珊迪對康尼島造成的損害更大，甚至造成停電，這就是沒有人發推文的原因。在人口密集且繁榮的曼哈頓，有很高比例的人擁有智慧型手機，而我們要知道，智慧型手機在 2012 年時還不是那麼普遍。要把這類大數據分析變成有用的資料，要花相當多的精神把推文與現實情況分清楚。[20]

另一個例子是：2012 年在波士頓推出一款手機應用程式 StreetBump，它運用 iPhone 的加速度計來偵測馬路上的坑洞。這個做法的概念是，波士頓市民下載這個應用程式之後，當他們在市區開車遇到坑洞時，手機就會自動通知市政府，如此一來，市政府就不必派人四處巡邏查看哪裡有坑洞了。這是個愉快而優雅的想法，也確實發現了一些路面的坑洞。然而，StreetBump 真正創造出來的坑洞地圖，其實是有系統的造福經濟能力較好的年輕人集中居住的區域，因為這裡的居民擁有 iPhone，而且知道這款應用程式的存在。StreetBump 為我們提供的「樣本數＝全體」，指的是每一隻有安裝這款應用程式的手機所記錄的所有坑洞。但這不等於記錄馬路上所有的坑洞。於是，這個專案不久之後就叫停了。

我們要訓練分析大數據的演算法時，使用的往往是稍有偏誤的基礎資料。例如：假如某個演算法學習辨識的大都是膚色蒼白的臉孔和男性的聲音，當它嘗試要解讀女性的話語或是膚色較深的臉孔時，可能會出現錯誤。有人認為這可以解釋 Google 的相片軟體為何常把膚色較深的人與大猩猩搞混；膚色較深的人使用惠普網路照相機時，拍照功能往往不太能自動啟動；Nikon 相機有一個功能，若遇到有人眨眼時會自動重拍，但是當中國人、日本人或韓國人使用 Nikon 相機時，相機會不斷的自動重拍照片，因為它把亞洲人的單眼皮辨識成眨眼。據說 2020 年春季新上架的幾款應用程式，可以根據你的咳嗽聲偵測你是否感染新冠肺炎或是其他疾病。不知道它的表現會不會比較好？[21]

有一件事是可以確定的，假如我們輸入演算程式的樣本是偏頗的，它得到的結論也是偏頗的。[22] 環顧四周，可以發現世上確實有一些種族歧視與性別歧視的人，但一般而言，我們之所以計算和沒有計算某些事物，通常是基於沒有經過審視的決定，我們沒有意識到，自己因為隱微的偏誤與潛在的假設而走偏了。

除非我們自己蒐集資料，否則只能有限度的解決資料缺失的問題。但我們可以、也應該記得問一個問題：別人提供的資料是不是遺漏了什麼人或是什麼東西。有些數字的欠缺是顯而易見的，例如：對於色情人口販賣或是使用烈性毒品的人，我們顯然很難蒐集到有效的犯罪資料。除此之外，只有仔細檢視某個主張時，才會發現有些資料遺漏了。研究者有可能不會明確指出他的實驗受試者只涵蓋男性 —— 這種資訊有時只埋藏在統計附錄裡，有時甚至完全不提，但是往往只需要做個快速的調查，就會知道這個研究有盲點。假如有個實驗只研究男性，就不能假定這個實驗若納入女性受試者仍然會得到相同的結論。假如政府統計的是**家庭**所得，就必須意識到我們對於每個家庭**成員**的所得情況所知不多。

大規模的基礎資料可能看似完整，也可能非常有用，但「樣本數＝全體」常常是個誘人的假象：它容易讓人做出缺乏根據的假設，認為已經掌握所有重要的東西。我們必須時常自問，遺漏了什麼人與什麼東西。這只是謹慎看待大數據的一個理由。大數據的出現，代表蒐集統計數據的方式發生了巨大且未經仔細檢視的改變。我們要讓這個世界變得可以理解的下一步，就是了解大數據。

準則七

電腦說「不」時，要求公開透明

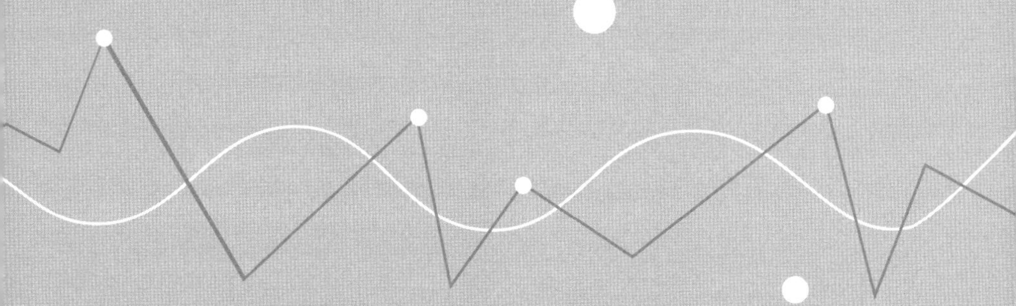

我最近做了一些很糟的決定，但我可以向你保證，

我的工作表現將會回復正常。

我對這項任務依然擁有最大的熱忱和自信，

而且我想幫你，戴維。

——超級電腦 HAL 9000，《2001 太空漫遊》

2009 年，Google 的研究團隊在世界頂尖科學期刊《自然》宣布了一項驚人成就：他們不需要任何醫學檢驗報告，就能追蹤全美國的流感傳播情況。[1] 更厲害的是，他們的動作能夠比美國疾病管制暨預防中心（CDC）更快，因為 CDC 需要倚靠醫生的病例回報。Google 的演算法從 CDC 在 2003 年到 2008 年的資料中尋找模式，結果發現，在相同的地區和時間，流感個案與民眾的網路查詢結果有相關性。找出這個模式之後，Google 的演算法就可以運用民眾搜尋的內容來估計流感的個案數，比 CDC 官方公布數據的時間至少早一個星期。[2]

「Google 流感趨勢」不僅速度快、精準、成本低，而且不需要靠理論來支持。Google 工程師根本不需要假設哪些搜尋關鍵詞可能與疾病的擴散有關聯。我們可以合理的猜測，搜索「流感症狀」或「我家附近的藥局」，可能比搜索「碧昂絲」更能預測流感趨勢。不過，Google 團隊一點也不在乎這件事。他們只是把前五千萬筆搜索關鍵詞輸入演算法，然後等待結果。

「Google 流感趨勢」的成功非常具有代表性，它指出了商業、科技與科學領域的最新趨勢：「大數據」和「演算法」。「大數據」可以指很多東西，但我們先把焦點放在上一章討論的基礎資料，也就是網路搜索、信用卡支付、手機搜尋附近基地臺的數位遺跡，或許再加上各個組織所產生的行政管理資料。

演算法就像是步驟清楚的食譜，*它的任務是執行一系列的動作。在大多數情況下，「演算法」指的是「電腦程式」。但近幾年來，這個詞幾乎總是指某個特定的東西：在巨大的資料集裡尋找模式的工具。「Google 流感趨勢」是由模式辨識演算法處理五千萬個搜索關鍵詞所產生的，它尋找的是與 CDC 公布的流感新個案相符的關鍵詞。

我在本章要檢視的，是上述這類數據與演算法。「基礎」資料的量有可能非常龐大，它通常容易蒐集、即時更新，而且相當混雜——為了不同目的而蒐集的五花八門的數據點（data points）。隨著溝通方式、休閒生活與商業活動逐漸轉移到網路上，而網路轉移到手機、汽車，甚至是眼鏡上，我們的生活開始被一種過去無法想像的方式記錄與量化。商業書籍與管理雜誌裡充滿了這類數據提供的商機。

除了傳播「變聰明然後變有錢」這類訊息，支持大數據的

＊它雖然像是食譜，卻是由一板一眼的廚師寫出來的食譜。大多數的食譜有使用常理判斷的彈性空間，而演算法的每個步驟都必須非常明確。

人提出三個令人振奮的主張，每個主張都反映出「Google 流感趨勢」有多麼成功。第一，數據分析可以產出精準無比的結果。第二，我們能夠掌握每一個數據點（上一章提到的「樣本數＝全體」概念），因此，傳統的統計抽樣技術已經過時了（那意味「Google 流感趨勢」能掌握每一筆搜尋紀錄）。第三，科學模式也過時了：我們再也不需要建立與測試理論，來探討搜尋「流感症狀」或「碧昂絲」是否與流感擴散有任何關聯，因為套用《連線》雜誌在 2008 年一句狂妄的說法：「只要數據量夠大，數字能夠為自己說話。」

這是個革命性的概念。然而就在《自然》發表那篇文章的四年後，《自然新聞》（*Nature News*）公布了令人遺憾的消息：最近一次流感暴發，產生一個出乎意料的受害者——「Google 流感趨勢」。在連續好幾年的冬季提供快速而精準的趨勢報告之後，「Google 流感趨勢」這個不倚靠理論、只倚靠數據的模型突然失去了準頭。Google 模型指出一次嚴重的暴發，然而當步調緩慢但穩定的 CDC 公布數據時，我們發現 Google 預測的流感類疾病擴散情況被高估了，甚至有一度比真實數字高出兩倍以上。[3] 不久之後，「Google 流感趨勢」專案就中止了。[4]

到底是哪裡出了差錯？一部分的問題源自上述的第三個主張：Google 不知道、也無從得知搜索關鍵詞與流感傳播之間的關聯是什麼。Google 工程師並未試圖了解因果關係，他們只是從數據裡找出統計模型，那正是演算法的作用。事實上，Google 的研究團隊曾經找到一個模式，發現一些顯然有誤的關聯，而他們原本可以讓演算法忽略這個模式。例如他們發現，流感個案與「高中棒球賽」這個搜索關鍵詞有關聯。這個關聯性並不難理解：流感和高中棒球賽都在 11 月中旬開始，但那代表「Google 流感趨勢」同時成為「流感」和「冬季」的檢出器。[5] 這在 2009 年夏季暴發流感時產生了問題：「Google 流感趨勢」拚命搜尋「冬季」的跡象，卻什麼也找不到，於是沒有預測到這次非季節性的流感暴發。結果，真實個案數比 Google 的預估值高出四倍。[6]

大數據分析常會發生類似「冬季檢出器」的問題。例如：電腦科學家撒米爾．辛格（Sameer Singh）把許多野地裡的狼和哈士奇寵物犬的照片輸入模式辨識演算法。演算法似乎能精準的分辨這兩種看起來很相似的犬科動物；但事實上，電腦只是把含有雪景的照片標示為狼。珍妮兒．謝恩（Janelle Shane）在她的著作《你看起來像一個東西，我愛你》（*You Look Like a Thing and I Love You*）提到了一個影響比較嚴重的問題。研究者把兩種照片輸入演算法：健康皮膚和有皮膚癌的皮膚。[7] 演算法找到的模式為：假如照片裡出現了比例尺，就判斷為癌症。假如我們不知道演算法做出判斷的**理由**，我們就可能把自己的性命交在比例尺檢出器的手中。

要找出因果關係很難，有些人甚至認為是不可能的事。找出相關性就容易多了，成本也更低廉。有些大數據的信徒（像是《連線》那篇狂妄文章的作者克里斯．安德森〔Chris

Anderson〕）主張，要尋找高於相關性的關係，是沒有意義的事。安德森寫道：「先以數學的觀點檢視數據，然後再建立脈絡」，數字自己會說話。或是以比較毒舌的方式呈現安德森的觀點：「假如搜尋高中棒球賽的人總是被當成流感個案，那也沒關係，原因並不重要。」

但原因**真的**很重要，因為不靠理論、只靠相關性支持的分析，必然會被推翻。假如你不知道是什麼東西導致相關性成立，你就不知道什麼東西可能導致相關性被推翻。

2009 年夏季流感問題暴發之後，「Google 流感趨勢」在 2012 年底徹底崩壞，原因不明。

有一種說法是，2012 年 12 月的新聞經常報導讓人提心吊膽的流感消息，導致許多健康的人上網搜尋流感的資訊。另一個可能的解釋為，Google 改變了搜尋演算法：它開始在民眾輸入症狀時自動提供診斷結果，這使得大家改變了輸入的搜索關鍵詞，結果導致「Google 流感趨勢」的模型無法發揮作用。

Google 有可能已經找出問題的癥結，也找到了可以讓演算法再次發揮作用的方法，但他們覺得投入的人力、花費和失敗的風險成本太高，不值得這麼做。

又或者情況並非如此。實情是，外部研究者被迫只能猜測問題出在哪裡，因為他們無法取得必要的資訊來得到確定的答案。Google 會向研究者釋出一些資料，也免費向大眾釋出某些資料。但 Google 不會向你、我或是任何人釋出所有的資料。

我家書架上最醒目的地方放了兩本好書，這兩本書道出了我們對大數據的看法近幾年來的演變。

一本是 2013 年出版的《大數據》，作者是庫基耶（Kenn Cukier）和麥爾荀伯格。這本書列舉了許多例子，說明廉價的感應器、龐大的資料集以及模式辨識演算法，如何「掀起生活、工作和思考方式的全面革新」（正是這本書的副標題）。哪個例子有這個榮幸成為這本書的開場故事？「Google 流感趨勢」。這本書付印後，「Google 流感趨勢」宣告壽終正寢也是意料中的事。

三年後，歐尼爾（Cathy O'Neil）的《大數據的傲慢與偏見》（*Weapons of Math Destruction*）在 2016 年出版，或許你可以從書名猜到，這本書的觀點更加悲觀了。這本書的副標題告訴我們，大數據會「使不公平加劇且危害民主」。

上述兩本書的差異一部分來自觀點的不同。庫基耶與麥爾荀伯格採取的是：使用數據驅動演算法來做某些事的人的觀點；歐尼爾採取的是：數據驅動演算法應用對象的觀點。鐵鎚在木匠眼中是個很有用的工具，但釘子對鐵錘的觀感就截然不同了。

但這兩本書語氣的變化，也反映出時代氛圍在 2013 年到 2016 年間的轉變。在 2013 年，少數注意到大數據的人通常把自己想像成木匠；到了 2016 年，許多人已經意識到我們其實是釘子。大數據從轉化的力量變成了邪惡的力量。原來的看好歡呼，變成了看壞悲觀以及誇張而聳動的標題。（我最愛的標題或許是 CNN 的報導：「數學是種族主義份子」。）政治顧問公司「劍橋分析」（Cambridge Analytica）利用臉書鬆散的資料管理政策，不當取得五千萬名臉書使用者的資料，（在當事人不知情或沒有授權的情況下）對他們進行精準行銷，是這個危險達到頂峰的時候。據說曾有震驚的新聞評論員一度認為那些廣告的效果太好，而促成川普當選。不過後來有一些比較理性的分析認為「劍橋分析」的洗腦能力其實沒那麼強。[8]

我們每個人一直不斷的釋出個人資料，而那些資料全都流到了資訊的海洋。演算法與巨大的資料集被人拿來做各種事，例如：協助我們找到真愛，或是當我們被控犯罪時決定我們要被收押還是保釋。我們有必要知道自己釋出了哪些資料，以及那些資料可能被拿來做什麼用。我們到底該擁抱大數據還是害怕它？我應該為木匠加油打氣，還是擔心我們已經在不知情的情況下變成了釘子？

答案是，視情況而定。而我希望透過本章讓你知道，視哪些情況而定。

宛如魔術般的購買推薦清單

2012 年，時代氛圍還穩穩站在木匠這一邊。記者杜希格（Charles Duhigg）在《紐約時報》雜誌撰文提到一則關於美國大型折扣百貨塔吉特（Target）的趣事，這篇文章充分捕捉了世人對大數據的狂熱。

杜希格提到，塔吉特蒐集了大量的顧客資料，而且擅長分析這些資料，以致於對顧客的洞察到了神奇的地步。[9] 在引人入勝的故事裡，有一位男子氣沖沖的跑到明尼亞波里斯的塔吉特百貨，向店經理抱怨說，他們公司寄了婦嬰用品的折價券給他還未成年的女兒。店經理向這名男子道歉，後來又打電話再次道歉，此時卻得知那名男子的女兒確實懷孕了，只不過她的父親稍早的時候還不知情。塔吉特在分析她購買的溼巾和維生素之後，發現她懷孕了。

但這真的算是統計魔法嗎？我和許多人討論過這個故事，得到了兩極化的反應。大多數人聽了之後都驚訝得瞪大了眼睛。但是和我很熟的兩群人卻抱持不同的看法。記者的反應大都是酸溜溜的；有些人懷疑杜希格杜撰或誇大了這個故事，或者只是轉述了某個都市傳說。（我懷疑**他們**是出於同行的嫉妒。）另一方面，資料科學家與統計學家聽了之後只覺得很無趣。他們認為這個故事沒什麼好驚奇的，也不是什麼新鮮事。我贊同他們的看法。

首先讓我們想一下，根據某個人的購物習慣預測她已經懷孕，是值得驚奇的事嗎？一點也不。我們來看一下國民保健署對於葉酸的使用建議：

> 建議所有可能懷孕的女性，在懷孕前到懷孕十二週的期間，每天服用四百微克的葉酸……假如妳在懷孕前沒有補充葉酸，應該在發現懷孕後立刻開始補充……

確定妳有補充到適量葉酸的方法，就是服用葉酸補充錠。

好，看了這段文字之後，當我得知有位女性開始購買葉酸時，我該做出什麼結論？我不需要動用巨大的資料集或是很厲害的分析流程，就能得到答案，這不是什麼神奇的魔法。這位女性很可能已經懷孕了。塔吉特的演算法並沒有做出超越人類能力的跳躍式推理，它只是做出一般人會做出的推理：你、我或是任何人得到相同的資訊，都能得出這個結論。

不可否認，人類有時相當後知後覺。弗萊（Hannah Fry）寫了另一本關於演算法的好書：《打開演算法黑箱》（*Hello World*），書中提到了一個類似的例子。[10] 有一位女性在英國的特易購網路超市購物時，發現保險套出現在她的網路購物車的「再次購買？」區，這暗指演算法知道她家裡有人曾經買過這項商品。但她從來沒買過保險套，她的丈夫也沒有理由購買：他們從來不使用保險套。因此她認為這是個技術性的錯誤。我是說，還能有什麼其他的解釋呢？

當這位女性向特易購抱怨時，特易購的客服人員不想把她丈夫在外面偷吃的壞消息告訴她，於是從善如流的向她說了善意的謊言：「女士，是我們的電腦出錯了嗎？您說得沒錯，一定是這個原因。造成您的不便，我們非常抱歉。」弗萊告訴我，現在這已經成了特易購的經驗法則：道歉，把責任推給電腦。

假如有個顧客曾經買過保險套，他可能會想再次購買。假如某個人買了驗孕棒，然後開始買孕婦專用營養補充品，我們可以合理的猜測這是一位女性，而且在幾個月之後，她可能會開始購買孕婦裝和寶寶的衣服。演算法所做的事並不是統計學的奇蹟。它只是看見了人類（困惑的妻子、憤怒的父親）還不知道的事（保險套、孕婦維生素）。我們之所以對演算法另眼相看，一部分的原因在於我們沒有留意到魔術師的絲巾底下發生的平凡小事。

杜希格的塔吉特演算法的故事，也可能誘使我們高估了程式分析工具的能力。

「偽陽性是個嚴重的議題。」馮啟思（Kaiser Fung）是一位數據科學家，多年來，他為零售商和廣告商開發了不少類似的做法。他的意思是，我們不會看到「沒有懷孕的女性收到了嬰兒服飾折價券」這類的報導。聽說塔吉特的故事之後，我們很容易會假設塔吉特的演算法不會出錯，也就是收到寶寶連褲衣和溼巾折價券的人全都是孕婦。不過，從來沒有人這樣說，而且它顯然不是事實。事實或許是：**每位**顧客都收到了寶寶連褲衣的折價券。在審視過演算法猜中與猜錯的比例之前，我們不該理所當然的認為塔吉特的電腦無所不知。

猜錯的情況可能有很多。即使是「購買葉酸的女性可能懷孕了」這麼容易猜出來的假設，也可能會出錯。購買葉酸不一定等於懷孕。這位消費者可能基於其他的原因服用葉酸，或者她是幫別人買的，又或者，她可能流產了，或是想要懷孕但是沒有成功（你可以想像當她收到寶寶服飾折價券時，會有多麼難過）。塔吉特的演算法也有可能厲害到把那些令人遺憾的情況都過濾掉了。不過，事實很可能不是如此。

在杜希格的故事裡，塔吉特寄送的是混合種類的折價券，例如：加入了紅酒杯的折價券，因為懷孕的顧客如果發現塔吉特對她們瞭若指掌，可能會被嚇到。但是馮啟思有不同的解釋：塔吉特寄送混合種類的折價券，並不是因為把全是嬰兒用品的折價券手冊寄給懷孕的顧客會讓人害怕，而是因為塔吉特知道，許多折價券手冊會寄到沒有懷孕的女性手中。

塔吉特的店經理大可以說：請不要太在意，其實很多顧客都收到了這種折價券。那他為何不這麼說？原因或許是他對公司演算法的了解並不比我們多。就和 Google 一樣，塔吉特也許不願意公開它的演算法和資料集，讓研究者（以及它的競爭對手）了解所有的內情。

最可能的情況是：懷孕是很容易透過購物行為觀察到的一種狀況，因此，塔吉特的大數據演算法預測懷孕的準確度，肯定會比亂猜更高。然而，它絕對不是不會犯錯。若是亂猜，十五到四十五歲之間的女性，大約有 5% 的機率處於懷孕狀態。假如塔吉特能把正確率提高到 10% 或 15%，所有的努力就值得了。提供折價券的準確度即使只有少許提升，也能對公司的獲利有幫助。然而，我們不該把獲利與無所不知混為一談。

現在，我們先讓大數據的狂熱稍微退燒一下，包括「劍橋分析」對你的想法瞭如指掌的嚇人概念，以及大數據能輕鬆取代步調緩慢的統計工作（像是 CDC 對流感的調查）。我開始試圖了解大數據時，曾打電話給劍橋大學教授史匹格哈特（David Spiegelhalter）爵士，他是英國頂尖的統計學家，也非常擅長說明統計觀念。我把世人對大數據的狂熱簡單扼要的說給他聽：無比精準的分析；因為掌握所有數據點，抽樣變得不再重要；我們可以把科學模型丟掉，因為「數字能為自己說話」。

史匹格哈特覺得他甚至不需要用到專業術語來談論這件事。他說，那些說法「完全是一派胡言，荒謬至極」。

大數據比我們所想的更難以使用。統計學家花了兩百年的時間，設法找出當我們試著透過數據了解世界時可能遇到的陷阱。在現今這個時代，我們取得的數據量愈來愈多、速度愈來愈快、成本愈來愈低，但我們不能因此誤以為不會遇到陷阱。陷阱其實一直都在。

史匹格哈特表示：「大數據裡有很多小數據的問題。這些問題不會因為你取得了大量的數據而消失，反而會使情況更糟。」

假如杜希格的某些讀者，誤以為塔吉特有能力以神奇的精準度寄送寶寶連褲衣折價券給顧客，這其實也不至於造成太大問題。然而，若掌權者被他們並不懂的演算法嚇到，並根據演算法的結果做出重大政策，那就是大問題了。

歐尼爾在《大數據的傲慢與偏見》舉出的例子當中，有一個令人憂心的實例：華盛頓特區運用 IMPACT 演算法來評估教師的表現。歐尼爾說，有些深受學生愛戴與尊敬的公立學校老師，因為評分的結果太差，突然遭到解雇。

IMPACT 演算法的目標是衡量老師的教學品質，以學生的測驗成績是進步還是退步做為衡量標準。[11] 然而，我們很難真正的衡量教學品質，理由有二。第一個理由是，不論老師的教學品質是好是壞，每個學生的成績會受到不同因素的影響。即使一個班級只有三十名學生，演算法也會衡量到很多不相干的元素；假如有幾個學生在開學時運氣很好，考出了好成績，在學期末因為運氣不好得到了很差的成績，那就會影響老師的評分。但這個情況不該發生，因為學生成績的變化純粹是機運造成的。另一個不在老師掌控之內的影響因素，是孩子在教室以外的地方遇到了重大問題，可能是生病、被霸凌，或是家庭成員入獄。這和考試運氣好不好的情況不同，因為這套做法追蹤的是真實發生的事。利用系統追蹤學生在教室外發生的問題，是很有價值的事，但若根據這些資料把學生的問題怪罪在老師頭上，就是不智且不公平的做法了。

第二個問題是，老師可能靠作弊得到好的評分，並因此對不作弊的老師造成傷害。假如六年級老師找到方法提高學生的測驗成績（這種事不是沒聽過），他不但得到了不該得的獎勵，而且會害到七年級的老師。因為這群學生的成績非常好，很難再進步了，除非這位七年級老師也設法作弊。

歐尼爾的看法是，資料裡有太多不相干的成分，以任何一種演算法都難以評估老師是否稱職。她的看法相當合理。毫無疑問，上述演算法判定為不合格的老師，他的同事或學生不一定認同這樣的結果。儘管如此，華盛頓特區的教育當局依然在

2011 年開除了 206 位老師，因為這些老師沒有達到演算法設定的標準。

垃圾蒐集再多還是垃圾

到目前為止，我們聚焦於討論的是人過度相信演算法有能力從輸入的資料中擷取智慧。但還有另一個相關的問題：過度相信資料集的品質或完整性。

我們在上一章探討了完整性的問題。《文學文摘》蒐集了可以被稱為大數據的資料量。根據當時的標準，它肯定是個規模龐大的調查。即使根據今日的標準，搜集 240 萬個人的意見依然是件令人佩服的行動。然而，假如「回覆《文學文摘》調查的人」和「總統大選去投票的人」之間呈現系統性的差異，你就不能拿《文學文摘》的調查來預測大選結果。

「Google 流感趨勢」掌握了每一筆 Google 搜索紀錄，但並非所有得到流感的人都會利用 Google 搜尋相關資訊。「Google 流感趨勢」的精準度，取決於「得到流感的人利用 Google 搜尋流感相關資訊」和「得到流感的人」之間，有沒有系統性的差異。上一章提到的路面坑洞偵測應用程式之所以失敗，是因為它把「安裝路面坑洞偵測應用程式的人」與「在市區開車的人」混為一談。

那麼品質方面的問題呢？我舉一個比 1936 年美國大選民調更古老的例子：企圖測得人類標準體溫的驚人行動。十九世紀德國有一位溫德利希（Carl Wunderlich）醫生，他花了十八年的時間，從 2.5 萬名患者身上蒐集了超過 100 萬次的體溫紀錄。100 萬筆紀錄！在那個時代，以紙筆記錄 100 萬筆資料是個驚人的成就。我們現在知道正常體溫是華氏 98.6 度這個常識，幕後功臣就是溫德利希。沒有人想反駁這個結果，一個原因是，規模如此龐大的資料集已經足以贏得世人的尊敬，另一個原因則是，若要挑戰這個結果，就必須提出數量更多、更可靠的資料集，大家一想到這個任務的難度，就望之卻步了。麥考維克（Philip Mackowiak）醫生非常了解溫德利希的研究，他表示：「沒有人有這樣的地位或念頭，想要蒐集如此大量的資料集。」[12]

但溫德利希得到的結果是錯的；一般人的體溫通常低於那個數值（低了大約華氏 0.5 度）。[13] 由於溫德利希蒐集的資料量實在太嚇人，以致於要到一百多年後，才有人推翻他的看法。*

如此龐大的資料集怎麼會出錯呢？麥考維克醫生在一個醫學博物館找到了溫德利希使用過的溫度計，並有機會加以檢

---

* 這個問題由於攝氏與華氏的轉換而加劇。溫德利希的研究是以攝氏測量，他得到的結論是，一般人的體溫為攝氏 37 度左右，也就是高於攝氏 36.5 度，低於攝氏 37.5 度。但是當溫德利希的德文論文被翻譯成英文時，攝氏 37 度被轉換成華氏 98.6 度。這使得有些醫生以為，正常體溫的誤差範圍是華氏 0.1 度，而不是攝氏 1 度，這意味著正常體溫的誤差精度被提高了 20 倍之多，但事實上，唯一的改變是度量單位。

查。結果他發現，這支溫度計的測量誤差高達攝氏 2 度，幾乎是華氏 4 度。這個誤差有一部分由於溫德利希測量的是腋下溫度而抵消了。現代人採用的是更精確的舌下或肛門溫度。假如你的溫度計有問題，而且測量的是腋溫，就算你量了一百萬次，結果也只是錯誤答案的精準估計。不論你蒐集了多少垃圾，「垃圾進，垃圾出」那句老話永遠成立。

正如我們在上一章看到的，這個古老問題的現代版本是人把有系統性偏誤的資料集輸入演算法。這個問題非常容易被忽略，而且普遍到令人驚訝的程度。亞馬遜是全球市值最高的公司之一，它在 2014 年開始使用數據驅動演算法來篩選履歷，希望電腦能根據公司內部的優秀人才找出模式，挑出與他們相似的人選。只不過，亞馬遜的優秀人才大都是男性。演算法善盡其職：它找出模式，然後開始運算。演算法發現公司一直以來偏好男性員工，於是做出結論：男性優先考慮。演算法將「女子」這個詞的順位排在很後面，像是「二十一歲以下國際女子足球賽」或是「女子西洋棋俱樂部隊長」。它也降低某些女子大學的評等。亞馬遜從 2018 年起不再使用這個演算法；我們不清楚它對聘雇決定的影響到底有多大，但亞馬遜承認，公司的招募人員一直在參考這個演算法的排名。

還記得「數學是種族主義份子」這個新聞標題嗎？我確信數學不是種族主義份子、不歧視女性、也不憎惡同性戀者，它不具有任何一種偏見。但我同樣確信，有些人有上述傾向。當人將自己的偏誤餵入電腦程式，電腦就會產出有偏誤的結果。

然而我們使用電腦的初衷，就是要排除偏誤。[14]

演算法比醫師更準確、比法官更公正？

我希望我已經說服你並使你明白，我們不該急著完全倚靠演算法來做決定。但我不想過度批評演算法，因為在它之外，我們也找不到永不出錯的決策方法。我們只能在使用演算法和靠自己之間做選擇。有些人有偏見。而人經常處於疲憊、被騷擾或過勞的狀態。我們每個人，終究都只是人。

心理學家米爾（Paul Meehl）在 1950 年代進行研究，想知道最陽春的演算法（例如簡單的統計原則）能否比人類做出更好的專業判斷。舉例來說，假設有一個病人到醫院，說她胸痛。她是消化不良？還是心臟病發作？米爾把經驗豐富的醫生做出的診斷，與利用簡要的檢核表得到的結果加以比較。檢核表的問題包括：胸部疼痛是主要症狀嗎？患者是否有心臟病史？患者是否曾經靠硝酸甘油解除胸痛症狀？心電圖顯示出哪些量化模式？[15] 令人不安的是，這個簡單的決策樹做出正確診斷的比例，比醫生更高。而這不是唯一的例子。米爾發現，專家的表現通常比簡單的檢核表還要糟糕。他把他的著作《臨床與統計的預測》（*Clinical vs. Statistical Prediction*）稱為「我那令人不安的小書」。[16]

為了公平起見，我們應該把現今演算法的出錯率，拿來和人類決定的出錯率做比較。我們來看看弗萊的《打開演算法黑箱》裡的一個例子。

2011 年，倫敦發生了一起騷亂事件，一開始是抗議警方執法不當的示威遊行，後來演變成暴力騷亂，倫敦和其他幾個城市一到夜裡就不平靜。商店一到下午便大門緊閉，守法的民眾下了班急急忙忙趕回家，大家都知道，天色暗下來之後，投機份子就會出來趁火打劫。在騷亂發生的那三天，有超過一千人遭到警方逮捕。

羅賓森（Nicholas Robinson）與強生（Richard Johnson）是被逮捕的其中兩個人。羅賓森在混亂中跑進倫敦一家門窗被砸碎的超市，拿走了一箱礦泉水。強生開車到電玩專賣店門口，戴上頭套面罩，進到店裡抱走一堆電玩光碟。強生偷竊的東西價值更高，並且是預謀行為，而非一時衝動。然而，羅賓森最後被判六個月徒刑，強生卻不需要坐牢。如此不尋常的差別待遇並不是演算法造成的，而是法官做出的判決。

這兩位法官的判決可能都沒錯，他們根據案情的某些細節做出如此的判決。造成巨大差別更可能的原因是，羅賓森的案件在騷亂發生後兩個星期進行判決。當時的社會充滿緊張的氛圍，社會秩序似乎隨時會崩潰。強生的案子在騷亂發生幾個月之後才進行判決，當時大家對騷亂的記憶開始模糊，同時開始自問那場騷亂到底是怎麼回事。[17]

數據驅動的電腦程式能夠排除情緒因素、做出更公平的判決嗎？我們不可能知道真正的答案，但答案很可能是肯定的。有大量證據顯示，法官的判決往往非常不一致。一個檢測的方法是拿捏造的案件給不同的法官，看看他們是否得出不同的結論。結果他們得出的結論果然不一樣。英國有一個 2001 年的研究，研究者請法官對各種案件進行判決；其中一些案件的案情大同小異，只有人名和一些不相干的細節被改掉（這些案件相隔一段適當距離才出現，以免被識破）。同一個法官對同一個案件的判決，出現了前後不一致的情況。我們可以確知，電腦不會犯這種錯誤。[18]

美國近期有另一個研究是由經濟學家穆蘭納珊（Sendhil Mullainathan）與四位同事所進行。他們分析了紐約市從 2008 年到 2013 年間發生的 75 萬個案件。法官對這些犯案者分別做出了釋放、拘留或是以現金保釋的裁決。研究者也知道哪些人後來又再度犯案。他們把一部分的案件（22 萬個案件）輸入某個演算法，訓練它判斷做出釋放、拘留或是現金保釋的裁決。然後他們拿其餘的案件來測試這個演算法，把演算法的判決結果與法官的實際判決進行比對。[19]

人類的表現不太好。演算法判定讓某些被告入獄，結果讓釋放後再犯罪的比率降低近 25%。演算法也可以減少 40% 的人入獄，同時沒有讓犯罪案件增加。與人類的判決相較，這個演算法可以防止數千個犯罪案件發生，或是讓數千人獲釋候審。

法官常犯的一個主要錯誤，是法學教授桑思汀（Cass Sunstein）所說的「當前犯案偏誤」（current offence bias），也就是說，法官在決定是否要裁決保釋時，太過聚焦於被告當時被控告的罪行。犯罪紀錄顯示為高風險的被告，會因為當時犯的是輕罪，而被當作低風險來對待；反過來說，犯罪紀錄顯示為低風險的被告，會因為當時犯的是重罪，而被當作高風險來對待。演算法會充分利用這些背景資訊，而法官儘管擁有聰明才智、經驗與訓練，往往會忽略這些資訊。

這似乎是人類的運作方式。請回想一下我怎麼描述羅賓森與強生的案子：我把他們所犯的罪行告訴你，完全沒有提到他們的個人背景。對我來說（或許對你來說也是如此），只提到最近發生的罪行似乎是很合理的事。若有更多的資訊，演算法會納入運算，但人類可能不會。

對於攸關生死的決定，究竟要讓演算法還是人類決定，許多人有很強烈的直觀性看法。有些人對演算法的能力既佩服又感動；另一些人則對於人類的判斷太過有信心。事實是，演算法的表現有時候比人類好，有時候比人類差。若我們想要避開大數據導致的問題，同時讓大數據發揮最大的潛力，就需要對演算法在每個情況下的表現逐一進行評估。而這通常遠比我們所想的更困難。

試想一下這個情境：警方或社福單位接到一通報案電話，這個人（鄰居、祖父母、醫生、老師）非常擔心某個孩子的人身安全。有時候這個孩子真的置身於險境；有時候是報案的人弄錯了、過度緊張，甚至是惡作劇。若是在理想的世界裡，我們不會冒任何險，會立刻要求警方前往現場查看情況。但在現實世界裡，我們沒有足夠的資源以這種方式處理每一通報案電話，必須排出優先順序。這個風險非常大：美國的官方數字顯示，2015 年有 1,670 名孩童死於虐待或疏於照顧。那是個令人怵目驚心的數字，不過，相較於 400 萬通出於關心的報案電話，它所占的比例其實很小。

到底哪些報案需要跟進？哪些可以合理忽略？許多警方與社福單位運用演算法來幫助他們做決定。伊利諾州引進了一套這樣的演算法，叫做「迅速安全回饋」（Rapid Safety Feedback）。它會分析每筆報案資料，與過去的案件比對，產出一個百分比，預測這個孩子死亡或受重傷的風險。

這套做法的結果不太理想。《芝加哥論壇報》報導，這個演算法預測 369 位孩童有百分之百的機率會受重傷或死亡。不論被通報的孩童居住的環境再怎麼險惡，這種程度的確定性似乎也太悲觀了。這個做法也可能產生嚴重的後果：疏於照顧或虐待的指控若只是虛驚一場，可能會為家長和孩童帶來巨大的負面影響。

不過，情況會不會是這個演算法寧可過於謹慎、也不要冒險錯失任何一個拯救孩子的機會，於是誇大了傷害的風險？非也。在某些案件中，演算法預測的傷害風險太低，以致於沒有人跟進處理，結果導致幼兒死亡。到最後，伊利諾州認為這套工具不但沒用，甚至會造成反效果，於是決定不再使用它。[20]

這個故事給我們的教訓，並不是演算法不該被拿來評估保護孩童的報案。事實上，一定要有某個人或是某個工具做出判斷，決定哪些通報案件要跟進處理。錯誤在所難免，原則上，我們沒有理由否認，世上可能出現某個犯錯率可能比報案處理員更低的演算法。[21] 我們學到的教訓是，我們會知道這個演算法的極限，純粹是因為它丟出來的數字顯然太荒謬了。

「演算法給出百分比其實是好事，這可以給我們警訊，使我們意識到這些數字很糟。」統計學家傑爾曼解釋道：「假如演算法只是做出『高風險』、『中度風險』和『低風險』的預測，情況會更糟。」因為問題可能永遠也不會浮現出來。[22]

因此，問題不在於演算法或是巨大的資料集，而在於欠缺審視、透明度與討論。我必須說，解決之道要追溯到很久很久以前。

鍊金術與科學

十七世紀中葉，鍊金術與現代科學開始出現分野。假如我們想要在大數據演算法的世界活得很好，就要記住這個分野。

1648年，偉大的法國數學家巴斯卡（Blaise Pascal）催促他的小舅子進行一個著名的實驗：在法國克萊蒙費朗（Clermont-Ferrand）一個小城的某個修道院花園裡，拿一根裝滿水銀的管子，把開口那端插入一個裝滿水銀的碗，然後讓這根管子直直的倒立在碗裡。管子裡的水銀有一些流到碗裡，但有些還留在管子裡。管內水銀的高度為 711 毫米，管內水銀的上方空間裡有什麼？空氣？真空？還是神祕的以太？[23]

這只是巴斯卡發想實驗的第一階段，但他不是第一個想到這個點子的人。伯提（Gasparo Berti）在羅馬以水做了類似的實驗，不過由於他使用的是水，所以玻璃管的長度需要超過 10 公尺，而那麼長的玻璃管不容易做出來。伽利略的學生托里切利想到使用水銀，如此一來就不需要那麼長的玻璃管。

根據巴斯卡的想法（或許是他的朋友笛卡兒的想法，因為他們兩人都自稱是最初的發想者），他需要在不同的海拔高度重複進行實驗。因此，巴斯卡的小舅子要背著易碎的玻璃管和好幾公斤的水銀，爬到比修道院花園高 1,000 公尺的多姆山頂（Puy de Dome）做實驗，多姆山是位於法國中央的休火山。在多姆山頂測量到的水銀高度不到 711 毫米，只有 627 毫米。在半山腰的水銀高度介於山頂與修道院花園之間。次日，巴斯卡的小舅子到克萊蒙費朗大教堂測量，測到的水銀高度比修道院花園短了 4 毫米。巴斯卡後來發明了我們現在所謂的氣壓計，它同時也是高度計，直接測量大氣壓力，間接測量高度。在 1662 年，也就是十四年之後，波以耳提出了知名的波以耳定律，說明氣壓與氣體體積的關係，它揭示了現代科學知識的快速進展。

然而，這樣的進展其實與古老的鍊金術平行發展。鍊金術士的目標是把卑金屬變成黃金，以及發明長生不老之藥。就我們所知，這兩個目標幾乎不可能實現。*假如鍊金術是以科學

---

* 粒子加速器能夠把卑金屬（base metal）變成黃金，不過代價很高。1980 年，研究者利用和鉛很像的鉍，產出了一些金原子，不過這個做法完全不符合經濟效益。此外，人類至今尚未發現長生不老藥。

方法進行，我們或許可以期待，鍊金術的研究能夠產出大量有參考價值的失敗經驗，並且逐漸演進成現代化學。

但實際情況卻未如此發展，鍊金術並沒有演進為化學。它停滯下來，後來就被科學超前了。有一段時間，鍊金術與科學是平行並存的。這兩者的區別到底是什麼？

我們可以清楚看見，現代科學使用了實驗法，也就是巴斯卡那個任勞任怨的小舅子、托里切利和波以耳等人所使用的方法。但鍊金術也使用實驗法，鍊金術士全都是不屈不撓的實驗家。只不過，他們的實驗產出的資訊沒能推動這個領域有所進展。使用實驗法無法解釋為何化學興起，而鍊金術卻衰微消失。

或許是因為人的因素？或許波以耳、牛頓這些早期的偉大科學家，比鍊金術士頭腦更靈光、更有智慧、更有創造力？這個解釋極缺乏說服力，因為十七世紀最有名的鍊金術士就是波以耳和牛頓，他們對鍊金術非常熱中。所幸，他們對鍊金術的熱愛，沒有妨礙他們對現代科學的重大貢獻。[24]

其實，鍊金術士也想使用實驗法來了解周遭的世界。科學史作家伍頓（David Wootton）表示，鍊金術與科學實驗的差別在於鍊金術是祕密進行的，而科學仰賴公開辯論。1640 年代後期，有一小群散布在法國各地的實驗家（包括巴斯卡在內），同時對真空的概念進行實驗。從托里切利在 1643 年的實驗，到 1662 年波以耳定律被提出之間，至少有 100 人進行這方面的實驗。伍頓說：「這 100 個人是世上第一個散居各地的實驗科學家社群。」[25]

梅森（Marin Mersenne）是這個知識網絡的核心人物，他是一位修道士兼數學家，同時熱中於促成科學合作與公開競爭。梅森與巴斯卡和笛卡兒，以及與伽利略和霍布斯（Thomas Hobbes）等思想家都是好朋友。梅森會將他收到的信抄寫複本讓其他同好傳閱。他的往返書信豐富多產，甚至被人稱為「歐洲的郵筒」。[26]

梅森於 1648 年過世，多姆山的實驗在他死後三週進行。儘管如此，他對科學合作的想法，被 1660 年在倫敦成立的皇家學會，以及 1666 年成立的法國科學院（French Academy of Sciences）傳承下來。這種新的做法有一個普遍被接受的優點，那就是「再現性」，我們在第五章曾經提到，再現性是我們檢驗實驗有沒有造假與錯誤的重要方法。多姆山實驗可以在任何一座山丘、甚至是有一定高度的建築物重現。巴斯卡寫道：「任何一個感到好奇的人，都能在任何時候親自測試。」有不少人真的這麼做了。

就在大家透過書信、出版物以及梅森家裡的集會，對於真空、氣體和水銀管等概念熱烈的進行辯論之際，鍊金術的實驗也在暗地裡默默進行。原因不難理解：假如所有人都知道怎麼把鉛變成黃金，鍊金術就失去價值了。因此，沒有任何一個鍊金術士想把自己的失敗經驗與他人分享。

祕密具有一種自我存續的特性。鍊金術能夠存在那麼久，以及波以耳和牛頓這些聰明絕頂的學者竟然把鍊金術當一回事，是因為當時的人普遍認為鍊金術的問題都被前人解決了，只不過失傳而已。牛頓說過一句名言：「如果我看得比其他人遠，是因為我站在巨人的肩膀上。」這是針對科學研究說的。身為鍊金術士的他，沒有人的肩膀可以站，他能看見的東西也不多。

波以耳曾經想要出版他發現的結果，以及與其他鍊金術士交流的心得，但牛頓阻止了他，並提醒他要「保持緘默」。開放的科學社群取得了快速的進展，但鍊金術在一個世代之內就不再有人相信它。伍頓簡單扼要的說：

> 扼殺鍊金術的，是科學實驗必須透過出版物公開發表，把實驗內容清楚呈現出來，也必須重複進行實驗，最好在獨立見證人面前進行，但鍊金術士追求的是祕密的學問……某些學問可以被……新出現的化學取代，但大多數因為難以理解與無法再現而遭拋棄。小眾知識由一種新型態的知識取代，出版以及公開或半公開的示範，是這種新型態知識的要素。[27]

鍊金術與蒐集巨大的資料集並開發模式辨識演算法有所不同。其中一個理由是，鍊金術是無法成功的事，但從大數據得到洞察是可行的事。然而我們應該可以清楚看出兩者的相似性。Google 與塔吉特不想把它們的資料集與演算法和別人分享，如同牛頓不想把他的鍊金實驗結果告訴別人。Google 與塔吉特有時候是基於法律或道德考量（假如不想讓別人知道自己懷孕了，當然不希望塔吉特把購買葉酸的事公開出來），但更顯然的原因是商業考量。亞馬遜、蘋果、臉書、Google與微軟所掌握的大數據，裡面蘊藏著寶貝，假如他們把產出寶貝的知識與別人分享，那個寶貝的價值就會大幅降低。

如同這個時代最聰明的思想家若是關起門來想事情，一定無法進步，以保密的演算法來運算保密的資料，可能會使我們失去改進的機會。當然，塔吉特若是錯失鎖定對象寄送連褲衣折價券的有效方法，我們可能一點也不在乎。但是當演算法導致好老師被解雇，指示社福單位提供服務給錯誤的對象，或是把讀過女子大學的求職者降低排行，我們就要仔細審視這些演算法了。

但要怎麼做呢？

演算法有種族歧視？

安格溫（Julia Angwin）領導一群記者組成調查團隊ProPublica，為我們示範了其中一種方法。安格溫的團隊想要審視一個被廣泛使用的演算法，叫做「替代性懲罰罪犯矯正管理分析」（Correctional Offender Management Profiling for Alternative Sanctions, COMPAS）。COMPAS使用一個有137道題目的問卷，來評估罪犯出獄後再度犯罪的風險。這個方法有用嗎？公平嗎？

我們很難知道答案。COMPAS 屬於一家私人公司 Equivant（前身是 Northpointe），它沒有義務公開它的運算原理。因此安格溫與她的團隊必須費勁的根據從佛羅里達州布勞沃德郡（Broward County）得到的資料進行分析。佛州是個強力支持法律透明化的州。

ProPublica 團隊的分析是這樣進行的：

> 根據公共紀錄的相關規定，ProPublica 透過佛羅里達州布勞沃德郡警長辦公室，取得了兩年的 COMPAS 計分資料。我們得到了從 2013 年到 2014 年，18,610 位受刑人的分數……每位候審被告至少有三個 COMPAS 分數：「再犯風險」、「暴力風險」與「不到案風險」。這個分數從一分到十分，十分代表風險最高。一到四分被 COMPAS 標記為「低風險」；五到七分為「中風險」；八到十分為「高風險」。我們根據 COMPAS 分數的資料庫，建立每個人的犯罪歷史檔案，包括接受 COMPAS 評估之前與之後的犯罪紀錄。我們從布勞沃德郡政府的官網，蒐集了 2016 年 4 月 1 日之前的所有公開犯罪紀錄。平均來說，我們的資料集內所有的被告被監禁不超過622.87 天（標準差：329.19 天）。我們根據罪犯的姓、名與出生日期，把犯罪紀錄與 COMPAS 分數比對……我們從布勞沃德郡政府的官網下載了大約 8 萬筆犯罪紀錄。[28]

這是一件耗時費工的工作。

最後，ProPublica 公布了他們的結論。COMPAS 演算法雖然沒有以罪犯的種族做為預測因子，但它的預測結果依然呈現了種族上的差異。它對黑人罪犯的預測傾向於得到偽陽性的結果（預測他們會再犯罪，但事實上，那些人並沒有再犯罪），而對白人罪犯的預測出現偽陰性的結果（預測他們不會再犯罪，但那些人後來又犯罪了）。

這樣的結果令人憂心：如果人類有種族歧視，會被我們視為不道德且違法的事；如果演算法有種族歧視，我們也不該容忍。

但是後來有四位學者：柯比戴維斯（Sam Corbett-Davies）、皮爾森（Emma Pierson）、費勒（Avi Feller）、戈爾（Sharad Goel）指出，種族歧視的情況並不是那麼明確。[29] 他們使用 ProPublica 費心蒐集的資料向我們指出，根據另一個重要的指標，COMPAS 演算法是公平的：當演算法給兩個罪犯（一個是白人，另一個是黑人）同樣的風險預測值，這兩個人實際的再犯率是相同的。在這個重要的面向，演算法沒有膚色上的歧視。

此外，這些學者表示，要演算法在這兩方面同時展現公平性，是不可能的事。我們可以創造一種對所有種族給予同樣程度偽陽性預測的演算法，也可以創造一種對所有種族的風險預測值符合其再犯率的演算法，但我們不可能得到一種兩者兼顧的演算法，因為在技術上辦不到。

若要打造一種對不同群體都產生公平結果的演算法（不論

是根據年齡、性別、種族、髮色、身高或任何其他標準來分類），除非這些群體都有相同的行為，或以相同的方式對待。只要他們以不同的方式生活在世界上，演算法就無法避免的會違反至少一項公平原則。不論我們是否把年齡、性別、種族、髮色或身高等資料輸入演算法，都是如此。就算倚靠人類來做判斷也是如此；這是算術的特性與限制。

對於 COMPAS 的預測結果是否有種族偏誤的辯論，德雷索（Julia Dressel）與法瑞德（Hany Farid）這兩位電腦科學家認為大家遺漏了一件事。「這個對話有個潛藏的基本假設，那就是認為演算法的預測結果一定比人類的預測更好。」德雷索對科普作家艾德·楊（Ed Yong）如此說道：「但我找不到任何一個可以證明這一點的研究。」[30]

拜 ProPublica 的努力所賜，德雷索與法瑞德能利用前人的成果來研究這個問題。雖然 COMPAS 並未公開資料，ProPublica 所發表的結果已經多到能夠以其他衡量標準來進行有意義的檢驗。其中一個方法是個簡單的數學模型，只涉及兩個變因：罪犯的年齡與犯案次數。德雷索與法瑞德表示，這個只有兩個變因的模型，和使用 137 個變因的 COMPAS 模型一樣精準。德雷索與法瑞德也將一般人（非專家）的判斷結果，與 COMPAS 的預測比對。德雷索與法瑞德把關於罪犯的七項資訊提供給一群普通人，請他們預測這些罪犯是否會在兩年內再犯罪。某些非專家的普通人做出的預測，比 COMPAS 的演算法更精準。

這個結果令人震驚。法瑞德表示，若我們告訴一位法官，有個數據驅動的演算法把某個人標定為「高風險」，法官可能會相當重視這個資訊，但若我們告訴法官：「我在網路上隨便找了二十個人，問他們這個罪犯會不會再犯罪，他們說會。」法官可能不會把這個說法當一回事。[31]

我們若要求 COMPAS 勝過網路上隨便找的二十個人，這樣的要求會太高嗎？應該不會，而 COMPAS 確實輸了。[32]

在 ProPublica 公布他們對 COMPAS 的研究結果，讓其他研究者得以進行分析與討論之後，我們就不難看出 COMPAS 演算法的限制。將演算原則與資料集保密，是鍊金術士的心態；把演算原則和資料集與所有人分享，供大家分析與辯論、甚至是改進，則是科學家的心態。

「資訊公開」的重要性

當我們聽立場中立的傳統政治人物說話，或是閱讀媒體上的評論，往往會產生一個想法：「世人的信任感正在下滑」或是「我們需要重建信任感」。歐妮爾（Onora O'Neill）女爵是這個主題的權威，她認為這種焦慮反映出一種鬆散草率的思維。她主張，我們不隨便信任別人，也不該隨便信任別人：我們信任某些人或某些機構所做的特定事情。（舉例來說：我有個朋友，我絕對不會請他幫我寄信，但我樂於把我的孩子託給他照顧。）信任這件事不該一視同仁：理想上，我們應該相信值得信賴的人，不相信無能或不好的人。[33]

演算法和人一樣。一般而言，我們不能一視同仁的認為它值得信賴或不值得信賴。同樣的，我們也不該問：「我們該信任演算法嗎？」而是要問：「哪一個演算法可以相信，我們該讓它處理什麼事？」

歐妮爾主張，假如我們想要證明自己值得信賴，我們做決定的基礎就要「資訊公開」。她提出一個檢查表，涵蓋了資訊公開的決策應該具備的四個屬性。資訊應該**易於取得**：那表示資訊不該被深藏在某個祕密的資料保管庫裡。決策應該**易於理解**：能夠以直白的言語解釋清楚。資訊應該是**可用的**：一個方法是，把資料以標準數位格式提供給大眾。決策應該是**可評估的**：這代表任何一個有時間、有專業知識的人，都可以取得詳細的資料，對任何一個主張或決策進行嚴格的檢驗。

當某個演算法做出的決定可以改變人的一生（例如：是否釋放受刑人，是否處理某個兒童虐待的通報），以歐妮爾的原則來檢驗它似乎是個合理的做法。我們應該要開放機會，讓獨立專家能夠了解內情，檢視電腦是如何做決定的。舉例來說，若我們的法律禁止種族、性徵、性別方面的歧視，我們就要確保演算法也符合與人類相同的標準。至少，那意味著演算法必須能夠在法庭上接受審視。

《大數據的傲慢與偏見》的作者歐尼爾則主張，資料科學家應該和醫生一樣，組織一個職業協會，制定職業倫理守則。此舉至少可以為吹哨者提供發聲管道，「如此一來，當我們的雇主（例如臉書）要求我們去做一些事，但我們懷疑那件事是不道德的，或是不符合公司和員工雙方都認同的究責標準時，我們才有投訴的管道。」[34]

演算法還有一點和醫學相似，那就是重要的演算法應該要運用隨機對照試驗加以檢驗。假如某個演算法的設計者宣稱，他的演算法會使不適任的老師被開除，或是建議讓真的犯罪嫌疑人被保釋，我們的反應應該是：「證明給我看。」醫學的歷史告訴我們，聽起來合理的想法，在公平的檢驗之下會顯露其不足之處。演算法並非醫學，所以複製一個類似美國食品藥物管理局的監管機關是沒有用的；我們需要在更短的時間內進行試驗，從不同的觀點來了解這個領域的知情同意（informed consent）長什麼樣子。（臨床試驗要遵守很高的標準，確認民眾同意參與試驗；我們還不太清楚要如何把這些標準應用在評鑑老師或犯罪嫌疑人的演算法。）即便如此，任何人若是對自己的演算法很有信心，就應該樂於以公平嚴謹的試驗來證明其效益。除非演算法能證明它的效益，否則重要的機構（像是學校和法院）就不該大規模使用它。

很顯然，並非所有的演算法都會引起大眾的關切。強迫塔吉特讓其他研究者知道他們如何決定誰會收到寶寶連褲衣折價券，並不能算是符合公眾利益的事。我們需要逐一檢討每種情況。我們想要什麼樣的究責度或透明度，取決於我們想解決什麼問題。

例如：我們可能想知道，YouTube 推薦影片的演算法和

Netflix 推薦影片的演算法有什麼不同。YouTube 裡有很多令人不安的內容，它的推薦引擎因為推薦愈來愈邊緣性與傾向陰謀論的影片而變得惡名昭彰。目前還沒有清楚的證據顯示 YouTube 正在鼓吹激進化，但由於 YouTube 不夠透明，我們很難確定事實是什麼。[35]

Netflix 凸顯的是另一個問題：競爭。它的推薦演算法運用的是一個巨大且不公開的使用者觀影紀錄資料集。亞馬遜也有一個類似且同樣不公開的資料集。假設我是一個年輕創業家，我想出一種很棒的演算法，根據觀眾過去的觀影習慣，預測他們會喜歡哪些影片。我的點子若沒有資料可以進行測試，就可能永遠無法實現。我們沒有特別的理由要擔心亞馬遜和 Netflix 的演算法的運作原則會有問題。但有沒有任何例子，會使我們想要強迫他們公開使用者的觀影紀錄資料集，讓演算法設計者有機會互相競爭，爭相設計出對消費者有利的演算法？

有一個顯而易見的議題是隱私權。你或許認為這個問題很容易解決：只要把姓名移除，資料就匿名了！沒那麼簡單：若資料集的量很巨大，而且與其他的資料集互相對照，往往很容易把使用者 #9618603894 的身分洩漏出來。基於競爭，Netflix 曾經釋出匿名處理過的資料集給研究人員，以便找出更好的推薦演算法。不幸的是，有一位使用者把她在 Netflix 上的影評，以真實姓名張貼在「網路電影資料庫」（Internet Movie Database）的網站上。這篇影評透露出她受到另一位女性的吸引，但她並沒有出櫃的意願。[36] 她以「被出櫃」的理由控告

Netflix，雙方後來以保密條件和解了。

儘管如此，我們還是可以設法向前邁進。其中一個方法是允許經過認證的研究者，透過安全的管道取得資料。另一個方法是釋出「模糊」資料，把個資稍做處理，但仍然能夠對於總體人口得到嚴謹的結論。Google 和臉書這類大公司從他們擁有的資料集取得了巨大的競爭優勢：他們有實力在小型競爭對手一冒出頭的時候就將它消滅，或是利用從甲服務（例如 Google 搜尋引擎）得到的資料，來推廣乙服務（像是 Google 地圖或安卓系統）。假如他們的部分資料能向大眾公開，其他的同業就能從中學習，創造更好的服務，進而挑戰業界的大公司。科學家與社會學家也能從中學到很多東西；一個可能的模式是，要求私人公司在一段時間之後，將他們掌握的「大數據」經過適當的匿名保護處理，然後對外公布。對許多商業應用來說，三年前的資料已經過於陳舊，但對科學研究來說，仍然很有價值。

這種情況其實有前例可循：專利持有人必須公布他們的點子，以確保不侵犯任何人的智慧財產權；或許我們可以和握有大量資料集的私人企業商議，甚至是強制要求，以類似的方式比照辦理。

「大數據」已經為我們的世界帶來革命性的變化，在聽說電腦以我們不懂的方式代替人類做決定的許多事例之後，我們很容易會產生一種疏離感。我認為，我們對這個情況產生關切是合情合理的事。現代數據分析工具能夠帶來奇蹟般的結果，但大數據的可信度通常比不上小數據。小數據的特點是能夠接受審視，而大數據往往被鎖在遙不可及的矽谷資料保管庫裡。用來分析小數據的簡單統計工具通常很容易檢驗，而進行模式辨識的演算法往往顯得很神祕，並且被存在具有商業敏感性的黑盒子裡。

我認為，我們對於正反兩面的反應都要抱持懷疑的態度。當我們有理由關切時，應該要對每種情況逐一討論，提出一些不容易回答的重要問題：是否提供管道讓人取得資料？演算法的表現是否經過嚴謹的評估？（例如：利用隨機試驗，來檢驗人類在演算法的輔助下是否做出了更好的決定。）是否讓獨立專家有機會對演算法進行評估？這些專家的結論是什麼？我們不該單純的認為演算法一定比人類厲害，也不該假定假如演算法的決定有瑕疵，人類的決定就一定沒有錯。

不過，有一種統計方法（至少在大多數富裕國家）值得我們給予更多的信賴。現在讓我們一起來了解它吧。

準則八

別把統計基石視為理所當然

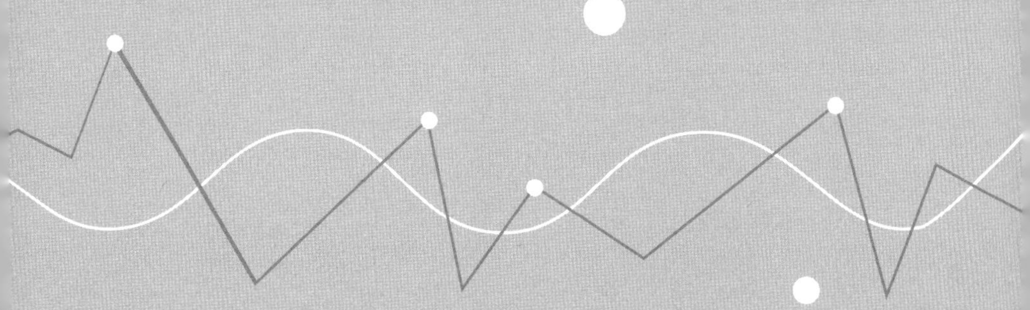

「你的事實根據是什麼？」

「是基於國際貨幣基金組織及聯合國的統計數據，

所以沒有爭議。這些用不著討論。我是對的，你錯了。」

——漢斯·羅斯林[1]

1974 年 10 月 9 日，星期一。地點：華府，在風景如畫的潮汐湖附近，一個離白宮不遠、靜謐、林木茂密的聖地。時間：凌晨兩點。一輛汽車在黑暗中穿梭，車速很快，頭燈沒開。警察把車攔下。這時，一個有著黑眼珠、穿得花枝招展的女人從乘客座側跳下來，以英語和西班牙語大喊大叫，然後躍入水中。警察把她拉上岸，她又跳進去。警察給她戴上手銬。坐在駕駛座上的是個老人，眼鏡破了，臉上有輕微的傷口。這傢伙已醉得一塌糊塗。[2]

或許，這只是華府的另一個夜晚。然而那個女人可不尋常。此女本名是安娜貝爾·巴提斯德拉（Annabelle Battistella），藝名是芬妮·福克斯（Fanne Foxe），銀鞋俱樂部的脫衣舞孃。那個醉醺醺的老頭則是美國最有權勢的人之一：威爾伯·米爾斯（Wilbur Mills），在任近四十年的阿肯色州眾議員，眾議院歲計委員會老主席。他對大多數的法律提案都有否決權。警察對這號人物自然畢恭畢敬，幫他把車開回家，讓他回到妻子身邊。幾個星期後的眾議員選舉，他再度連任。

米爾斯連任不久後再次喝醉，在芬妮·福克斯上臺演出時也躍上舞臺，讓這個舞孃在他頰上輕輕啄了一下，接著從舞臺左側退下。跟脫衣舞孃尋歡作樂，第一次被逮到算是倒楣，再次被逮實在粗心大意。其他眾議員私下跟米爾斯說項，他終於宣布退出歲計委員會，加入匿名戒酒會。芬妮·福克斯從此以「潮汐湖的重磅肉彈」聞名於世，寫了一本全盤托出的回憶錄，然後慢慢的被世人遺忘。[3]

大多數人也許依稀記得這是美國第三大性醜聞。但對吾等過度好學的怪胎而言，這個故事還有另一層意義。那時，國會正為了一個新機構首長的任命陷入僵局，也就是國會預算辦公室。這個機構的職責是對國會兩院的提案預算提供客觀、專業的分析。有個恐龍議員堅決反對任用女性當這個預算辦公室的主任。但是這個議員──米爾斯──辭職之後，人事異動大風吹，間接打破了國會預算辦公室首長任命的僵局。這個預算辦公室正式成立，恐龍到國會山莊的其他地方吃草，里夫林（Alice Rivlin）也就順利走馬上任。每一個有腦筋的人都認為她是最好的人選。四十年後里夫林回憶道：「多虧芬妮·福克斯，我才能上任。」[4]

在這奇異的開端之後，國會預算辦公室在里夫林領導之下表現得非常亮眼。*國會成立的這個部門制衡尼克森總統的濫

＊她後來成為美國經濟學會（American Economic Association）主席、聯準會副主席，以及行政管理和預算辦公室主任。如《華盛頓郵報》所言，她在 1990 年代幫助華府化解其地方財政危機，因此她「救了華盛頓」。有鑑於這麼多重要職務，有一位同事稱她是公共服務領域的「十項全能高手」。

權。國會看到了擁有更好的統計數據有何價值，也對政策問題進行更多分析。而里夫林以一個特殊的角度來詮釋國會預算辦公室的角色：這個辦公室的目的不是給多數黨製造話題，也不是要幫國會委員會的大老做些統計的雜事，而是提供公正、高品質的資料與分析給整個國會。根據一位學者的說法，國會預算辦公室因此成為「華盛頓最有影響力、最受尊敬的機構……是預算和經濟方面訊息的權威。」[5]

里夫林的副手、後來的繼任者賴肖爾（Robert Reischauer）如此形容：

> 國會預算辦公室基本上就像下水道的人孔。國會如果有個法案或什麼的，就會把人孔蓋抬起來，把法案丟下去。接著，你聽到嘎吱嘎吱的研磨聲，二十分鐘後，有人會把一張紙遞上來，上面有成本估計和答案。你看不到人孔蓋底下的運作……這個系統就像下水道一樣，沒有爭議。[6]

這個比喻很貼切，不只是因為下水道是看不到、沒有爭議的。獨立的統計機構就像下水道，是現代生活不可或缺的。然而，這機構正如下水道，被我們認為是理所當然的，直到出了差錯。這機構也像下水道因為受人忽視而受害；或是因為有人自私或愚蠢，把有問題的東西塞給他們。

像國會預算辦公室這類機構提供的官方統計數據和分析，

比我們想像的要來得重要，對一般民眾的日常生活也很有用。但這些數據和分析受到威脅——因此，我們必須加以保護，不該受到酒醉議員和脫衣舞孃的影響。

不為執政者粉飾太平

請記住，國會預算辦公室的成立是為了制衡尼克森總統。但在這個辦公室開始運作之前，尼克森就下臺了。第一個反對國會預算辦公室的總統不是尼克森那樣的共和黨總統，而是民主黨總統卡特。1970 年代末期，由於石油價格飆升，卡特總統積極提升美國能源效率。里夫林帶領的預算辦公室團隊評估卡特的提案，認為這些提案差強人意，沒卡特想的那麼好。

里夫林後來回憶說：「卡特政府因此很不爽。」同為民主黨人的眾議院院長也不爽。「他正在為法案催生，但預算辦公室愛莫能助。」[7]

沒錯，預算辦公室幫不了忙。這就是關鍵所在：里夫林知道預算辦公室的價值在於公正，而非幫執政黨宣傳。不久，換共和黨人執政，他們的偉大計畫也遭到鐵面無私的預算辦公室否決。1981 年，預算辦公室認為預算赤字可能遠遠高於雷根政府的預測。雷根總統則說，他認為預算辦公室的數字「假假的」。

1983 年，里夫林離開執掌八年的預算辦公室。之後不管是民主黨或共和黨執政，他們都不斷的對這個機構施壓。例如：

在 1990 年代，執政的民主黨人希望預算辦公室為柯林頓總統的醫療改革方案美言——但這個辦公室不妥協，繼續堅持其獨立立場。[8] 當然，預算辦公室並不完美，這個機構最主要的任務是預測未來支出與稅收的差距——但如我們將在第十章討論的，這種經濟預測很難，官方機構的預測常常不準。然而，重要的一點是，預算辦公室不會著眼於政治權宜，更不會削足適履般的去迎合執政黨。我們會發現，預算辦公室的預測準確度跟我們期望的相同[9]——更重要的是，沒有偏誤的問題。*

在英國，預算責任辦公室則跟美國的國會預算辦公室扮演類似的角色。英國直至 2010 年才設立這個獨立機構。對支出、稅收和其他經濟變量的預測以前是由財政部負責，而財政部官員則更直接的向政治人物負責。因此，我們得以做一個有趣的比較：英國預算責任辦公室的預測是否比美國的預算辦公室更準確？事實證明，英國預算責任辦公室的預測好得多。[10] 這對英國預算責任辦公室的聲譽及未來的工作是一大鼓舞。但這也顯示一個問題——在 2010 年之前，財政部經濟學家的預測總是要看執政黨的臉色。

英國的預算責任辦公室與美國的國會預算辦公室，不是唯一需要固守其政治獨立性的統計機構。雖然這兩個機構都預測擬議稅收或支出變化的未來影響，其他機構則描述目前的現

---

* 例如：根據兩位學者在 2000 年發表的同儕審查報告，共和黨政府的預測往往過於擔憂高通貨膨脹，而民主黨政府的預測則對失業問題過於悲觀。預算辦公室的預測沒有這種偏誤，整體而言比較準確。

實，包括人口普查，也就是全國各地有多少人口，以及關於這些人口的基本資料。還有經濟統計——通貨膨脹、失業率、經濟成長、貿易及不平等的衡量。又如社會統計——犯罪率、教育、住房取得、遷徙及福利的衡量，以及對特定行業或對環境汙染等問題的研究。

每個國家對於如何彙總這些官方統計數據都有自己的做法。在英國，很多是由一個組織，也就是國家統計局，來編製、發布的。在美國，這項任務則是由許多機構執行，包括經濟分析局、勞工統計局、人口普查局、聯準會、農業部和能源資訊管理局。

這些統計數據和測量有多大的用處？確實非常有用。這些機構產生的數據就是一個國家的統計基石。如果記者、智囊團、學者和事實查核人員想要知道發生什麼事時，他們的分析通常建立在這個基石之上。關於專業、公正的官方統計數據，其製作成本和各種好處，我會在本章後面詳述。但是對其價值最好的論證莫過於看看這些數據如何遭到扭曲、懷疑或壓制。

2016 年川普問鼎白宮時，碰到了一個問題。他的競選團隊想要宣稱美國經濟已千瘡百孔，但官方統計數據顯示當時失業率很低——低於 5%，而且還在下降。關於這點，本來有比較深思熟慮的說法——例如：失業率不能反映工作的品質和穩定性，很多人只求有份工作，勉強接受低薪。但川普只是一再對失業率的數據嗤之以鼻，說那是「假數據」、「完全是虛構的」，甚至宣稱真正的失業率高達 35%。

比起民主選舉候選人，極權獨裁者更容易操弄統計數字，但川普先生顯然認為這是個有效的策略。或許他這麼做是對的，他的支持者吃這一套：他的支持者只有 13% 的人相信聯邦政府提出的經濟數據，而支持希拉蕊・柯林頓的選民，86% 相信聯邦政府提出的數據。[11]

然而，川普先生入主白宮之後，又有不同的主意。根據官方數據，在他上任之後，失業率更低了。現在川普先生不說失業率是騙人的，他想要攬功。他的發言人史派瑟（Sean Spicer）一臉嚴肅的說：「在這之前，我跟總統談過了。他要我一字不差的引用他的話。過去，失業率是假的，現在則再真確不過了。」川普臉皮之厚教人嘆為觀止，但我們不能當成笑話來看，而忽略了真正的危機——自此，川普的反對者也會開始跟他的支持者一樣，不信任官方統計數據了。[12]

如當權者無法操控自己的統計機構，使之端出對官方有利的數據，總是可以轉而攻擊其他國家的統計機構。例如：2015 年德國總理梅克爾決定採取開門政策，讓將近 100 萬難民湧入德國。她接住了這個燙手山芋，自己的政治生涯也出現危機。川普想要美國人引以為戒，因此 2018 年 6 月在推特上發文炮轟：「德國犯罪率大幅上升。」你們看看，接納難民的下場！

還好有一群德國統計學家出面反駁，證明川普在胡說八道。根據他們的最新數據，也就是在川普推文的前一個月，德國犯罪率**並未**「大幅上升」，甚至是 1992 年以來的最低點。[13]

幾個小時後，川普又大言不慚的發了一則推文：「德國犯罪率上升了十幾趴喔（官員想要蓋牌啦）。」[14]

這是無的放矢。一個原因是，在德國負責彙總警方犯罪統計數據的是內政部。內政部長賽霍夫（Horst Seehofer）是移民鷹派，那一年曾威脅說，德國若不緊縮移民政策他就要辭職。因此賽霍夫應該不可能向官員施壓，要他們隱瞞不利於移民的真相。再者，據我們所知，德國政治人物不會干預統計數據。

可悲的是，不是每個國家都如此。在世界各地，很多國家都不得不對統計數據上下其手——統計學家甚至因此遭到迫害，而不是被政壇大老唸幾句就算了。

人身自由遭受威脅

2010 年，在華府的國際貨幣基金組織工作已達二十年的經濟學家耶奧爾耶歐（Andreas Georgiou）離開這個工作崗位，帶著寶貝女兒回到他的祖國希臘。他的任務是擔任新成立的希臘官方統計機構國家統計局（ELSTAT）局長。

在此之前，希臘統計機構很糟，經費短缺且不受重視。2002 年經濟學家蘇巴慈（Paola Subacchi）去舊統計局參觀時，發現該局在雅典市郊的住宅區裡。「統計局在一般店鋪之中。我得在 1950 年代蓋的公寓街區中找尋入口，然後爬上樓梯，走進一個積滿灰塵的房間。裡面只有幾個人。我記得沒看到電腦。那裡實在很不尋常，完全不像一個專業機構。」[15]

耶奧爾耶歐上任時，他要擔心的不只是灰塵和設備落後。當時全世界對希臘官方統計數據已有定論：希臘官方統計數據就像巨大的木馬一樣有詭。歐盟統計局（Eurostat）多次抱怨希臘官方發布的經濟數據粗糙、不可靠；歐盟執委會已發表了一份報告，嚴厲批評希臘官方的統計數據虛偽不實。[16]

根本問題在於，希臘應該控制政府預算赤字。預算赤字是由於政府每年支出過多、稅收不足，因而必須借貸以彌補差額。加入歐元區的國家義務之一，就是必須把赤字保持在國內生產總值的 3% 以下，除非發生例外情況，*否則將受到制裁。（從經濟的角度來看，這個規則並不完全合理——但這個主題不在本書討論的範圍。）由於這個目標相當苛刻，何不調整數字，只要數字好看就沒問題了？有一年，希臘為了支付醫院費用借貸數十億歐元，帳目卻漏了這筆；還有一年竟然漏列一大筆軍事費用。希臘政府更找上高盛，雙方狼狽為奸，透過換匯交易粉飾龐大的預算赤字。[17]

2009 年，在全球金融危機的衝擊下，世人終於了解希臘多年來一直少報借款金額。沒有人相信希臘有能力償還借款。歐盟和國際貨幣基金組織不得不予以紓困，並要求希臘施行嚴厲的撙節政策。結果，希臘的經濟垮了。耶奧爾耶歐就在這個節骨眼登場。也許他無法讓希臘繁榮，至少他可以挽救希臘官方統計數據的聲譽。

＊譯注：例外的情況包括嚴重經濟衰退及重大自然災害。

耶奧爾耶歐的首要任務是研究2009年的赤字，也就是前一年的數據。希臘財政部最初預測預算赤字占國內生產總額的3.7%——雖然很接近目標，但這個數字顯然大有問題。在耶奧爾耶歐上任之前，儘管希臘當局已把數字修正為驚人的13.6%，歐盟統計局仍不相信。耶奧爾耶歐在剛上任那幾個月，就公布了他的結論：預算赤字其實高達15.4%。至少這個數字是合理的，歐盟統計局也相信了。

接著，麻煩接踵而至。首先，希臘國家統計局出現嚴重內訌。警方最後發現，耶奧爾耶歐的電子郵件帳號被他自己的副手駭了。然後，希臘調查經濟犯罪的檢察官以誇大希臘赤字、嚴重損害希臘經濟的罪名將他起訴。各種指控也隨之而來，包括不允許國家統計局的董事會對赤字進行投票。（話說希臘預算赤字多寡竟提付投票表決，聽起來比較像是歐洲電視網的節目，而非歐盟統計局的做法。）這下完了，因為這些「罪行」，耶奧爾耶歐可能被判處無期徒刑。希臘司法體系六次撤銷對耶奧爾耶歐的指控，但希臘最高法院又起訴。耶奧爾耶歐不斷的被定罪、無罪釋放又重新定罪，乃至沒有人知道最後判決會如何。[18] 這種騷擾就像卡夫卡的小說。

當然，或許耶奧爾耶歐真是叛國者。但這似乎不大可能。來自世界各地八十位首席統計學家連署抗議希臘政府迫害耶奧爾耶歐，歐盟統計局也多次為他背書。2018年，他獲得多個專業組織的表揚，包括國際統計協會、美國統計協會及英國皇家統計學會。根據這些組織發布的新聞稿：「他堅毅不拔，逆境求存，展現高超的能力。他致力於促進官方統計數據的品質與可靠性，倡導官方統計數據應不斷改善、真確並具有獨立性。」[19]

在逆境中展現勇氣的統計學家，除了希臘的耶奧爾耶歐，還有阿根廷的貝瓦卡（Graciela Bevacqua）。長久以來，阿根廷一直有高通膨的問題。長達十幾年間，阿根廷由基西納夫婦輪流執政，內斯托爾・基西納（Néstor Kirchner）在 2003 年至 2007 年擔任總統，接著從 2007 年至 2015 年則由其妻克莉絲蒂娜・費南德茲・德・基西納（Cristina Fernández de Kirchner）接棒。這對高舉民粹主義大旗的夫妻認為降通膨太辛苦，不如竄改通膨統計數據。於是，貝瓦卡面臨種種不合理的要求。

例如：上級要她在計算每月通膨數字時取整數就好，略去小數——彷彿阿根廷的電腦沒有小數點。你也許覺得小數微不足道，其實影響很大，因為積少成多，每一次的省略都會使數字更加失真：如每個月通膨率為 1%，一年下來就是 12.7%，每個月若是 1.9%，一年下來就是 25.3%。好笑的是，阿根廷官方對年度通膨率的預測接近第一個數字，而非官方獨立機構的估算比較接近第二個數字。

2007 年初，貝瓦卡提出的通膨率為每月 2.1%，她的主管很不高興。主管不是已告訴她，通膨率要壓低到 1.5% 以下？他們要她休假，等她回來時，把她從國家統計研究所調到圖書館，而且把她的薪水大砍三分之二。不久，她就辭職了。[20]

拔除貝瓦卡這個眼中釘，果然有殺雞儆猴之效——從此，阿根廷官方發布的通膨率都在 10% 以下。雖然在已開發國家這個比率已經很高了，但就阿根廷而言還是低得不合理。根據大多數獨立專家的估算應該接近 25%，貝瓦卡建議一群專家發表非官方物價指數——很快的，政府就以不實廣告的罪名將她定罪，罰款 25 萬美元。

國際觀察家像支持耶奧爾耶歐那樣力挺貝瓦卡。接著，阿根廷成立新政府，看來貝瓦卡會沒事。至於耶奧爾耶歐，他在國家統計局又待了五年，使這個機構改頭換面、獲得前所未有的公信力之後才回到美國。儘管他不大可能入獄，但他的故事對希臘其他統計學家是一大警惕，知道像他那樣盡責、提出真實的統計數據會如何遭到迫害。耶奧爾耶歐告訴《意義》（*Significance*）雜誌：「他們都知道，如果做對的事，依循法律，就可能會有危險——不只是職業生涯岌岌可危，甚至有人身危險。」他又說，從長遠來看，希臘政府亂搞統計數據只會害了自己，同時也破壞了國家的可信度。同時，在希臘危機發生前，不斷壓低赤字的人似乎安然脫身。[21]

儘管耶奧爾耶歐和貝瓦卡不屈不撓、令人敬佩，如果我們認為每一個統計學家都能展現決心或是設法引起大眾的注意，那就太天真了。受人尊敬的統計學家李夫斯里（Denise Lievesley）告訴我，非洲有一個統計學家就受到威脅，如果他不交出總統要他發表的統計數字，他的孩子就會死於非命。李夫斯里不想透露他的身分，原因我們可以理解。[22] 如果他最後還是決定聽總統的話，我們也同樣可以理解。

要破壞官方統計人員的獨立性，還有更巧妙的辦法。2018 年底，坦尚尼亞政府通過了一條法律，明定批評官方統計數字為刑事犯罪，可處以罰金或三年以上有期徒刑。因此，那裡的總統候選人要仿效川普說政府發布的失業率是「假數據」之前，必然會三思。但是監禁任何批評政府統計數字有誤的人，不僅是對言論自由的侮辱，統計數字的錯誤也得不到糾正。坦尚尼亞此舉無疑是為了政治不惜扭曲統計數字，這種做法已受到世界銀行的抨擊。[23]

印度莫迪政府在 2019 年悄悄的取消公布失業數據。莫迪誇下海口要創造很多就業機會，但在那年大選前夕，實際就業率似乎令人尷尬。那年莫迪輕鬆勝選，但他得找個藉口不公布失業數據，等到日後數字漂亮了再公諸於世。一位印度專家向《金融時報》解釋個中原委：「顯然，莫迪政府的目標是模糊焦點。」[24]

即使是好學怪胎最讚揚的國家，政治人物和統計學家之間也會出現嚴重衝突。加拿大的統計機構加拿大統計局，其能力和獨立性一直受到全球各地統計組織的欽佩，但在國內卻不受尊重。首先，2006 年至 2015 年哈珀（Stephen Harper）總理領導的政府想要廢除傳統的人口普查，以自願性質的統計調查取而代之——這麼做比較省錢、省事，但得到的數據將不夠確實。*統計局局長申克（Munir Sheikh）公開表示反對，甚至憤而辭職。[25] 哈珀政府還打算把資訊科技基礎建設轉移到聯邦共享服務部。下一任總理杜魯道（Justin Trudeau）強行推動這個計畫，**新的**統計局局長史密斯（Wayne Smith）也辭職了。史密斯論道，如果他管轄的數據和計算能力要轉移到另一個組織，他將無法保證他所蒐集的統計數據機密性能受到妥善保護。再者，加拿大統計人員可能受到高官的壓榨或施壓，他也不能保證共享服務部裡的統計人員能保持獨立。

可以說，這些事件反倒強化加拿大統計局獨立自主的聲譽。然而，如果政治光譜的一端對統計人員懷有敵意，另一端則站在他們那邊，統計本身就成了政治派系鬥爭的問題。因此，也許我們該慶幸上述兩位統計局局長各自在不同的政府之下辭職以示抗議。[26]

「統計」能帶來多少價值？

波多黎各政府對難纏的統計學家反應更激烈：在 2017 年 9 月，超級颶風瑪麗亞直撲波多黎各之後不久，政府就想解散波多黎各統計機構 PRIS。表面上的理由是 PRIS 花太多錢，解散後原來百萬美元的預算能有更好的用途。

這也許不是真正的理由。你可能還記得，在颶風過後，川

* 譯注：統計學家認為，自願性的填表會損害人口普查的完整性，貧窮社區、原住民社區、新移民及少數族裔社區的填表率低，因此用於計畫醫療健康、教育及交通等需要的數據將不夠精準，從而影響政府決策。

普總統盛讚波多黎各與華府聯手救災之功，說道這次風災死亡人數極少——只有 16 或 17 人，真是不幸中的大幸，相形之下，十二年前卡崔娜颶風襲擊紐奧良，死了超過 1,800 人，那才是「真正的悲劇」。雖然川普喜歡油嘴滑舌，但是他說的與當時官方公布的死亡人數一致——後來公布的死亡人數略有增加，不過只是剛好超過 50 人。這個數字還是低得讓人起疑。許多獨立研究人員試圖自行估算，不只是當時在風暴中喪生者，還包括因醫療量能緊繃、得不到救治而死亡的人，或是因為道路中斷或停電無法獲得援助、不幸死亡的人。桑鐸斯（Alexis Santos）就是其中一個研究人員。他是賓州州立大學的人口統計學家，他母親是波多黎各人，也是那場颶風的災民。桑鐸斯教授估計，瑪麗亞颶風直接或間接奪走了大約 1,000 人的性命。這在波多黎各是大新聞。後來公布的死亡人數甚至不斷上修。

這些估計數字都是基於波多黎各統計局的人口數據。同時，波多黎各統計局為了取得更準確、及時的死亡人數，還控告波多黎各衛生部。[27] 此次死亡人數落差爭議讓政府很難堪，也難怪政府威脅要解散統計局。

儘管如此，我們還是要看看官方的表面理由：給波多黎各統計局百萬美元的預算真的是浪費嗎？官方統計數據究竟價值多少的確是個好問題，然而很少人試著量化統計機構的價值。

英國在 2011 年人口普查之前曾進行一項成本效益分析。這項分析列出人口普查的一長串好處，例如為退休金政策的辯論提供資料、確保學校和醫院設立在正確的區域，以及使各種統計數據得以計算等。畢竟，除非你知道人口總數，否則無法提出任何「人均」統計數據——從犯罪到未成年懷孕、收入、失業率等。

分析家認為：「統計數字本身不能帶來好處。統計數字的妥善運用，從而讓政府、公司、慈善機構和個人做出更好、更快的決策，統計數字才能帶來好處。」[28] 這聽起來很有道理，而且已有一些令人驚訝的例子。例如：倫敦市警局利用人口普查找出老年居民多的街道，在這些地方加強防範，以免詐騙者和竊賊對當地弱勢群體下手。從公衛宣導活動到核災變計畫，都必須先調查清楚人民的居住地。

令人失望的是，分析成本效益的專家聳聳肩表示，儘管人口普查顯然是有用的，但價值無法估算。不過，他們還是發現有些益處可以量化，每年的效益約相當 5 億英鎊——每個英國居民平均不到 10 英鎊。由於人口普查的成本不到 5 億英鎊，而且可用十年，保守估計回收效益約為 10 倍。

紐西蘭的專家也曾估算官方統計數據的效益總值。紐西蘭政府花費 2 億紐幣（約 1 億英鎊）進行人口普查，發現效益至少達 10 億紐幣——約是成本的 5 倍。這項研究發現，人口普查數據的更新——如誰住在哪裡——醫院和道路等公共預算的分配則會更加準確，也能產生更合理的政策。[29] 又如在波多黎各，研究人員指出，該國統計局引進新的系統，可防範居民在繳交醫療保險金時遭到詐欺，就能發揮統計的效益。[30]

然而，關於統計數據的效益，也許最有力的證據是比起數據之於決策的價值，蒐集數據的成本實在很低。以美國國會預算辦公室為例，該機構就 4 兆美元的聯邦年度預算向國會提出建議，而預算辦公室自己的年度預算為 5,000 萬美元。換句話說，美國政府每支出 8 萬美元，只花 1 美元資助國會預算辦公室，就可以了解其他 79,999 美元該怎麼運用。[31] 就政府預算而言，每 1 美元只要給國會預算辦公室 0.00125 美分，就能增進決策效率，豈不是太划算了？

同樣的，波多黎各統計局的經費約 100 萬美元，其政府整體支出則將近 100 億美元，後者是前者的 1 萬倍。英國國家統計局每年經費大約是 2.5 億英鎊——英國政府每花費 3,000 英鎊，運用在統計局的錢還不到 1 英鎊。美國有十三個主要的統計機構，聯邦政府每花費 2,000 美元，運用在這些統計機構的錢則只有 1 美元。[32] 如果獨立的統計機構認真蒐集數據，就能改善政府決策，哪怕只能改善一丁點，依然值得投入一小部分的公共經費。

數據會成為政府的壓迫工具嗎？

如果沒有統計數據，政府只能在無知中摸索。不過，有人會這樣反駁：如果政府無能，只會濫用數據，讓政府掌握更多數據不是挺危險的？

郭伯偉爵士（Sir John Cowperthwaite）就是抱持這種觀點

的代表人物。郭伯偉是英國殖民地官員，在1960年代出任香港財政司司長。那時，仍在英國控制之下的香港經濟火熱、成長飛快。但成長速率到底有多快，實在難說，因為郭伯偉拒絕蒐集香港經濟基本訊息。後來榮獲諾貝爾經濟學獎的經濟學家傅利曼（Milton Friedman）在那時跟他見面，問他為什麼。「郭伯偉解釋說，公務員要求他提供香港經濟統計數據，他拒絕了，因為他相信一旦公布這些數據，政府就會想要干預經濟，因而形成壓力。」[33]

香港的快速發展部分是因為中國移民的湧入。共產黨統治下的中國因饑荒肆虐，人民不得不出走以尋求生路。但郭伯偉和傅利曼同時相信，香港的繁榮也得益於自由放任的政策。郭伯偉採取低稅政策，提供很少的公共服務。他論道，就解決人民的問題而言，私營部門要比國家更快、更有效率。蒐集數據只會鼓勵英國政府從中干預。因此，郭伯偉認為，倫敦的政治人物做得愈少愈好——知道得愈少，也就比較不會干預。

同樣的，斯科特（James C. Scott）也在《國家的視角》（*Seeing Like a State*）這本權威之作指出，國家蒐集的統計數據往往有缺漏，漏掉重要的地方細節。試想，在東南亞有一個農村社區，當地有塊土地的使用方式非常複雜。每一戶人家都有若干在這塊土地耕種的權利，使用比例與家中健全成員的數目大致相當。在每次收割後，這塊土地就成了人人皆能放牧的公地，村民也能在此撿拾柴薪，但是麵包師傅和鐵匠能撿拾較多。一天，政府土地登記處的測量員來到這裡，問道：「這塊土地是誰的？」嗯，這就很難回答了。

錯誤是一回事，從有缺陷的視角來看世界又是另一回事。斯科特論道，由於國家力量強大，對這個世界的錯覺往往會以具體的方式呈現，因此會產生立意良善但笨拙且具有壓迫性的現代主義計畫，不了解地方，壓抑地方的自治。[34] 也許上述政府土地測量員束手無策，無法了解當地土地的狀況，只好這麼登記：該土地屬於地方政府。幾年後，村民赫然發現，那塊土地竟成了生產棕櫚油的棕櫚樹園。

我們可以進一步論道：政府可能不懷好意，才會發生這樣的災難，因此我們得好好思索該讓政府擁有多少數據。要是希特勒、毛澤東和史達林對自己的社會了解得少一點，不是更好嗎？他們的危害可能因此減少嗎？擔心政府對人民了解愈多，愈會控制人民，這種憂慮是否合理？

這種說法似乎很有道理，但我不相信。從實行共產制度的東德到現代中國，對大規模監控和人口控制感興趣的政府，其做法與現代民主國家的獨立統計機構大異其趣，蒐集的資料也大不相同。歷史告訴我們，獨裁者往往對蒐集可靠的統計數據興趣缺缺，或者沒有蒐集這些數據的能力。

請想想 1950 年代末期，共產中國實行大躍進因而爆發餓殍遍野的大饑荒，人民以樹皮、鳥糞、老鼠肉果腹，結果 2,000 萬至 4,000 萬人因此死亡。由於沒有準確的農業生產數據可供參考，這場災難變得更加悲慘。官方才開始公布死亡人數的統計數字沒多久，這些數據全都看不到了。[35]

同樣的，蘇聯本來要公布1937年人口普查的結果，由於人口總數比史達林之前宣布的數目來得少，史達林於是禁止公布結果。這種矛盾本身就是恥辱，也凸顯史達林的暴虐直接或間接造成數百萬人死亡。精確計算蘇聯人口總數的下場為何？負責人口普查的統計學家克維特金（Olimpiy Kvitkin）遭到逮捕、槍決。他的幾個同事也遭遇同樣的命運。[36] 顯然，極權領導者並未把正確統計資料當成必要的壓迫工具。[37]

納粹德國常利用數據支持國家機器。德意志帝國就曾使用打卡機——當時的最新技術——來追蹤全國人口總數。英國歷史學家圖澤（Adam Tooze）在《統計與德意志：現代經濟知識的建立》（*Statistics and the German State, 1900–1945: The Making of Modern Economic Knowledge*）一書論道，在納粹統治下，統計標準已經崩壞：「沒有一個可行的系統。」[38] 官方統計的傳統——隱私、保密和獨立——與納粹做法格格不入，因此該系統在政治壓力和派系鬥爭下幾乎瓦解。

綜合以上所述，我很贊同斯科特的論點（我曾在《亂，但是更好》一書詳細討論斯科特的想法），我也不反對郭伯偉的說法。國家應該謙虛。官僚應該承認自己的知識是有局限的。你以為以「鳥之眼」俯視，什麼都看在眼裡，以為自己無所不能，其實這只是錯覺。

半個世紀前，郭伯偉刻意不提供訊息給英國政府的策略似乎可行，但香港情況特殊——此地是大英帝國的殖民地，大英帝國雖然已經式微，依然崇尚大政府，英國政府必須從6,000

英里之外干預這個地區。這些都是很不尋常的情況。

然而，只有面對自由、放任的政體，才能採行拒絕蒐集基本統計數據的策略。事實上，受到這種前景吸引的人似乎很少。無論好壞，我們都希望政府採取行動，而要採取行動，就需要資訊。國家蒐集統計數據，在犯罪、教育、基礎建設等方面才能制定更好的政策。

貧窮國家的官方統計機構通常資源不足，很多地方可透過更好的統計數據來改善決策。有一個例子可以說明這個問題。教育提高人民識字率的效果如何？這樣的問題似乎有助於教育政策的制定和教育預算的規劃。因此，世界銀行研究人員研究聯合國教科文組織蒐集的統計數據，發現教育和識字率有驚人的相關性：一個國家如能提供更多年的正規教育給更多人民，人民的識字率就愈高。顯然，教育是有用的！研究人員興奮的公布研究結果。[39]

不幸的是，他們忽略了附屬細則。聯合國教科文組織沒有足夠的資源蒐集所有數據：他們只有 70 名工作人員，而在他們調查範圍的國家有 220 個，且必須蒐集種種數據 —— 成人識字率只是其中之一。（識字率在巴布亞紐幾內亞這樣的地方代表什麼？該地有 400 種語言，有些根本沒有書寫系統。）聯合國教科文組織不得不利用捷徑。他們無法派人到當地調查成人識字率，只能尋找一個替代指標 —— 這是情況不得已之下的權宜之計。因此，他們決定，如果一個人接受的正式教育少於五年，就視為文盲。難怪世界銀行研究者發現教育和識字率之間有如此密切的相關性。

如果像聯合國教科文組織這樣的機構能有更多的資源來蒐集統計數據，就不需要依賴替代指標，研究人員也就知道如何利用教育來提高識字率。貧窮國家的統計基石很不穩固，以國際援助的經費而言，每 300 美元只有 1 美元花在統計工作的資助上。如把統計經費從 1 美元提高到 2 美元，剩下的 298 美元將能發揮更大的效用。[40]

統計是為政府，還是為所有人服務？

郭伯偉對傅利曼所言包含了一個隱含的假設：政府統計數據不只是由政府蒐集，而且是**為**政府蒐集的。只是他的觀點很不尋常：如果政府沒有這些統計數據，應該能做得更好。美國國會預算辦公室設立的宗旨似乎也是為了提供訊息**給國會**。線索就在這辦公室的名稱之中。這種想法可追溯到很久以前。正如美國開國元勛麥迪遜總統（James Madison）在 1790 年所言，政治人物應該願意委託專業人士進行精確的統計調查，「如此一來，他們的論點才能建構在事實之上，而不是個人主張和猜測。」[41]

沒錯，政府應該蒐集統計數據以獲得可供參考的訊息。問題是，統治數據是否應該歸政府所有。政治人物認為他們不只是應該運用統計數據來治理國家，而且這些數據與其他人無關，外部審查則是一種障礙。於是，事實不再是事實，而是變成權貴的工具。

雷納（Derek Rayner）爵士則認為統計數據應該是管理工具。[42] 雷納爵士曾是著名的馬莎百貨（Marks & Spencer）執行長，1980 年首相柴契爾夫人請他負責主持政府的改革任務，稽核英國官方統計數據的蒐集與公布，提高政府效能。雷納爵士欣然應允：他認為統計數字基本上就是訊息管理系統，有助於政府管理的數據可以保留，沒有幫助的數據則可廢棄。此外，關於統計數據的公布應視為平常，讓任何人都能從中學習，也能提出質疑。

雷納爵士的觀點並不正確。好的統計數據不只是為政府規劃者服務：應該對廣大的人群都有價值。在商業領域，企業依靠政府蒐集的數據來計劃自己的生產目標，還有廠房、辦公室和店面的設置地點及其他商業活動。勞工統計局、人口普查局、能源訊息管理局及經濟分析局蒐集的數據，使銀行、房屋仲介公司、保險公司、汽車製造商、建築公司、零售商及其他許多公司得以擬定計畫，在更大的背景之下評估自己的數據。如彭博社、路透社、網路房地產公司 Zillow、尼爾森行銷研究顧問公司、財經數據服務公司 IHS Markit 等數據密集的私營公司營業額高達數十億美元，顯示商業界願意為有用的統計數據支付可觀的費用，但世人比較不了解的是，這些公司的統計資料其實是建立在政府蒐集的數據之上。[43]

這不只是和賺錢有關，而是要確保公民對自己生存的這個世界能取得準確的訊息。政府統計機構通常會免費提供其研究調查結果。有些數據是私人機構不可能蒐集到的，不管花多少錢都無法：以人口普查為例，政府可合法的要求人民回覆，私人機構則無法這麼做。其他數據則可能透過訂閱的方式從私人機構取得，但訂閱價格十分昂貴，一年可能要數萬美元。當然，有些私人公司願意免費提供數據，但這種統計數據說是訊息，其實只是廣告。

公開的統計數據可用來理解、說明緊迫的社會問題。如美國歷史學家、社會學家和民權運動者杜博依斯（W. E. B. Du Bois），就曾在 1900 年的巴黎博覽會，展現了精采的數據視覺化成果。[44] 他的團隊製作了現代主義風格的精美圖表，讓人得以一眼看出當時非裔美國人在美國的情況，呈現人口統計、財富、不平等方面的資料。有些圖表利用的數據來自杜博依斯及其研究團隊在亞特蘭大大學蒐集的資料，但最引人注目的圖表則取材自官方統計資料，如美國人口普查。可見，想要了解這個世界或想要改變這個世界的人皆可利用官方統計數據。

有了可靠的統計數據，人民就可督促政府負起責任，政府也可做出更好的決策。如果政府認為統計數據屬於政治人物，而非人民，政府決策的品質就不會改善，這樣的政府也不會受人尊重。

雷納爵士的想法讓很多統計學家大為震驚。其中一個原因是這種訊息對英國民眾是一大打擊：「這些數字是為了重要人物，不是為了你。」但是，即使人民像雷納爵士一樣相信統計數據只是為了讓重要人物利用，若能公開仍有一個好處，也就是讓人誠實。正如我們在前一章看到的，公眾監督非常重要。這也是科學和魔法之別。一旦統計數據公諸於世，全民皆可查閱、利用，學術人士、政策制定者就能分析、檢驗，甚至任何有一點時間而且能利用電腦的人都能這麼做。錯誤就得以揪出、糾正。

事實上，雷納爵士提議的改革造成這種情況：英國政府為了降低頭條新聞中的失業率，在十年間將失業的定義修改了三十多次。[45] 因此，一般民眾不再認為統計數據和公共利益有關，甚至極度懷疑統計數據的品質。正如川普在競選時對官方發布失業率嗤之以鼻，說那是「騙人的」。當然，如果官方為了宣傳一再修改數據，人民對政府的信任必然會漸漸蒸發。

英國花了二十五年努力改革統計系統，試圖恢復這個系統的聲譽。這是耗時又吃力的事，因為信任很容易就消失，要重建則難上加難。儘管如此，英國國家統計局仍在不斷努力挽回民眾的信賴，已比其他機構，如英格蘭銀行、法院、警察局、行政機關等受信賴，其信賴度更遠遠勝過政治人物和媒體。[46]

雷納爵士認為，政府蒐集的統計數據主要是方便行政官員，不是讓人民看的。幸好在大多數成熟的民主國家，這種觀點已不再流行。然而，仍有領導者偷偷把統計數據當成管理工具。2018 年 6 月 1 日星期五，川普總統在每月就業報告發布前的推文就是一例。

那天早晨7點21分，他在推特上發了條耐人尋味的推文：「期待看到今天早上 8 時 30 分發布的就業數據。」這則好消息讓金融市場蠢蠢欲動，準備把握機會下多單。69 分鐘後，就業報告發布了——驚喜，真是令人驚喜——不但新增非農業就業人口優於市場預期，失業率更降至 3.8%，創十八年來新低。

川普可有未卜先知的神通？當然不是，他只是前一晚就看到了就業數據，決定一早就跟全世界分享這個好消息。

不管在政治或金融領域，官方統計數據都是敏感的訊息——例如：如果最新失業率數據顯示工作機會增加很多，跟工作機會大幅減少相比，金融市場的反應將截然不同。這些數據也會影響政治評論的風向。因此，官方統計數據在計算和查核過程中是機密，到了某個特定時間點才能發布。

在某些國家，包括美國和英國，某些人可以提早看到某些官方統計數據。這就是所謂的「內線消息」（pre-release access）。這是一種有爭議的做法。有人認為，讓政府官員先得知這些消息，他們才能提前準備，思考如何回應記者的問題等。基於這個理由，政治顧問、新聞官員等常被列入可提早得知消息的特權名單。有人為英國內閣辦公室辯護，支持這樣的做法，說新聞官員要是不能得知內線消息，「將會是一場災難……由於沒有任何適當的官方評論，媒體只會亂報。」[47] 這種話真讓人聽不下去。

顯然，政治人物能預先知曉統計數據是件方便的事，如果是好消息，就可大肆宣揚，若數據差強人意，則可預先準備一套說法或是設法轉移注意力。但這麼做是否符合公眾利益，那就不得而知了。為什麼不能讓所有的人，各方陣營的人，同時得知那些數字呢？

（有一個折衷辦法：部會首長可提前 30 分鐘得知統計數據，但必須單獨待在一個房間裡，在不能使用手機的情況下構思如何回應，就像考試一樣。有時官方透露敏感消息給記者，記者也必須按照規定不得提前發布。我們總有因應的辦法。有人告訴我一個故事：有個加拿大統計學家有一次與各國同行聚會時解釋這種做法。會中有一個俄國同行問道：「萬一部會首長想要修改數據呢？」當然啦。）

還有比公平更重要的問題。在英國，有些官員和顧問經常會在失業統計數據公布之前就得到內線消息，市場觀察家注意到一個奇怪的現象：關鍵金融市場價格，如外幣匯率或是政府債券價格，有時會在數據發表前出現劇烈波動。在大多數的情況下，數據令人驚訝——不是比市場預期的好很多，就是糟很多——總是有人會利用出乎意料的結果來套利。

經濟學家庫洛夫（Alexander Kurov）為了研究市場在統計數據發布前 45 分鐘的反應，以英國和瑞典進行系統性的比較。瑞典的經濟狀況和英國差不多，但嚴禁官方統計數據在事前洩漏給任何人。瑞典的政治人物和新聞官員和全國人民在同一時間得知統計數據。庫洛夫發現，瑞典克朗交易者似乎不像英鎊交易者那樣擁有奇特的預知能力。[48]

似乎很有可能，某個事先知道官方數據的人暗中傳遞訊息給在股市交易的朋友，讓他們藉由官方數據套利。不過這無法證明。可能是誰洩漏消息呢？例如能事先獲知失業數據的人共有 118 人，便很難揪出罪魁禍首。（你也許會好奇，為什麼這 118 人必須事先得知，好準備對媒體發布適當的官方說法？其實我也想知道。）

川普的推文本身也許沒有壞處：畢竟，在這條推文出現的那一瞬間，每個人都看得到。事實上，川普可能在無意間做了一件好事。畢竟內線消息可能造成貪腐，甚至數據可能被操弄，川普只是大嘴巴、惹人非議罷了。

這種特權獨享的消息會助長內線交易——或許更嚴重的問題是，這種做法也會腐蝕民眾對官方統計數字的信任。英國新聞官員熱中於保有內線消息的特權，抗議說，如果部會首長無法在數據公布之時立即提出精妙的看法，民眾對統計數據的信任會受到損害。事實上，嚴格禁止內線消息的國家，也是人民對官方數據信心最強的國家。對這樣的結果，英國新聞官員也許會感到訝異，我則一點也不驚訝。

幸好，數據偵探就在我們身邊，會出來打頭陣。英國的皇家統計學會反對讓部會首長等人搶先所有人得知寶貴數據。皇家統計學會表示，為了讓政府官員撰寫新聞稿，必須先讓他們看到數字，這種做法是「有害的，會扭曲數字的辯論，給人政府在控制數據的印象」。我也這麼認為。英國民眾對官方統計數據的信任程度比不上某些國家，也沒達到應有的水準，但仍遠遠高於我們對政治人物的信任。我可以理解為什麼可信賴的統計數據發布之時政治人物總是想參一腳，但人民可不見得希望看到這樣。

令人慶幸的是，自 2019 年 7 月 1 日起，英國決定效法瑞典，禁止事先洩漏官方統計數據。在這個新制度之下，唯一能在統計數據發布前得知確切數字的，只有負責這項工作的統計人員。儘管部會首長和其他所有的人一起得知事實的剎那，也會和所有人一樣驚訝，但我有預感，如此一來，人民才會恢復對官方統計數據的信心。

本章慷慨激昂的為統計學家辯護。他們在政府部門挑起重責大任，有時還得面對選民的冷漠、權貴的干涉以及來自各方的懷疑。

我並非意指任何國家的統計機構都是無可指責的。我們已經看到，阿根廷和希臘官方公布的統計數據是經過美化的、虛偽的；在 1980 年代的英國，政府每幾個月就要調整失業數據；而在加拿大，統計學家被迫辭職，以抗議政治人物的不當決策。有些統計學家甚至得忍受對其家人的死亡威脅；還有一些統計學家公開承認，政府部會首長能隨心所欲的調整統計數據。如果你認為這些問題總能暴露出來，真相總是會獲得勝利，那就太天真了。

即使官方統計數據如我們所希望的那樣，是由專業、獨立的統計機構調查、統計而得，也永遠不會完美。我們關心的一些問題很難衡量，如家庭暴力、逃稅或露宿街頭的遊民。毫無疑問，官方統計人員仍有很多改善的空間，以使自己蒐集的數據更具代表性、更重要、更易與日常生活經驗結合，且完全透明。他們愈能做到這點，就愈值得我們信任。

儘管官方統計數據有種種問題和缺點，仍是我們依賴的數據基石。如果一個國家能挑選一群熟練、專業、獨立的統計學家組成一支團隊，予以尊重、保護，事實終究會水落石出。如果一國的國家統計數據不足，國際社會統計學家就會抱怨。而一位獨立的統計學家受到政治人物的攻擊或威脅，全世界的統計學家社群也會團結、聲援。統計學家能展現極大的勇氣，讓人欽佩。他們的獨立性不是理所當然，也不是能隨意破壞的。

身為公民，我們需要尋求能信賴的統計基石。如果我們想了解一個國家的情況 —— 不管是為了自己做出更好的決定或是讓政府承擔責任 —— 我們總是該從該國的統計機構公布的統計數據和分析開始研究，如英國的國家統計局、歐盟統計局、加拿大統計局、美國的勞工統計局和國會預算辦公室等。

強悍、有獨立思想的統計機構能讓我們變得更聰明。所以，我們要感謝威武不屈的耶奧爾耶歐、貝瓦卡，和已故的里夫林。如果你願意，也可舉杯向脫衣舞孃芬妮・福克斯致敬。

準則九

別忘了，
錯誤的訊息也可能
美得令人目眩神迷

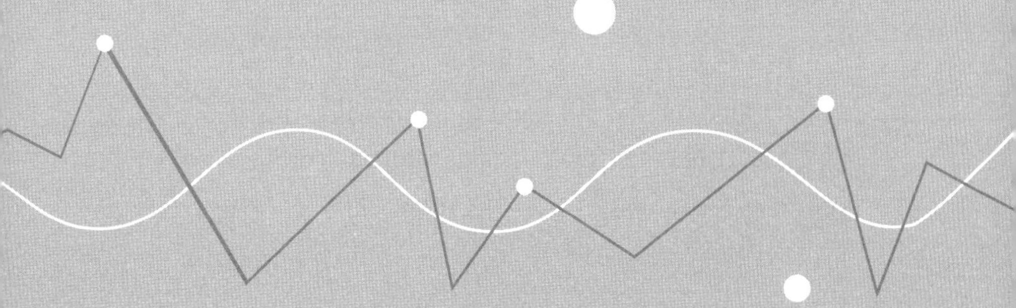

同樣的統計錯誤，我們可能一犯再犯——只是看起來更精美了。

——BBC 第四電臺《數字知多少》節目製作人布拉斯藍德

在維多利亞時代的英國，南丁格爾不需要任何介紹：她是英國的非官方主保聖女，也是在 2002 年之前唯一出現在英國紙幣上的非皇室女性。她的傳奇，今天依然讓人津津樂道。2020 年 3 月，由於疫情嚴峻，英國政府在短短幾天內把倫敦展覽中心改建成備有 4,000 張病床的臨時醫院，並命名為南丁格爾醫院。

在南丁格爾的時代，較能讓人一眼認出的女性只有一人，也就是維多利亞女王。而在克里米亞戰爭期間，南丁格爾深夜提燈在伊斯坦堡的斯庫臺軍營醫院病房巡視。她就像戰場上的女神，得到全國人民的敬仰。根據 1855 年 2 月 8 日《泰晤士報》社論的描述：「她是低調、救死扶傷的天使。她清瘦的身影悄悄的在醫院的每一條長廊上移動。每一個可憐人看到她，臉部線條都因為感激而變得柔和。」

儘管她是人人稱頌的白衣天使，我對她在統計學上的貢獻更感興趣。

南丁格爾是第一位加入皇家統計學會的女性會員。如果她那「清瘦的身影」不在醫院長廊，必然就是在醫院宿舍鑽研仔細彙編的疾病和死亡數據。她從這些數據得到的啟示激發她的雄心，致力於野戰醫院衛生條件和國家的改革。她從克里米亞回來後不久，常參加知識份子雲集的晚宴，有一晚她在席間遇見法爾（William Farr）。法爾比她年長十三歲，出身貧寒，沒有南丁格爾的名氣、前線經驗和政治人脈。但他是全英國最好的統計學家——對她而言，這點才是最重要的。他們一見如故，也成了統計研究的搭檔。南丁格爾的眾多傳記作者之一史莫爾（Hugh Small）指出，她和法爾兩人利用她蒐集的統計數據，使英國人預期壽命得以提高二十年，她的統計圖表拯救了數百萬人的性命。[1]

南丁格爾和法爾在 1861 年春天寫的一封信中提到：「你抱怨你的報告枯燥乏味。其實，愈乏味愈好。統計分析應該是所有文章中最乏味的。」這段文字已成名言。多位傳記作者都認為這出自法爾寫給南丁格爾的信。如此推測是有道理的：一個古板、垂垂老矣的統計學者建議一個年輕、對統計學狂熱的女子別太激動。其實那些傳記作者錯了，這封信是南丁格爾寫給法爾的。*南丁格爾和法爾都在苦思如何利用統計數據溝通

＊為何多個傳記作者都會搞錯，認為這封信是法爾寫的？目前不清楚是誰最先犯了這個錯誤，然而一旦錯了，錯誤就會傳播開來。我為《金融時報》寫的一篇文章也犯了同樣的錯。我第一次出現預感，發覺書信作者可能有誤的時候，是在看法爾的傳記。那本傳記寫道，那封信是南丁格爾寫給法爾的，而非法爾寫給南丁格爾的。於是，我去大英圖書館找那裡的檔案管理員幫忙，才發現這封信是沒有署名的草稿，最後的版本已遺失。草稿是蘇瑟蘭（John Sutherland）博士的筆跡，也就是南丁格爾的研究同仁。蘇瑟蘭博士常幫南丁格爾寫草稿，可能是以聽寫的方式記錄的。所以，這肯定是寫給法爾的信。即使不是南丁格爾口述，也充分反映了她的觀點。編纂南丁格爾作品集的編輯麥唐納（Lynn McDonald）向我解釋說：「也許她自己寫了信，也寄出去了，那封信卻不見了。」（蘇瑟蘭和南丁格爾）兩人看法一致——這是南丁格爾的看法，蘇瑟蘭也是這麼想。（出自筆者與麥唐納在 2019 年 5 月 31 日的電子郵件通訊。）

的問題。南丁格爾認為溝通必須建立於明確、枯燥的事實。她在同一封信上強調：「我們要的是事實。『*Facta, facta facta*』（事實，事實，事實）是所有統計研究應遵循的座右銘。」[2]

但這並不表示溝通本身是枯燥乏味的。南丁格爾善於以鮮活的文字來形容，讓人震懾。例如：她論及在和平時期軍人的死亡率高得離譜，等於是把 1,100 個士兵拖到薩里斯伯里平原槍斃。

更重要的是，她設計的圖像是可視化數據的一個里程碑。她的「玫瑰圖」可說是有史以來第一張資訊圖表。她也許是第一個了解生動的圖表將比數字表格更引人注目的人，特別是能吸引那些忙碌要人的注意。1857 年聖誕節，也就是她在《泰晤士報》封聖後不到三年，她在一封信中勾勒了一個利用可視化數據促成社會改革的計畫。她說，她將把她製作的圖表上色、裱框，掛在陸軍醫療委員會、騎兵衛隊總部和陸軍部的牆上。她寫道：「這是他們不知道，但應該知道的！」她甚至計劃遊說維多利亞女王。她很清楚，漂亮的圖表是必不可少的。南丁格爾送一本她寫的分析書籍給女王時，打趣著說：「她也許會翻開來看看，因為書裡有圖表。」[3]

雖然這是憤世嫉俗、幾乎是輕蔑的說法，但的確是事實。圖表有種特殊的力量。我們的視覺感官很強大，也許太強大了。英文說「I see」（我看），「see」（看）的意思經常等同於「了解」──意指「我了解你的意思」。然而，有時我們看到了，但不了解；更糟的是，我們看到了，之後才「了解」

某一件事根本錯了。如果做得好，一張圖表往往勝過千言萬語。這樣的圖表不只是有說服力，甚至能讓我們看到以前看不到的東西，從混亂中顯露模式。然而，這大抵取決於圖表製作者的意圖，以及讀者的智慧。

本章將探討，如果我們試圖把數字化為圖表會如何。我們將看到會出現什麼問題。我們也將透過南丁格爾的玫瑰圖，了解若以清晰、誠實的方式來呈現，數據視覺化會是多麼強大的力量。

當圖表成為裝飾

今天很多轟炸我們感官的可視化數據充其量只是裝飾，也可能弄巧成拙，分散我們的注意力，甚至給人錯誤、虛假的訊息。可視化數據的裝飾性功能很常見，也許這是因為很多媒體組織的可視化數據團隊隸屬於美術部門。這種團隊的領導人具有的技能和經驗不是和統計相關，他們的特長是插畫和平面設計。[4] 因此重點是視覺化，而非數據。畢竟，那是一張圖。

把數字做為裝飾最令人髮指的例子，莫過於以巨大、醒目的字體隨便呈現一個數字。

36——前一句的字數。

瞧，在密密麻麻的文字當中，這麼一個數字是不是讓版面看起來比較活潑？不過這麼做只是浪費墨水罷了。對了，正確數字應該是34。千萬別讓漂亮的設計分散了你的注意力，因為裡面的數字有可能是錯的。

另一種裝飾法是所謂的「大鴨圖形」。[5]「大鴨」是指紐約附近一棟長達30英尺（我想你應該不會為這個規模感到意外吧）、鴨子造型的建築，是一個鴨農在1930年代建造，用來當販賣鴨子和鴨蛋的店鋪。後來，建築師布朗（Denise Scott Brown）和文杜里（Robert Venturi）以「大鴨」來形容將內容直接表現出來的建築，如狀似巨大草莓的草莓攤子或是像一架大飛機的深圳機場。

訊息設計的先驅者塔夫堤（Edward Tufte）借用「鴨子」一詞來形容圖形的類似傾向：美國太空總署把預算圖表繪製成火箭的形狀；把高等教育圖表畫成一頂學位帽；或是如《時代》雜誌刊登了一張圖形設計師霍姆斯（Nigel Holmes）的圖表，圖中以一個珠光寶氣的貴婦來呈現鑽石的價格——她伸出穿著性感網襪的美腿，上面標示1978年至1982年一克拉美鑽的價格。有時，視覺化的雙關語的確有助於大家閱讀和記憶圖表中的訊息。[6]但是常常手法拙劣，教人笑不出來，或是拚命想要使無聊的數據看起來有趣一點。大鴨圖形不只是單調乏味，甚至可能掩蓋了基本訊息或歪曲原意。*

＊誠然，有時基礎數據以直接的方式繪製時，會像羅夏克墨漬測驗圖上的黑點。例如：若你要製作一張日本失業率與通貨膨脹率的圖表（也就是經濟學家所說的「菲利普曲線」〔Phillips Curve〕），你可能會注意到一點——正如2006年一位經濟學家說的：「日本的菲利普曲線看起來就像日本地圖。」（譯按，此曲線請參看：http://www.econ.yale.edu/smith/econ116a/japan.pdf）

刊登於《時代》雜誌的鑽石價格圖表，以網襪美腿呈現每克拉美鑽歷年來的平均價格。圖中女性的形象和標題「鑽石是女人最好的朋友」，靈感顯然來自瑪麗蓮．夢露的知名電影《紳士愛美人》。

有些圖表令人目眩神迷，與第一次大戰期間軍艦塗的迷彩圖案有異曲同工之妙。這種迷彩是為了預防被潛水艇發射的魚雷擊中。通常迷彩圖案是為了隱蔽在背景之中，但在碧海藍天之下航行的軍艦，船首兩側會激起浪花，艦上還有高聳的煙囪，實在無處可以隱蔽。軍艦的炫目迷彩顛覆了偽裝的目的──非但不求隱蔽，反而力求吸引注意。那交錯分布的線條和無以名之的形狀令人目眩神迷，有如一幅立體派畫作，就連畢卡索也可能宣稱那是他的作品。[7]

炫目迷彩的真正發明者是英國人威爾金森（Norman Wilkinson）。他是個很有魅力的藝術家，在一次大戰開打之初加入皇家海軍預備隊。他後來解釋道：「既然不可能把一艘船塗得讓潛艇看不到，那就反其道而行──換言之，不是利用顏料把船隱蔽起來，而是設法瓦解船的形狀，讓潛艇軍官迷惑，不知船艦要開往何方。」

由於魚雷需要一些時間穿過海水才能擊中目標，在發射魚雷之前，潛艇的潛望鏡操作員必須迅速判斷船艦的速度和方向。操作員透過小小的潛望鏡觀看一艘塗了炫目迷彩的船艦時，他知道他正注視著一艘船，但無法準確瞄準要害──他看到的波浪曲線像是船首兩側的浪花，而那馬賽克般的菱形則像是船首的各個表面。結果，瞭望員很容易誤判船艦的速度、角度、大小，以及潛艇到船艦的距離。他甚至可能看到兩艘，而非一艘，或者把船首看成船尾，結果瞄準的是船尾而非船首。炫目迷彩就是為了讓敵人錯判。

一百多年後的今天，有些資訊圖表就像炫目迷彩，教人看得眼花撩亂。從電視到報紙，從網站到社交媒體，各種圖像包圍著我們、吸引我們的目光，要求我們分享、轉推，也有意無意的誤導我們，使我們做出錯誤判斷。至少，被迷彩船艦吸引的潛望鏡操作員即使不知道自己到底看到什麼，但知道自己在看某種奇特的東西。然而，有很多人看資訊圖表看得目眩神迷，卻沒懷疑有什麼不對。

數學家南丁格爾

回到兩百年前的英國。南丁格爾從小就對數據很有興趣。九歲時，她已開始就自家花園的植物進行分類、繪圖。長大後，她要求父親為她請數學家教。她在晚宴上遇見巴貝奇（Charles Babbage）這樣的數學家和原始計算機的設計者，她也常去巴貝奇的研究夥伴洛弗雷斯伯爵夫人（Ada Lovelace）家中作客，而且與偉大的比利時統計學家凱特勒（Adolphe Quetelet）通信。凱特勒是近代統計學之父，首創以一組數據的「平均值」或「算術平均數」來總結複雜的數據。他論道，統計學不只是可用來分析天文觀測或氣體行為，也可用來分析社會、心理和醫學問題，如自殺、過度肥胖和犯罪的盛行率。巴貝奇和凱特勒後來聯手創辦了皇家統計學會。正如前述，南丁格爾就是這個學會的第一位女性會員。

南丁格爾在三十多歲時，與當代數學先驅為伍，浸淫於數學研究領域——但她的正職則是在倫敦哈雷街一家小醫院擔任護理長。她在醫院服務時，不只整理了簿記和醫院基礎設施的資料，也向歐洲其他醫院發送調查問卷，詢問其管理做法並把結果列表。

1854 年末，她的摯友國防大臣赫伯特（Sidney Herbert）請她帶領志願護理師團隊前往伊斯坦堡，照顧在克里米亞戰爭中受傷的英國官兵。克里米亞戰爭是俄國和英、法等歐洲國家，為了爭奪小亞細亞地區而在克里米亞展開激戰。當時，報紙寫滿戰地醫院的慘況，公眾義憤填膺。南丁格爾以一個大家閨秀身分跑到前線照顧傷兵，這樣的義舉前所未見，讓人感動，也澆熄了公眾的怒火。《泰晤士報》把克里米亞戰爭變成長期連載的災難，裡面有很多角色已為大眾熟知。戰爭落幕時，南丁格爾是唯一獲得大眾支持、擁護的人物，將軍和許多權貴人士則因這場慘絕人寰的悲劇顏面無光。

伊斯坦堡斯庫臺軍營醫院是個死亡陷阱。來自克里米亞前線的數百名傷兵擠在水溝旁，動不動就染上斑疹傷寒、霍亂或痢疾。南丁格爾來到這裡，發現目光所及之處都有老鼠和跳蚤。基本生活用品如床、毛毯都沒有，也沒有可煮的食材、煮食的鍋子，連吃飯的碗也沒有。《泰晤士報》的報導引發公眾的憤怒和批評，南丁格爾也迅速利用該報向讀者募款，並對組織鬆散的英國軍隊施壓，要軍方拿出行動。

醫院紀錄同樣亂七八糟。沒有標準的病歷紀錄，英國軍方醫院的報告一樣漫無條理。這個問題看似微不足道，但南丁格爾知道這可是個大問題。沒有準確的統計數據，就不可能了解為什麼這麼多士兵會死，也不可能找到改善的辦法。甚至連死者人數都沒算清楚，死亡紀錄付之闕如就埋葬了。這一切南丁格爾都看在眼裡，她甚至自願負責寫信給每一個死亡士兵的家屬。她從「鳥之眼」角度及個人經驗了解某些真相只能透過統計學的視角來感知。她試圖將醫院數據標準化，然後分析、解讀。

儘管戰爭早已結束，南丁格爾仍在努力提高醫療統計的標準。她與法爾攜手合作進行的一些計畫看似單調無趣，例如把疾病和死因的描述標準化。法爾負責技術方面，而南丁格爾則為他的想法喉舌，希望更多人採納他的理念。她在 1860 年寫信給國際統計大會（International Statistical Congress），呼籲醫院應該採用法爾的方法，按照統一的標準蒐集統計數據。這不是小題大作：統計數據標準化意味著不同醫院可以互相比較、學習。很多人都忽略了這種統計基礎的建立，但正如本書多次提到，沒有明確的統計紀錄標準，那麼什麼也搞不清楚。數字如果沒有明確的定義，很容易讓人困惑。

南丁格爾也許是個精明幹練的運動人士，但她的主張是建立在最扎實的基礎上。

牽動非理性思考的美麗圖像

基本數據可能不夠穩固，只是以巧妙裝飾引人注目。數據視覺化可能掩蓋事實——就像蛋糕上的糖霜有耀眼的光澤，教人垂涎欲滴，其實蛋糕體已經發霉。

《訊息之美》（*Information is Beautiful*）一書作者麥坎德雷斯（David McCandless）幾年前製作了一部令人難忘的動畫《債務方塊》（*Debtris*）。[8] 這部動畫就是一個好例子。在動畫中，大大小小的方塊在電子音樂中緩緩落下，就像經典電玩俄羅斯方塊。每一個方塊的大小代表其美元價值，例如：「600 億美元：2003 年伊拉克戰爭預估軍費」，接著是「3 兆美元：伊拉克戰爭總花費」、沃爾瑪超市的營收、聯合國預算、金融危機給全世界帶來的損失金額等。以裝飾的角度來看，這樣的圖表看起來很美，音樂也很洗腦，那些大大小小的方塊讓你驚奇，惹你發笑，也讓你生氣。

《債務方塊》讓人看得目不轉睛，同時也讓人更難發現潛在的問題。這等於是把蘋果拿來和橘子比較，拿存量和流量相比，或是以買房的總成本來跟每年租屋的費用相比——這不是無關緊要的混淆，而是相當於把淨計量拿來跟總計量相比，或是把一家公司的利潤拿來跟營業額比較。

在這部動畫中，伊拉克戰爭軍費的預估與戰爭結束後的花費總計差距之大令人咋舌。這根本是不公平的比較。（誠然，若是公平比較**也**可能有很大的差距。）戰前的預估只是一筆軍事預算金額，而戰後數字包含很廣，包括生命的損失、昂貴的油費花費、宏觀經濟不穩定的巨大成本，甚至包括 2008 年金融危機對伊拉克戰爭的影響。這種廣泛的費用估算並非不合理，問題**在於**將其和另一種估算放在一起，而且不加解釋。看起來是純粹的前後對比，其實是狹義的預估與廣泛的事後計算相比，可說是在不同的時間衡量不同的東西。然而，觀看《債務方塊》動畫的人沒人發現這點。

麥坎德雷斯在 2010 年發表《債務方塊》之後，這部動畫很快就成為我心目中最好的警惕之例——這部作品的視覺效果很棒，數據卻是亂七八糟。幾年後，我參加一場會議，有人把我介紹給麥坎雷德斯。我覺得有點尷尬，因為我一直在他背後抱怨他的作品，但我從來沒寫信向他表明我的意見。也許他從未注意別人對他的批評？最後，我不得不跟他坦白。

「大衛，我也許該跟你說，我覺得你的《債務方塊》動畫有問題。」

「我知道。」他答道。

這一刻，真令人侷促不安。但我必須說句公道話，他最新的作品一樣引人注目，但基本數據的處理比較謹慎，如他在〈10 億美元圖〉（The Billion-Pound O'Gram）中以面積圖的方式對比各種支出數據（包括美國的慈善捐款、石油輸出國的收入等），為 10 億美元這一枯燥的數字賦予含義。儘管這張圖表仍有比較的問題，但是做法較為透明化。[9] 此外，我會發現《債務方塊》背後的數據是零散、不一致的，是因為他完全列出引用數據。很多人在製作圖表時不會這麼做。*

因此，訊息是美麗的——但錯誤的訊息也可能美得令人驚豔。而製作美麗的錯誤訊息，已變得比任何時候都要容易。

圖形需要大量的時間和精力來製作、複製。即使是直線、精確的邊緣和顏色，也需要專業製圖技巧和昂貴的印刷方法。塔夫堤曾在 1983 年出版的一本書中探討，加上對角線陰影的黑白圖形會產生一種顫動、令人不安的視覺錯覺。他抱怨說：「這種疊紋震動可能是最常見的圖形雜亂形式。」這種震動在

---

* 譯注：麥坎德雷斯引用的數據，請參見：https://docs.google.com/spreadsheets/d/1IVxMf9kj6L3aSgtKx4YlYkwVWxZ98_sxV2qmhW8gsLs/edit?hl=en_GB&hl=en_GB#gid=2。

當時可能很常見，但在今天卻是聞所未聞，因為我們一律使用顏色，而非對角線陰影。

現在不需要製圖技巧了。各種強大的軟體工具可以馬上把數字化為圖表。但是，任何強大的工具都應該謹慎使用，數字轉化為圖形之快，意味著不需要認真思考基本數據及如何呈現，即可迅速生成令人印象深刻的圖形。

製作漂亮的圖表很容易，分享這些圖表更是輕而易舉。在臉書上按個「讚」或是在推特上轉推，都能使圖像快速傳播。最好以文字或數字表達的想法都變成圖形，因為如此才能很快的在社交媒體上傳播。不幸的是，在這種選擇機制之下，只有漂亮且令人震撼的東西才能流傳出去，成為眾人注目的焦點，相關性和準確性就被忽略了。

布雷特史耐德（Brian Brettschneider）的經驗值得我們參考。他是個對漂亮地圖情有獨鍾的氣象專家。為了慶祝 2018 年感恩節，他製作了一張地圖發布在推特，顯示「各地區最愛的感恩節派」，包括中西部的椰子派、西岸的地瓜派和南部的檸檬派。像我這樣的英國佬對感恩節了解不多，我最喜歡的派是豬肉鹹派，但有人告訴我，在美國人看來，這張地圖上的派似乎錯了。沒有南瓜派？沒有蘋果派？網友在盛怒之下，在推特瘋傳這張地圖。著名的共和黨參議員克魯茲（Ted Cruz）也不以為然，在推特上發文說，檸檬派怎麼會是德州人的最愛？並加上話題標籤：# 假新聞。

參議員說的沒錯。這張地圖是布雷特史耐德惡搞之作。他在開玩笑，模仿網路上瘋傳的那些亂七八糟的地圖。然而，超過 100 萬人看過這張地圖之後，布雷特史耐德開始感到不安。大家是否知道他只是在開玩笑？我們不知道誰明白這是個笑話、誰只是在有點不爽之下把這張地圖分享出去，而哪些人相信這張地圖上的訊息是事實。可以肯定的是，生動的圖片具有病毒般的傳播力量。布雷特史耐德寫道：「我們通常認為地圖擁有準確訊息而給予很高的評價。既然是在地圖上，那一定是正確的，不是嗎？如果我在推特上發布一則笑話，列出各地區最愛的感恩節派，這則笑話大概很快就會被遺忘了。但如果以地圖的形式發布，似乎具有一種真實性。」[10]

的確如此。我和布雷特史耐德唯一的不同點在於，我認為這個問題不限於地圖。任何生動的圖片都有可能在網路上被人瘋傳，無論是真是假，或是半真半假。本書一開始就警告，在我們周遭，所有聲稱為事實的事情，我們都該注意自己對這件事情的情緒反應。圖片會激發我們的想像力和情感，讓人毫不思索的分享。如果我們沒有時間思考，就很容易被迷惑。

南丁格爾的「報復」

斯庫臺軍營醫院就像人間煉獄。南丁格爾後來寫道：「在沒有經驗的人眼裡，醫院建築宏偉。但在我們看來，這裡真是白色墳墓、瘟疫之屋。」[11] 但是，究竟為什麼有這麼多士兵死亡？

從現在的角度來看，衛生條件惡劣應該是明顯的原因：病毒、細菌在骯髒、害蟲叢生的環境中自由傳播。但是，那個時代的人才剛了解疾病是由微生物傳播，必須使用消毒劑來保持清潔，很少醫師聽過這種說法，更別提相信這種主張了。南丁格爾也不例外。她認為斯庫臺的死亡人數高是由於食物和補給品的缺乏，為了解決問題，她在《泰晤士報》呼籲民眾慷慨解囊。

她也要求英國政府派一個團隊來把醫院環境清理乾淨。於是，「衛生委員會」在 1855 年春天由英國來到斯庫臺，粉刷牆壁，運走穢物和動物屍體，清洗水溝。這麼做本來只是希望能改善醫院環境，沒想到死亡率立即從 50% 以上降到 20%。

南丁格爾想了解發生了什麼，以及為什麼。她就像後來的英國流行病學家多爾和希爾，認為如果能仔細的檢查數據，就能找到真相。幸賴她一絲不苟的紀錄，衛生委員會使死亡率遽降的原因終於明朗。

南丁格爾從前線歸來時，維多利亞女王召見了她。南丁格爾說服女王支持皇家委員會調查克里米亞前線官兵健康問題。她還建議讓法爾加入這個委員會，然而法爾出身低下，沒能獲得善待，只能擔任該委員會的無給職顧問。

南丁格爾和法爾的結論是，在克里米亞軍營醫院接受治療的官兵死亡率會那麼高，是惡劣的衛生條件造成的，但是大多數的軍事將領和醫療專業人士都沒有記取這樣的教訓。這個問題甚至要比一場戰爭來得嚴重：這是在軍營醫院、民間醫院及其他地方不斷發生的公共衛生災難。南丁格爾和法爾一起努力改善公共衛生，呼籲政府當局對租屋衛生施行嚴格的法規，並改善全國各地軍營和醫院的環境衛生。*

南丁格爾也許是英國最有名的護理師，但她畢竟是一介女流，要在男性統治的世界裡力挽狂瀾。她必須說服英國公共衛生官員賽門（John Simon）等醫學大老和軍方將領，他們畢生所為都是錯的。賽門醫師在 1858 年寫道，傳染病造成的死亡「事實上是無可避免的」——沒有任何做法可以防範。南丁格爾給自己的任務就是證明他是錯的。

法爾的女兒曾描述她偷聽父親和南丁格爾的對話。瑪麗回憶說，她父親警告南丁格爾，跟當局對抗恐怕會吃不完兜著走。「好吧，如果妳一定要這麼做，妳會成為他們的敵人。」她站起來答道：「就我所見，我可以開槍了。」[12]

南丁格爾寫信給她的摯友國防大臣赫伯特：「每次我被激怒，我就會畫一張新的圖表做為報復。」[13] 統計數據就是她窺視真相的望遠鏡。現在，她需要一張迫使每個人看清真相的統計圖表。

---

* 2020 年 3 月出刊的英國街頭雜誌《大誌》以南丁格爾做為封面人物：「洗手女王萬歲：南丁格爾如何幫助我們對抗新冠病毒？」標題響亮，但要推動公共衛生革命，需要的不只是洗手，還需要統計偵察。病毒提醒我們要洗手，但更重要的是，病毒也告訴我們，要對抗流行病需要盡快蒐集資料，且資料愈完整愈好。南丁格爾在兩百年前已明白這一點。我寧願當她是數據偵探，而不是洗手女王。

圖表呈現的是有用的事實，還是誤導的謊言？

西班牙數據大師凱洛（Alberto Cairo）在《圖表會說謊》（*How Charts Lie*）一書開頭揭示：「好的圖表不只是插圖，更是視覺論證。」[14] 這本書的書名也顯示作者的憂慮。如果好的圖表是視覺論證，那糟糕的圖表也許是一團混亂，令人迷惑——或者壞圖表**也是**視覺論證，卻是為了引誘、欺騙。不管如何，數據組織與呈現能讓人得出某些結論。正如語言論證可能合乎邏輯或訴諸情感、尖銳或模糊、清晰或令人困惑、誠實或會誤導，圖表也一樣。

我該強調，並非所有好的圖表都是視覺論證。有些數據可視化的目的不是為了說服，而是為了探索。當你在處理一個複雜的數據庫，如果將之變成幾個圖表再來研究，就能從中學到很多。如果以正確的方式來繪製，就能立即看出趨勢和模式。例如可視化專家柯薩拉（Robert Kosara）建議將線性數據繪製在螺旋狀的圖形上。如數據有週期性的模式——比方說，每七天或每三個月會重複出現——在傳統圖表中可能會被其他起伏變化掩蓋了，但在螺旋狀的圖表中，便會躍然眼前。

同樣的，數據轉化為圖表時，某些類型的問題會立刻顯現出來。想像一個包含數萬名醫院病人的身高與體重數據集。有些人的身高竟然是 50 或 60 英尺！這種數字必然有誤，應該是按錯鍵造成的。還有幾百人的體重是零，這可能是護理師或醫師在輸入電子表格時沒測量體重，只是按「確認鍵」

（enter），然後跳到下一個格子。如果你要電腦計算平均數或標準差或是手動掃描數據列，這些問題就不會顯現出來。然而，你一看圖表，就可馬上看出問題。

但我們假設你已經研究過數字，現在想把這些數字變成視覺論證。管理顧問和學術研究人員最好在圖表中加上一個標題或說明，讓人注意數據的關鍵特徵，並得出結論。[15]

管理顧問聖經《用圖表說話》（*Say it with Charts*）解釋得很清楚。作者澤拉茲尼（Gene Zelazny）說，首先你必須決定你想利用圖表表達什麼。一旦決定了，就得進行某種比較。接著，你得選擇以某一種圖表來呈現——如散點圖、折線圖、堆疊長條圖或是圓餅圖。*最後，使用圖表標題來強調你要表達的訊息。不要寫「1 至 8 月的合約數量」，改成「合約數量增加了」或「合約數量一直在波動」，看你想要別人注意的是上升的趨勢或是某種趨勢的變化。澤拉茲尼認為，管理顧問該告訴別人怎麼去想。圖表和注釋都是為了輔助你要表達的訊息。

這個逆向做法，也就是從結論開始，然後設想如何包裝數據、支持結論，也許讓人不安。說實在的，很多溝通都是以這種方式進行的。報紙上的文章是以標題開始，內文只是解釋。科學論文也是從摘要開始，摘要的作用和報紙文章標題類似：也就是要告訴你發生了什麼事，以及這件事意味著什麼。一個好的記者在報導時不會一開始就想到結論，一個好的科學家也

＊開玩笑的，不要用圓餅圖。

不會在實驗開始之前就先決定結果。（我不能保證一個好的管理顧問會這樣做。）但是，一旦記者和科學家發現有意思的事情，就會想給讀者或公眾一些提示。圖表設計者也是如此。

有影響力的訊息設計師塔夫堤欣賞既密集又複雜但裝飾和注解極少的圖形。他在《想像訊息》（*Envisioning Information*）一書鄭重告訴讀者：「這些插圖值得仔細研究。這些圖是寶藏，複雜、有趣，而且蘊含很多意義。」認真看，好好想想。對塔夫堤來說，理想的圖形像是邀請讀者坐下來喝杯咖啡，仔細研究細節。他警告：「數據貧乏的設計會讓人起疑——的確——那種設計會讓人懷疑測量和分析品質不佳。」[16]

他也許是對的——然而我們現在應該知道，圖表數據密集並不能保證數據本身是可靠的：一張只有幾個數據點的簡單圖表可能正確無誤，而一張複雜的圖表可能充斥著一堆不良數據。

即使數據是可靠的，詳細到必須要來杯咖啡、仔細研究的圖表也可能是有說服力，但不見得能提供有用的訊息。一個令人印象深刻的例子是《紐約客》網站在 2013 年發布的有關紐約市各區貧富差距的圖表。這份由布坎南（Larry Buchanan）設計的訊息圖表建立在紐約地鐵圖之上。任意點選一條地鐵線，就可看到沿線各街區市民收入中位數的變化。這圖表令人聯想到數據可視化：收入的起起伏伏就像地鐵路線。布坎南的圖表仔細複製了紐約地鐵圖獨特的設計元素。*[17]

＊譯注：布坎南的圖表，請參見：https://projects.newyorker.com/story/subway/。

這張訊息圖表具有說服力，因為此圖邀請我們進行比較，想像數據背後的人：我們觀察某一條路線，地鐵穿過不同的社區，發現各區市民的收入高低有別。我們很驚訝，一段短暫的地鐵旅程竟包含如此巨大的貧富差距。我們想像在那人擠人的地鐵車廂，富人和窮人擠在一起，在某些方面如此相似，又如此不同。這樣的訊息圖表讓人震撼。

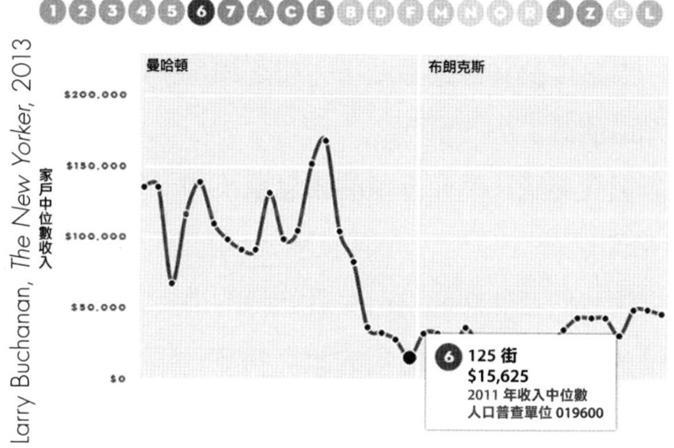

Larry Buchanan, *The New Yorker*, 2013

但這圖表有多少**有用的**訊息？恐怕不多。我們隨意點選，發現圖表上的資訊都是我們早就知道的。我們很難把一條地鐵線和另一條進行比較，而且除了最明顯的模式，其他什麼也看不出來。

我們閱讀這張資訊圖表所附的短文，就會發現這一點。那篇短文包含許多不易從圖表本身發現的事實。在紐約地鐵沿線的人口普查單位，家戶收入中位數最高為 205,192 美元，最低為 12,288 美元。那篇文章告訴我們，貧富差距最大和最小的地鐵線各是哪一條，以及任兩個地鐵站的最大差距。但我們不知道這些訊息有什麼用處。那篇文章還指出，曼哈頓收入不平等的問題和非洲的賴索托或納米比亞類似。這很糟嗎？聽起來很糟。如果你手中剛好有一張地球上世界各國收入不平等的紀錄列表，也許會覺得曼哈頓的情況**很**糟。但是，你真的這麼覺得嗎？這張圖表的目的不是為了傳遞訊息，而是激起民眾的情感反應。如果那篇文章比較紐約和其他城市收入不平等的情況，如倫敦、東京以及其他美國城市，如芝加哥和洛杉磯，我們也許可以知道值得了解的東西。

這張圖表很有美感，然而提供的訊息遠不如一張地圖。這種圖表看起來像是統計分析，充其量只是能打動人的藝術作品。這張圖表讓我們猛然想起自己早就知道的事，我們因而激動起來，但是我們真的獲得了有用的訊息嗎？

論戰沒有錯——我自己偶爾也會寫這樣的文章——但是我們應該捫心自問：你可知道這到底是怎麼一回事？

另一個例子是跨國傳媒集團湯森路透（Thomson-Reuters）資深設計師史卡爾（Simon Scarr）製作的圖表。這張圖表描述 2003 年至 2011 年間在伊拉克戰死的美軍人數。這是張上下顛倒的長條圖：當月死亡人數愈多，往下的條狀圖就愈長。史卡爾把長條都塗成紅色，整張圖看起來就像鮮血從上方流下來。為了使訊息更明確，圖表的標題為「攻打伊拉克的血腥代價」。如果布坎南那張以紐約地鐵為底的貧富差距圖表觸動你的心弦，史卡爾這張血淋淋的圖表則是直接把你的心臟從胸口挖出來。史卡爾的圖表會獲得設計獎，不是沒有原因的。[18] 與布坎南的地鐵圖不同的是，史卡爾的圖表確實提供相關訊息：不但具有說服力，**而且**可讓人長知識。

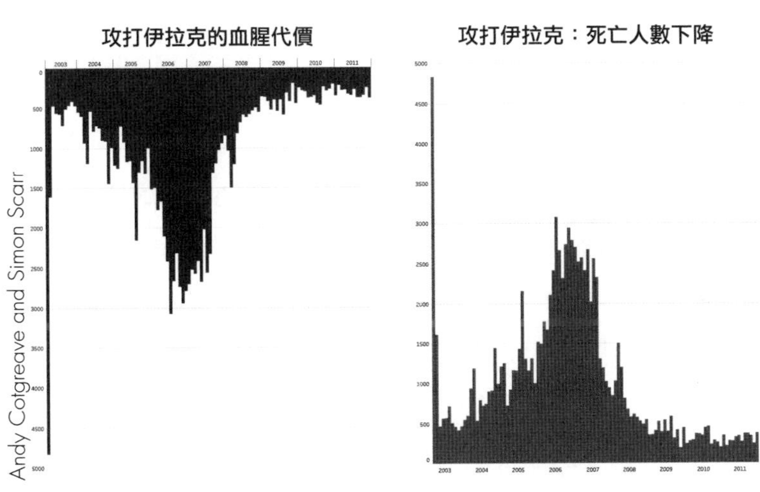

數據視覺化專家柯特葛立夫（Andy Cotgreave）看到史卡爾的圖表，決定做一個小小的實驗。首先，他把圖表重新上色，把同樣的長條塗上冷冷的藍灰色。然後把圖表顛倒。最後，他把標題改為「攻打伊拉克：死亡人數下降。」結果情感衝擊出現很大的變化。史卡爾的圖像是在吶喊，而柯特葛立夫加工之後的圖表看起來冷靜，幾乎有撫慰人心之功。史卡爾的圖在哀嚎：「噢！死了這麼多人！」柯特葛立夫的圖則平靜的指出：「最壞的情況已經過去了。」兩種訊息都沒錯。這提醒我們，簡單如顏色的選擇和排列就能改變圖表的語氣以及人看到圖表的反應，就像說話的語氣改變了，別人就會有不同的理解與反應。[19]

用圖表說故事

在維多利亞時代，一個出身低微的統計學家和一個女流之輩如何說服頑固的醫界大老和軍事將領？

首先，他們必須確定他們蒐集的數據絕對無懈可擊。事實，事實，事實！法爾和南丁格爾知道他們做的事必然會遭到政敵的抨擊。南丁格爾曾在信中提醒法爾，說他最新的統計分析必然會遭到攻擊，他得做好準備。法爾則是對他的統計分析表示信心：「我們就守株待兔，提高警覺。我們不會像嚇破膽的人那樣對著天空開槍。讓他們指出我們的『錯誤』——如果真的是錯誤，我們會坦然承認。不管如何，那些人不可能動搖我們的基礎或是炸掉我們的牆壁。」[20]

接著，他們必須展示他們的發現。南丁格爾在 1858 年繪製了她的「玫瑰圖」，並在 1859 年初發表。幾年前，她甫從斯庫臺軍營醫院回到英國——不久前，賽門醫師才斷言傳染病是無可避免的。南丁格爾的玫瑰圖是極其高明的視覺論證。我曾在皇家統計學會的圖書館近看她自刻自印的圖。這張圖美得令人嘆為觀止，不同顏色的楔形區域顯示斯庫臺軍營醫院衛生條件改善前後傳染病致死的情況。

當然，你大可尖酸刻薄的說，這是張華麗的圓餅圖。以專業術語來說，這是所謂的極座標圓餅圖（polar area diagram），也可能是有史以來第一張這樣的圖。這張圖**不是**要呈現枯燥乏味的統計事實，而是要講述一個故事。

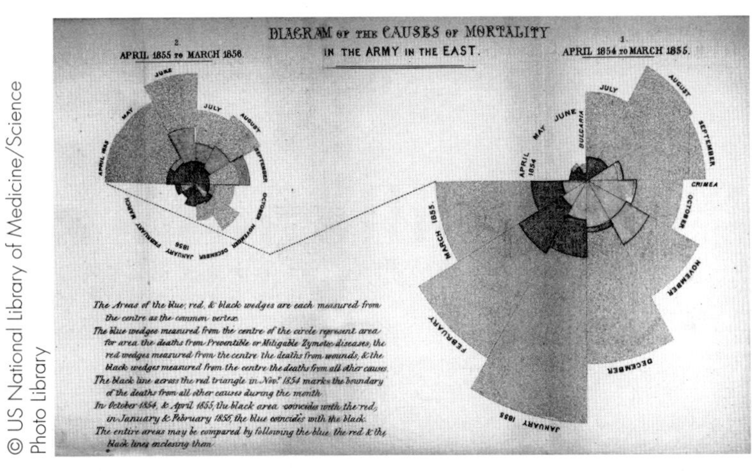

本圖標題為「我軍在東方的死因圖表」。右側的統計區間為 1854 年 4 月至 1855 年 3 月，左側則為 1855 年 4 月至 1856 年 3 月，左側下方的文字為：
圓餅區由圓心往外的藍、紅、黑楔形色塊皆代表死亡數字。
藍色區域的死亡士兵死於原本可避免的感染或可治療的傳染病，紅色區域是傷重不治的士兵，黑色區域則是死於其他原因的士兵數。
1854 年 11 月紅色三角形中的黑線代表該月死於其他原因的士兵數。
1854 年 10 月、1855 年 4 月的紅黑區域恰好相等。
1856 年 1 月與 2 月的藍、黑區域恰好相等。
整個區域可以透過藍色、紅色和黑色線條包圍的地方進行比較。
（譯按：彩色圖請參見：https://www.historyofinformation.com/image.php?id=851。）

請看看那張圖多麼有說服力！再來看看使用長條圖繪製的話，又是如何（下面的長條圖，是南丁格爾的傳記作者史莫爾以法爾的數據製作的）。

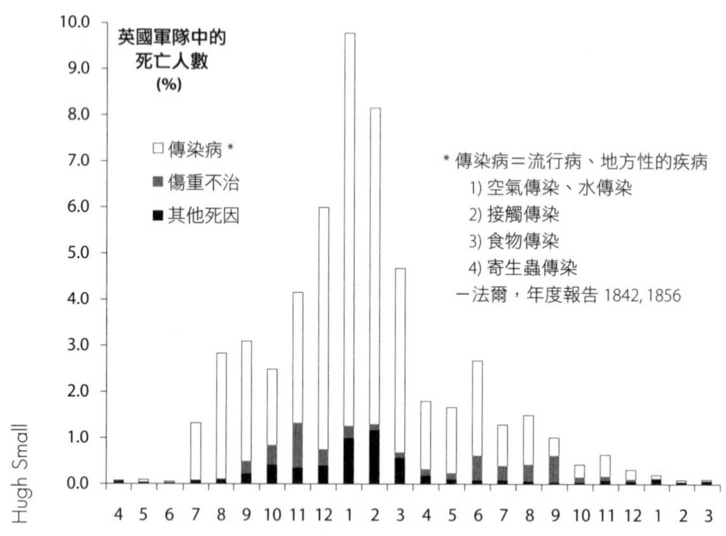

乍看之下，史莫爾的長條圖要清晰得多，也更容易了解。但此圖會把人引向錯誤的結論。長條圖中最吸引人目光的就是1855 年 1 月和 2 月的死亡人數，因此讓人懷疑這麼多士兵死亡是酷寒的冬天造成的，到了春天，死亡人數就大為減少。這張長條圖還使死亡人數的下降看起來平穩——看似一個過程，而非急遽的轉變。

反之，南丁格爾的玫瑰圖把死亡人數分為兩個時期——右圖是衛生條件改善之前，左圖則是之後。如此一來，在視覺上形成明顯的斷裂——只是從原始數據來看的話，則沒有那麼清楚。由於玫瑰圖是以楔形面積來呈現死亡人數，而非長條的高度，1855 年 1 月和 2 月的情況看起來沒有那麼可怕，但是可讓人了解在「衛生條件改善前」的整體情況有多麼嚴峻。

這張玫瑰圖凸顯改善衛生條件的重要性，讓人相信斯庫臺軍營醫院的成功經驗可以在其他醫院、軍營，甚至整個大英帝國的私人住宅複製。此圖前後對照的結構強化了這個論點。

這張玫瑰圖也有炫目迷彩的效果嗎？或許吧，但我認為不是，因為南丁格爾和法爾的數據是扎實的，而且讓人一覽無遺。此圖和麥坎德雷斯的《債務方塊》不同，不是依賴破碎的統計數據和無益的比較，也不像那張凸顯貧富差距的紐約地鐵圖那樣花俏，比較像那張血淋淋的「攻打伊拉克的血腥代價」，但是沒那麼直接，玫瑰圖以一種微妙的方式請讀者下結論。很少人在討論玫瑰圖時強調此圖巧妙的引導讀者對數據進行解釋。值得慶幸的是，這個想法既真實又重要：好的視覺修辭有助於讓人得到正確答案。

南丁格爾告訴她的摯友赫伯特，若是公眾的大腦不受文字左右，就得「透過眼睛來影響他們，把訊息傳達給他們」。為了讓她的圖表盡可能出現在公眾的眼睛前面，南丁格爾請激進的女作家、社會學家馬堤諾（Harriet Martineau）以感人的筆法寫一本書，描述英軍在克里米亞戰爭受到的折磨。馬堤諾讀過南丁格爾的報告，讚揚道：「此報告可名列有史以來最了不起的政治、社會研究之作。」馬堤諾寫的這本《英國及她的士兵》（*England and Her Soldiers*）的卷首摺頁插畫就是南丁格爾的玫瑰圖。然而，很少士兵能閱讀這本書——本書被軍方列為禁書，不得出現在軍事圖書館和軍營。[21] 但是南丁格爾更希望一群重要人士能看到她的圖表，正如她對赫伯特說的：

> 除了科學人士，還有誰會去看一篇報告的附錄，而這是給一般大眾看的……我希望下列重要人士能把這張圖掛起來，讓一般大眾好好看看：(1) 女王 (2) 亞伯特親王……(7) 歐洲所有的國家元首 (8) 所有軍事指揮官 (9) 所有軍醫和衛生官員……(10) 國會（上、下議院）的首席衛生官 (11) 所有的報紙、評論和雜誌。

本來認為傳染病無可避免的醫界大老漸漸接納南丁格爾的意見，同意改善衛生條件可挽救人命。1870 年代，國會通過了幾項公共衛生法案。從此，英國的死亡率開始下降，預期壽命也變得愈來愈長。

南丁格爾的故事之所以如此引人注目，是因為她知道統計數據不但是工具，也是武器。她了解，定義的標準化、填寫正確的表格，以及「枯燥乏味的統計分析」都是繁瑣的工作，然而要打下扎實的基礎，不得不這麼做，也才能抵禦批評者的攻擊。而她也明白，數據需要改頭換面，以最有說服力的方式來呈現。因此，她製作了一張足以改變世界的圖表。

歷史證明，南丁格爾的做法是對的，然而還是有很多人濫用引人注目的圖表。因此，我們若站在美麗的圖表之前，要當心受到蒙蔽、欺騙。

首先，也是最重要的一點是，由於視覺感官是出自內心——請注意自己的情緒反應。停頓片刻，注意圖表給你的感覺：興高采烈、讓人生出戒心、憤怒、覺得可喜可賀？把你的感覺納入考量。

其次，看看自己是否了解圖表背後的基本原理。圖表中的垂直軸和平行軸各代表什麼？你了解被測量或計數的對象嗎？你了解背景嗎？或者圖表只是顯示一些數據點？如果圖表反映了複雜的分析或實驗結果，你是否了解圖表製作者想要做什麼？如果你沒辦法親自評估，你相信圖表製作者嗎？（或者你會尋求第二意見？）

你在看著數據視覺化時，如果你知道有人很可能想說服你什麼，你就能看得更清楚。美麗、有說服力的圖表就像巧妙、有說服力的文字，本身並沒有錯。被別人說服，因而改變自己的想法也沒錯。這就是我們下一個要探討的主題。

準則十

保持開放的心態

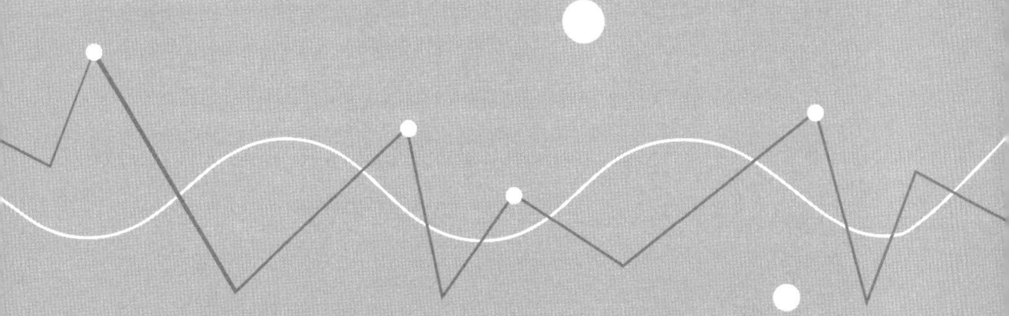

一個信念堅定的人很難改變。

你告訴他你不同意，他就轉身離去。

你給他看事實或數字，他會質疑這是怎麼來的。

如果你想用邏輯說服他，他還是無法理解你在說什麼。

——**費斯廷格**（Leon Festinger）、**里肯**（Henry Riecken）、**沙赫特**（Stanley Schachter），**《預言落空時》**（*When Prophecy Fails*）[1]

費雪（Irving Fisher）是有史以來最偉大的經濟學家之一。[2]

第一屆諾貝爾經濟學獎得主弗里希（Ragnar Frisch）在 1940 年代末期曾說：「費雪要比同時代的人領先一、兩個世代。」早在半個世紀前，費雪的天才已輝映於世。在弗里希得獎翌年也榮獲諾貝爾經濟學獎的薩繆森（Paul Samuelson）則說，費雪在 1891 年完成的博士論文是「有史以來最偉大的經濟學博士論文」。

以上是費雪同行對他的看法。一般大眾也欣賞他。一百年前，費雪可是地球上最知名的經濟學家。然而，現在只有經濟學家還記得這個早已被世人遺忘的人物，比他年輕的傅利曼、亞當．斯密或凱因斯，則成了家喻戶曉的經濟學家。這是因為費雪遭逢一場災禍，聲譽也一落千丈——每一個人都該引以為鑑。

費雪會跌落谷底，當然不是因為缺乏野心。他在耶魯大學就讀時曾寫信給一個老同學：「我有好多事想做啊！我總覺得我沒有時間完成我的願望。我想讀很多的書，寫很多文章。我想賺大錢。」

我們可以理解為什麼錢對費雪很重要。費雪踏進耶魯的第一個星期，他父親就死於肺結核。費雪靠自己的動力和才華熬過這個關卡：他拿下希臘文、拉丁文、代數、數學等獎項，也在演講比賽得名（名列第二，只輸給未來的美國國務卿），他代表畢業生致告別辭，也是划船校隊的成員。儘管學業優異，這個年輕人仍需辛苦籌措學費。他的同學大都是富家子弟，很少人像他那樣深知生活拮据之苦。

然而，費雪在二十六歲那年終於成為有錢人了。他與他的青梅竹馬海澤德（Margaret Hazard）成為佳偶。新娘是富有的實業家之女。1893 年兩人結婚那天，排場盛大，冠蓋雲集，連《紐約時報》都報導了這樁喜事，賓客多達兩千人，包括三位部長，餐宴豪奢，結婚蛋糕重達 60 磅。這對新人去歐洲度蜜月，玩了一年兩個月。回國時，入住一棟坐落在紐黑文市展望街 460 號的豪宅——那是費雪的岳父精心為他們準備的結婚禮物，豪宅內有圖書館、音樂室和寬敞的書房。

關於費雪，有三件事你該知道。第一件事是，他對健康很狂熱。這是可以理解的，畢竟肺結核奪走了他父親的性命，十五年後，他也差點死於肺結核。也難怪他厲行嚴格的養生之道：他不菸、不酒、不吃肉、不喝茶和咖啡，也不吃巧克力。有個客人在他家接受款待，大快朵頤之際，注意到主人的怪癖：「我吃了一道道珍饈佳餚，而他只吃蔬菜和一顆生雞蛋。」[3]

關於養生，他不只獨善其身，更推己及人，努力傳播健康和營養的觀念。他成立「長壽研究所」（Life Extension Institute），並說服剛卸任總統的塔虎脫（William Taft）擔任所長。（找塔虎脫似乎很諷刺，畢竟他是歷任總統中最胖的。但塔虎脫因為肥胖，也開始想減重和運動。）他在 1915 年，也就是將近五十歲時，出版了一本名為《生之道：基於現代科學的健康生活原則》（*How to Live: Rules for Healthful Living Based on Modern Science*）的書。（研究如何活著！這真是偉大的抱負。）這本書成了超級暢銷書，但從現代的角度來看，實在很好笑。「我主張做日光浴……強度和持續時間就由常識來決定」……「重要的是要完全咀嚼……咀嚼到可以自然、不由自主的吞嚥」。他甚至討論走路時雙腳之間的角度──「兩隻腳微微向外，大約形成七、八度」。[4]

還有一個關於優生學的簡短章節，但他的想法還不夠成熟。

雖然我們也許會嘲笑這本書，從很多方面來看，《生之道》就像費雪的經濟分析，遠遠領先那個時代。費雪把科學思維應用在健康問題上。他詳細描述運動的方法和好處，並提倡做正念練習。在他那個時代，大多數的醫師都抽菸，他已明確指出吸菸會導致癌症。

你必須了解費雪的第二件事是，他相信理性、數字分析的力量，也相信經濟學和其他方面。他計算出肺結核的淨經濟成本。他對素食和完全咀嚼進行實驗調查，發現這些做法能增加耐力。（葡萄堅果牌穀類早餐在 1917 年推出的廣告上就有費雪教授的推薦。）在《生之道》一書中，費雪告訴讀者：「在現代科學衣物的研究中，有一種新的單位叫做『克羅值』（clo），也就是衣物的保暖性指標。」

也許他對數字的熱愛偶爾讓他誤入歧途。例如：費雪量化禁酒令的好處時，興致勃勃的從一項小型研究歸納出這麼一個結論：空腹喝下烈酒會讓工人的效率降低 2%。根據費雪的計算，禁酒令將使美國經濟增加 60 億美元——在當時那絕對是一筆天文數字。我們在第一章中看到，一流鑑賞家布雷迪烏斯的藝術專長讓他相信范米格倫偽畫是維梅爾的真跡。同樣的，費雪的統計專長讓他得以在薄弱的基礎上計算出禁酒令的巨大經濟效益。他對飲酒一事深惡痛絕，乃至影響了他的統計推理。[5]

還有錢——這就是你必須了解費雪的第三件事。費雪很有錢，不只是因為他妻子繼承了大筆財產。費雪為自己的賺錢能力自豪，他不想靠妻子養。他從《生之道》一書的出版獲得了豐厚的版稅。還有他的發明，最值得一提的就是旋轉式的名片整理架，也就是 Rolodex 的前身。他把這項發明的專利賣給一家文具公司，獲得 66 萬美元——約當今日的數百萬美元——還取得一席董事席次和一大疊股票。

費雪也利用他的學術研究來營利。他成立了一家叫「指數研究所」（Index Number Institute）的公司，把數據、預測和分析一起打包，賣給美國各大報社。預測是數據和分析的自然延伸。畢竟，如果我們想要理解這個世界，不一定是因為思考本身教人樂此不疲，而是有時我們想要將評估當前情勢當成一種預測的手段。如果能正確預測接下來將發生的事，或許能從中獲利。

於是費雪利用「指數研究所」這個平臺宣揚他的投資方法——亦即以借來的錢購買新興公司的股票，賭美國經濟會成長，然後大賺一票。這種舉債投資也就是所謂的槓桿，風險很高，雖然可能大賺，但也可能大賠。

股價在 1920 年代不斷飆升，因此股市投資人都放膽投資，不怎麼擔心會賠。每一個做槓桿操作的人都有理由相信自己很聰明。費雪寫信給他從小就認識的朋友，說他的野心已經實現了。「我們都在賺大錢！」

1929 年夏天，費雪——暢銷作家、發明家、總統之友、企業家、健康專家、專欄作家、統計學先驅、當代最偉大的經濟學家、身價數百萬美元的富豪——向兒子誇口說，他們家的房子要翻新，但這次不是岳父那邊出的錢，而是他自己出的。

這個成就對他來說很重要。費雪十七歲那年，他父親就與世長辭，沒能看到他出人頭地，成為當代最受尊崇的人物。費雪和兒子站在裝修完成、煥然一新的豪宅前，老父在天之靈應該會原諒這個兒子的驕傲——只是，費雪已站在萬劫不復的懸崖邊。

股市在 1929 年秋天出現裂縫。從 9 月初到 11 月底，道瓊工業指數下跌了三分之一以上。但對費雪來說，這不是華爾街大崩盤——至少，不會立即坍塌。然而，隨後發生的金融災難甚至要比 2008 年的全球金融海嘯來得嚴重。那次的大蕭條是西方世界在和平時期遭遇最大的經濟災難。費雪受到的打擊要比大多數的人來得嚴重，因為他使用槓桿投資，收益和風險都放大了。

然而，毀掉費雪的不只是對金融泡沫的槓桿賭注。讓他真正栽了的是他的固執。1929 年的股災，不只是像「黑色星期四」或「黑色星期一」這種無預警的大幅下滑，而是漫長的凌遲，中間出現短暫的反彈。道瓊指數從 1929 年 9 月的 380 點一直往下，到了 1932 年夏天，只剩 40 幾點。如果費雪在 1929 年底停損，認賠殺出，還有一條生路。他可以回到他的學術研究，做他想做的事，多年的投資獲利加上版稅和商業收入足以讓他繼續過著奢華的生活。

反之，費雪更加堅持他的想法。他相信市場會反轉。他不知說過多少次，股災只會「嚇走極端份子」，反映「恐慌心理」。他公開宣稱，經濟馬上就會復甦。只是，復甦的黎明一直沒到來。

最重要的是，他不只是沒收手，還繼續在股市交易，依然信心滿滿的繼續借錢投資，希望下一把就會贏回來。他把他發明的名片整理架專利賣出之後，主要投資標的之一就是雷明頓蘭德公司（Remington Rand）。這家公司的股價在股災前是 58 美元，不出幾個月就跌到 28 美元。當時，費雪應該知道槓桿交易的危險。但他還是不怕：他借了更多的錢來投資——結果這家公司的股價很快就跌到 1 美元。顯然，他已走上毀滅之路。

我們不該太快評判費雪。即使一個人聰明蓋世 —— 費雪就是這樣的人 —— 根本很難改變想法。

選擇性接受事實

和費雪同時代的密立根（Robert Millikan），可說是和費雪一樣傑出的人物，他的興趣就有點不同了。密立根是個物理學家。1923 年，全美股民莫不瘋魔費雪的炒股祕訣，密立根則拿下了諾貝爾物理學獎。

在密立根所有的成就當中，最著名的就是一個簡單到連小學生都會做的實驗，也就是油滴實驗。這個實驗是把油從香水瓶噴到兩塊水平方式平行排列的金屬板上通電，密立根可以調整兩塊金屬板之間的電壓，使油滴懸浮於兩片金屬電極之間不動 —— 由於他可以測量油滴的直徑，因此得以計算其質量，並精確計算出抵消重力作用的電荷。密立根因而得以算出單個電子的電荷。

我是學校裡做過這個實驗的無數個學生之一，但老實說，我無法讓我的結果像密立根那樣一致。有很多細節要注意 —— 特別是，該實驗取決於正確測量小小油滴的直徑。如果測量錯誤，其餘所有計算都會出現偏差。

我們現在知道，密立根的數據其實並不像他宣稱的那樣漂亮。他刻意忽略他不想看到的觀察結果，而且不誠實交代此事。*（他也隻字不提跟他一起進行實驗的研究生佛萊契〔Harvey Fletcher〕。改以油滴取代水滴的點子是由佛萊契建議的，密立根卻獨占功勞。）這種只採用對自己有利的漂亮數據，刪去不利數據的做法，科學史家認為就倫理和實踐層面而言有很大的爭議。似乎如果科學界看到密立根所有的結果，對他的答案就不會那麼有信心。這本來就不是一件壞事，畢竟密立根測得的數值太小了。[6]

傳奇的諾貝爾獎得主費曼（Richard Feynman）曾在1970年代初指出一個奇特的過程：在密立根之後測定基本電荷數值的物理學家，有人測得的數值比密立根的大一點點，另一個人測出的數值又再大一點點，再下一個測出的又增大一點，直到最後他們才發現那數值真的比密立根測出的要來得高。為什麼他們一開始都認為自己測出的數值是錯的，認為數值應該不會那麼高？[7]

這是因為如果測出的數值接近密立根的數字，科學界就會接受。反之，如果一個數字看起來似乎不對，就會遭人質疑，並找到捨棄的理由。正如我們在第一章看到的，先入為主的觀念不易動搖。我們會過濾新的訊息，如與我們期待的一致，就比較有可能接受。

＊譯注：密立根是從140個實驗數據中挑選出58個他滿意的，才得出基本電荷存在的結論，因此計算出來的電荷值相當精確。

由於密立根估計的數值太低，不符預期的測定結果中很少會出現低得讓人意外的測量值，通常是比密立根的測量值大得多。儘管科學界知道密立根刻意拋棄對自己不利的數據，仍在過了一段很長的時間之後，才慢慢接受較大的數值。我們可以相信這種事無論如何都會發生，因為後來的一項研究發現，其他物理常數的估計也有這種趨同模式，如亞佛加厥常數和普朗克常數。*這種趨同模式在整個 1950 年代和 1960 年代一直持續，甚至到 1970 年代，有時候也還看得到。[8] 可見，即使測量基本和不變事實的科學家也會削足適履，藉由過濾數據以證明自己原來的想法無誤。

其實，這點並不完全令人訝異。我們的大腦總是根據不完整的訊息來理解周遭的世界。大腦會依自己期待看到的來進行預測，並傾向根據少得令人驚訝的訊息來填補空缺。這是即使電話線路很差，我們還能跟人在電話裡閒話家常的原因——除非出現全新的訊息，如電話號碼或地址，才會受到雜訊的干擾。我們的大腦會自動填補空缺——這也就是為什麼我們會看到自己想看到的、聽到自己想聽到的，正如在密立根之後的研究人員期待自己發現想發現的數值。只有在我們無法填補空白時，才會意識到電話線路很糟。

我們甚至能聞到自己期望聞到的氣味。科學家給實驗受試

---

* 我不會在此定義這些常數。我要強調的是，這些常數難以精確測量。儘管科學家每一次測量都企圖提高精確度，但似乎總是會被先前的測量左右。

者聞氣味時，受試者的反應則會依科學家的提示出現很大的差異，如「這是美味的乳酪」或是「這是狐臭」。[9]（其實，流質乳酪和人體私密處具有相同的氣味分子。）

感覺到自己預期之物的過程很普遍。在乳酪研究中，這個過程和感官有關，但就電荷值或亞佛加厥常數而言，則是和大腦有關。這兩種情況似乎都是無意識的。

但我們也會為了顧及自己的心情，有意識的過濾新訊息。第一章曾述及有些學生因為不願面對疱疹檢查結果，寧可花錢請研究人員把他們的血液檢驗樣本丟棄，還有一些投資人不想上網登入自己的帳戶查看投資現值，以逃避面對壞消息。還有一個例子，在 1967 年發表的一篇研究報告中，研究人員請大學部的學生聽幾段錄音，那些錄音是幾個高中生的陳述。受試者必須判斷這些高中生陳述的「說服力和真誠度……在聽完之後，給予評分」。

但是，有一個問題。說話聲籠罩著惱人的雜訊。研究人員告訴受試者：「由於這是以小型可攜式錄音機錄的，因此有不少電磁干擾。然而，如果按下控制鍵然後立即放開，就可『調整』這種干擾。多按幾次控制鍵，就可減少靜電和其他干擾雜訊。」[10]

好，現在你也許會猜到，有些學生不會去按控制鈕。有些學生是虔誠的基督徒，有些則是菸槍。有一段錄音出自老派無神論者的文章〈基督教是邪惡的〉，另一段則是權威人士駁斥抽菸會致癌的看法，還有一段則同樣是引用權威人士的意見，表示抽菸會導致癌症**是**事實。

正如我們所見，所有的人都會過濾來到我們面前的訊息，拋棄其中一些，堅持其他想法。在這個實驗中，過濾的媒介則是遮蔽訊息的雜訊，讓受試者無法聽到實際內容，也不能進行評估。只要按下控制鍵，就能去除劈啪聲或嘶嘶聲 —— 但不是每一個人都會一直想按控制鍵。如果學生是基督徒，聽到無神論者的批判之聲時，這樣的訊息被雜訊掩蓋反而會覺得安慰，因此不會去按控制鍵。抽菸者聽到有人解釋抽菸為什麼是安全的，就會一直去按控制鍵，如果聽到的是抽菸會致癌的說法，就寧可傾聽雜訊了。

事實不一定能讓人改變想法，原因之一是，面對令人不安的事實，我們總是會想逃避。當然，現在我們不需要使用控制鍵來消除雜訊。在社交媒體上，我們會選擇追蹤哪些人、封鎖哪些人。我們也可從大量的有線電視頻道、Podcast 和串流媒體中選擇自己想看的。比起以往，我們有更多的選擇，當然，我們會好好選擇。

如果你不得不接受不想知道的事實，不必擔心：你總是可以選擇性的記憶錯誤。這就是心理學家費許霍夫（Baruch Fischhoff）和貝斯（Ruth Beyth）在 1972 年獲得的實驗結果。由於尼克森總統即將出訪中國和蘇聯，這兩位心理學家要求一群男女學生就此行進行預測。尼克森和毛澤東會面的可能性有多大？美國會承認中華人民共和國為中國唯一的合法政府嗎？美國和蘇聯是否會發表聯合太空計畫？

費許霍夫和貝斯想知道那些學生是否在日後會記得自己當時的預測。因此，他們讓那些學生把自己的預測寫下來。（通常我們的預測是在談話中提及的，因此很模糊。我們很少會把預測寫下來。）你也許會希望這些受試者都還記得。結果，那些受試者只會美化自己的預測。如果他們本來預測的可能性是25%，若此事真的發生，他們就會說自己記得當時預測的可能性是 50%。若受試者認為某事發生的機率是 60%，結果沒有發生，就會說自己當初預測的可能性只有 30%。費許霍夫和貝斯這篇研究報告的題目就是：「我就知道會這樣」（I knew it would happen）。

這個例子說明我們的情緒會使我們過濾最直接的訊息——甚至是不久前才做的預測，而且特地寫下來了。[11] 這代表人類的心靈有著驚人的可塑性。但是費許霍夫和貝斯的受試者並沒有承認自己錯了，並從錯誤中學習，而是改變自己的記憶，也就不必痛苦的想起自己的預測錯了。正如我們所見：認錯和改變不是一件容易的事。

等待十八年的實驗結果

當然，如果費雪一直是對的，也就不必改變自己的想法。也許，他失敗的真正原因不是沒有調整、改變，而是一開始的預測錯了？也許吧。比起從痛苦的經驗學習，第一次就對了當然是最好。但是有關預測能力的最佳研究告訴我們，第一次就對了也不容易。

1987 年，生於加拿大的年輕心理學家泰特洛克（Philip Tetlock）在預測研究埋下一顆定時炸彈，預定十八年後爆炸。泰特洛克曾參與避免美國和蘇聯發生核戰的計畫。在這項計畫中，他調查訪問了很多頂尖專家，了解他們對蘇聯現況的看法，以及蘇聯會對雷根的強硬立場做出什麼樣的反應，並請他們預測接下來會發生什麼事，以及為什麼。

結果，這些專家的反應讓他沮喪。儘管他們是一流的政治學家、蘇聯專家、歷史學家和政策分析家，關於接下來會發生什麼事，他們的看法非常矛盾；再者，他們即使看到證據也拒絕改變，對自己的預測錯誤，他們還會搬出種種理由來自圓其說。有些人預測會發生災難，結果沒有發生，他們就說幸好自己沒說中：「我幾乎是正確的，但幸運的是，接管政權的是戈巴契夫，不是新史達林主義者。」或者說：「還好我錯了：低估蘇聯的威脅要比高估來得危險。」或者，就股市走向的預測而言，所有猜錯方向的人都會這麼說：「只是我的時機不對。」

泰特洛克以更大的耐心、努力和巧思來進行研究。他追隨費許霍夫和貝斯的腳步，但進行更詳細、更大規模的研究。他請近 300 位專家預測，預測結果總計多達 27,500 個。他提出的問題主要是政治和地緣政治方面，也有一些來自其他領域，如經濟方面的問題。泰特洛克利用定義清楚明確的問題，以便日後得以宣布每一個預測正確或錯誤。然後，他耐心的等待結果——他足足等了十八年。

2005 年，泰特洛克在《專業政治判斷：我們如何知道有多準確》（*Expert Political Judgment*）這本微妙的學術著作發表他的研究結論。他發現，專家的預測常常失準。如預測未能實現；又如在不同的情況下進行預測，專家也不知道自己應該有多大的信心。預測加拿大的領土完整，要比預測敘利亞的領土完整來得容易，然而除了最明顯的例子，泰特洛克諮詢的專家還是會把加拿大和敘利亞的情況搞混。泰特洛克的專家就像費許霍夫和貝斯的受試者，也會記錯自己的預測，把一些預測失準的例子想成自己預測正確。[12]

專家常有自負的問題。泰特洛克還發現，最有名的專家做出的預測，準確度甚至不如那些很少出現在媒體的專家。此外，不論專家的政治意識型態、專業和學術背景為何，都很難預見未來。

大多數的人聽聞泰特洛克的研究，都會簡單的得出結論：不是這個世界太複雜無法預測，就是專家太愚蠢因此不能正確預測，或是兩者皆是。然而，即使是最棘手的宏觀經濟和地緣政治問題，也可能存在一種能取得成果的預測方式。有一個人仍對這種可能性深具信心，此人就是泰特洛克本人。

如何成為「超級預測者」？

2013 年 4 月 1 日愚人節，我收到泰特洛克寫給我的電子郵件，他邀請我參加一個新的研究計畫。這個計畫的部分經費是由美國情報界資助的，也就是美國情報高等研究局（Intelligence Advanced Research Projects Activity）。

這個計畫自 2011 年開始進行，主要是蒐集可量化的預測，就像泰特洛克的長期研究。這些預測是關於經濟和地緣政治事件，也就是「情報界關注的一些真實而急迫的問題——如希臘是否會爆發債務違約問題、伊朗是否會遭受軍事攻擊等」等。這些預測將以比賽的方式進行，參賽者有好幾千名，每年舉行一季。

泰特洛克在郵件中告訴我：「你只要到本計畫官網註冊、登入，就可以對你正在關心的問題進行判斷。判斷之後，你還可以更新。經過一段時間，你就可以把你的結果與他人的預測結果進行比較。」

我沒有參加。我告訴自己，我太忙了，也許我不只是忙，還有膽小的問題。其實，我沒參加主要是因為關於泰特洛克的研究，我已得出結論，精準預測根本是不可能的任務。

儘管如此，仍有兩萬多人參加這個計畫。有些人擁有某種專業地位，如情報分析家、智囊團或學術界人士。還有一些人則純粹是預測的業餘愛好者。泰特洛克和另外兩位心理學家梅勒斯（Barbara Mellers，泰特洛克之妻）和摩爾（Don Moore）在志工大軍的協助之下進行實驗。有些人接受了一些基本的統計技術訓練（稍後會有更多介紹），有些人被組合成團隊，還有一些人接收他人預測的訊息，另一些人則是獨自預測。這個研究項目叫做「良好判斷計畫」（Good Judgment Project），目的是尋找更好的預測方式，以預見未來。

這個龐大的計畫為我們帶來不少洞見，但最引人注目的是，有一組人的預測雖然絕非完美，但要比典型預測者（猜中機率約和亂射飛鏢、命中紅心的黑猩猩差不多）要好得多。更重要的是，經過一段時間，他們的預測能力更好了，不會因為運氣不好致使預測能力受到影響。泰特洛克以一種誇張的方式，稱他們為「超級預測者」。

有人也許會不以為然的說：這樣就有可能預見未來？

超級預測者是如何造就出來的？不是專業知識：教授的預測不比消息靈通的業餘愛好者出色。也不是智力造成的，否則像費雪這樣聰明絕頂的人就不會栽了。超級預測者有幾個相同的特質。

首先，接受一些訓練的確有幫助。僅僅一個小時的基本統計學訓練，就能幫助預測者，把他們對這個世界的認識轉化為合理的機率預測，進而增進預測表現。例如：「在未來的十年內，女性當選美國總統的可能性為25%。」對他們最有幫助的訣竅就是鼓勵他們注意所謂的「基本比率」。[13]

基本比率究竟是什麼？想像你出席一場婚宴，跟新郎的同學或新娘的前男友一起坐在後面的桌子。新郎的同學已經喝得醉醺醺，而新娘的前男友則一副臭臉。（是的，就是那種婚宴。）在沒完沒了的致詞當中，同桌的人拋出一個令人尷尬的問題：這對新人真的能白頭偕老？這段婚姻能持續下去，還是注定會以離婚收場？

在那一刻，本能反應是思索這對新人的情況。在結婚這個浪漫、大喜的日子，總是難以想像雙方會離婚，從此形同陌路。此時，你舉起手中的威士忌，和新娘的前男友互相敬酒時，會有眾人皆醉我獨醒之感。上面的問題讓你自然而然思索：「他們看起來幸福快樂、願意廝守一生嗎？」「我看過他們吵架嗎？」「他們是否已經分分合合三次了？」換句話說，我們以眼前的事實來預測。

這時，最好後退幾步，參考最清楚明確的統計數字：*一般而言，有多少婚姻以離婚告終？這種數字就是所謂的「基本比率」。除非你知道基本比率是 5% 或 50%，那個擺臭臉的前男友講的八卦都不適用於任何有用的框架。

著名的心理學家康納曼強調基本比率的重要性。他創造了「局外觀點」（outside view）和「局內觀點」（inside view）這兩個名詞。局內觀點意味著你把焦點放在眼前的案例上：也就是這對新人。局外觀點則是參考某一個比較類別——在此，比較類別為所有已婚夫婦。（局外觀點通常是從統計來看，但

＊我是故意使用「清楚明確」這個字眼。在英國，根據國家統計局的數據（發布日期：2019 年 11 月 29 日），在 1985 年，1,965 對夫妻中有 22% 宣告離婚。到了 2015 年，離婚的人更多了，1,995 對夫妻中有 38% 以離婚告終。根據目前的證據，離婚率又下降了——儘管如此，現在要斷言多少對夫妻能廝守二十年，仍言之過早。顯然，這是判斷的問題，要看現有的數據——看你認為哪一種基本比率是相關的。所有英國夫婦？所有近年結婚的人？某一個年齡層的人？或者教育程度？說實在的，這一點也不清楚明確，但最好找到一個相關的基本比率，再從那裡進行思考，而不是胡亂從大腦抓出某個數字。

也有例外。）

在理想的情況下，決策者或預測者會結合局外觀點和局內觀點——也就是統計學加上個人經驗。但最好從統計學的觀點，也就是局外觀點開始，然後根據個人經驗進行修正。如果你從局內觀點開始，就沒有真正的參考框架，過於天馬行空——最後你得到的機率可能要大十倍或是小十倍。

第二，紀錄很重要。如泰特洛克的前輩費許霍夫和貝斯所示，即使只是記得先前預測正確或錯誤這種簡單的事，也容易生變。

第三，超級預測者往往會在出現新訊息時更新自己的預測——這代表接受新證據是很重要的。在進行預測時，願意修正才能做得更好。超級預測者會高人一等，不是因為他們閒著沒事，成天追蹤新聞，不斷依據最新消息調整自己的預測。即使比賽規則是只能做一次預測，不能修改，超級預測者的表現依然名列前茅。

接著，我們要指向第四點，或許也是最關鍵的因素：超級預測意味著保持開放心態。心理學家稱超級預測者是「擁有積極、開放心態的思考者」——不會執著於單單一種做法，看到新的證據或新的主張，願意放棄自己的成見，也能接受別人與自己的不同之處，當成學習的機會。泰特洛克在研究完成時說道：「對超級預測者而言，信念是必須驗證的假設，不是需要保護的寶藏。說實在的，超級預測不是像保險桿貼紙上的口號那麼簡單。不過，如果我得在保險桿上貼點什麼，還是會貼這個吧。」[14]

如果貼那個太長，何不考慮這樣的貼紙：超級預測意味著願意改變你的想法。

費雪的極端對照組：凱因斯

不幸的費雪曾為了改變自己的想法而掙扎。然而，不是每個人都覺得改變很難。儘管費雪和凱因斯兩人有很多相似之處，還是形成強烈對比。凱因斯就像費雪，是經濟學界的巨人，他也像費雪，是暢銷作家，經常在報紙上發表評論，結交很多達官貴人，也是魅力十足的演說家。（加拿大外交官勒潘〔Douglas LePan〕曾聽他演講，感動不已，因而寫道：「我被迷住了。天底下怎有如此俊美的演講者？他是人類嗎？還是天神降世？」）[15]凱因斯和費雪一樣，對金融市場狂熱，他創立了最早的對沖基金，做外匯交易，並代表劍橋大學國王學院管理校務基金。他和費雪最後的命運也截然不同。兩人的相似之處和對比都很有啟發性。

費雪出身貧寒，不得不力爭上游，凱因斯則出身中上家庭，在伊頓公學受教育——就像英國第一任首相，及其他十九位首相。凱因斯和他的父親一樣成為學者：在劍橋大學最著名的國王學院擔任研究員，是主講貨幣相關課程的講師。他在第一次世界大戰期間代表大英帝國管理國債和貨幣，那時他才三十出頭。他認識每一個人，會在首相耳邊說悄悄話。英國經濟一有變動，他總是知道內幕——如果利率變動，英格蘭銀行甚至會在事前打電話通知他。

這個得天獨厚的經濟學家與他的美國同行是非常不同的兩個人。他喜歡美酒佳餚，會在蒙地卡羅賭博，他的性生活狂野放蕩，就像 1970 年代的流行歌手，而非二十世紀初期的經濟學家：他男女通吃、是多重關係者，最後結婚的對象不是他的青梅竹馬，而是俄國芭蕾女伶羅波柯娃（Lydia Lopokova）。凱因斯的一個前男友甚至還是婚禮上的伴郎。

他在其他方面也很有冒險精神。例如：1918 年，凱因斯在英國財政部工作，正值第一次世界大戰打得如火如荼。德軍在巴黎城外紮營，炮轟花都。凱因斯聽到風聲，偉大的法國印象派畫家竇加將拍賣他收藏的大批十九世紀畫家的作品：莫內、安格爾和德拉克洛瓦。[16]

於是，凱因斯展開一場瘋狂的冒險行動。當時英國已加入協約國，與同盟國廝殺四年，此戰可謂有史以來最慘烈的戰爭。凱因斯鼓動三寸不爛之舌，說服英國財政部籌集 2 萬英鎊（約當今日的好幾百萬美元）來購買那些畫作。由於這是買方市場，因此這筆交易是合乎邏輯的，但你必須要有強大的說服力，才能從戰時的國庫挖出一筆錢，在十九世紀的法國藝術品上揮霍。

接著，凱因斯和倫敦國家美術館館長在驅逐艦和銀行飛船的護送下，穿過英吉利海峽，前往法國。美術館館長甚至戴了假鬍子以免被人認出來。德軍大炮在地平線外轟隆作響時，他們在拍賣會上現身，把竇加的收藏全部買下。倫敦國家美術館以破盤價買到了二十七幅大師之作。凱因斯自己也買了幾幅。*

凱因斯結束他在巴黎的冒險，跨過英吉利海峽歸來，筋疲力竭的他出現在友人貝爾（Vanessa Bell）的門口，告訴她，他把一幅塞尚的畫作擱在外面的樹籬下，是否能找人幫他把畫拿進去？（貝爾是作家吳爾芙〔Virginia Woolf〕的姊姊，也是凱因斯前男友葛蘭特〔Duncan Grant〕的情人，但她後來又跟別人結婚……總之，凱因斯的社交圈很複雜。）凱因斯的畫買得太划算了：如今一幅塞尚作品價值連城，在拍賣會上，就連國家美術館都不敢出手。關於這事，不知費雪會怎麼想。

戰爭結束時，凱因斯代表英國財政部出席在凡爾賽舉行的和平會議。（會議結果讓他深惡痛絕——後來的事件證明他是對的。）接著，隨著貨幣的自由流動和匯率的波動，凱因斯成立了史學家所說的第一個進行外匯投機交易的對沖基金。他從富有的朋友和自己父親那裡籌集資金。他對父親說：「不論是賺是賠，這種高風險的賭注好玩極了！」這種話恐怕會讓人不敢放心把錢交給他。

起先，凱因斯很快就賺到錢了——超過 2.5 萬英鎊，甚至比他說服財政部購買藝術品的錢要來得多。簡而言之，他就是賭法國、義大利和德國貨幣在戰後通貨膨脹受到的影響。他大

＊譯注：凱因斯買了四幅畫，其中之一是印象派畫家塞尚著名的靜物畫〈蘋果〉，他以 327 法郎的荒謬低價買下。

抵沒錯。但有一句老話據說是凱因斯說的（儘管沒有證據）：市場保持非理性的時間，要比你保持償付能力的時間來得長。1920 年，一股對德國前景樂觀的情緒傳遍歐陸，凱因斯做空的外匯迅速升值，幾乎賠光了所有的資本。他對投資人說道：「我已經耗盡我自己的資源，沒有資本可以冒險了。」但凱因斯還是說服他們投資，重起爐灶，到了 1922 年，他的基金已轉虧為盈。

凱因斯接下來的投資計畫有好幾個，其中之一就是管理劍橋大學國王學院的校務基金。該學院已有五百年歷史，投資策略一直墨守成規，仰賴農業租金和非常保守的投資，如鐵路債券與政府公債。1921 年，舌粲蓮花的凱因斯說服國王學院改變其投資策略，讓他管理若干部分的基金。

凱因斯的策略是由上而下的。他預測英國及國外的經濟繁榮和衰退，然後依情況投資股票和商品，並根據宏觀經濟前景，在不同的產業和國家進行投資。

這種操作手法似乎很有道理。凱因斯是英國最重要的經濟理論家，而且能取得來自英格蘭銀行的內幕消息。如果有任何人能預測英國經濟的榮衰，除了約翰・梅納德・凱因斯，沒有第二個人。

這是假設。

當然，凱因斯和費雪一樣，沒料到 1929 年的華爾街股災。但他與費雪不同，他沒在股災中滅頂，死時仍是百萬富翁，他在金融方面獨具慧眼使他聲譽更盛。原因很簡單：凱因斯和費雪不同，他會改變想法和投資策略。

與費雪相比，凱因斯有一大優勢：他的投資紀錄不盡是亮眼的，也嘗過幾次苦果。是的，他在 1918 年藝術品拍賣會大有斬獲，也在 1922 年的貨幣市場小賺一筆。但他在 1920 年的投資摔了個鼻青眼腫，他管理的國王學院校務基金，似乎也沒交出像樣的成績單。在 1920 年代，凱因斯預測的經濟週期失誤，他的預估與市場出現 20% 的差距。但這不是災難，只是運氣不好。

儘管這些不能幫助凱因斯預見 1929 年的股災，但的確讓他知道如何因應。他一直在思考自己身為投資者的局限，心想說不定可利用不同的方式進行投資。股災來襲時，凱因斯只是聳聳肩，然後改弦易轍。

到了 1930 年代初期，凱因斯已完全放棄景氣循環預測。這位世上最偉大的經濟學家認為自己在景氣預測方面做得不夠好，無法獲利。對一個以自信聞名的人，如此謙遜實在令人訝異。但他看了證據之後，做了一件不尋常的事：他改變做法。

他採用一種新的投資策略，這種策略不需要了不起的宏觀經濟洞察力。他解釋說：「經過一段時間，我愈來愈相信，正確的投資方法是把大筆資金投入在你了解的企業上，你對那些企業的管理深具信心。」忘了現在經濟如何，只要找到管理良好的公司，買進該公司的股票，別自以為聰明。如果這種方式聽起來很熟悉，那是因為股神巴菲特就是這麼做的──巴菲特最喜歡引用凱因斯的話。

今天，凱因斯被視為傳奇投資人。他管理國王學院的校務基金，雖然早期表現差強人意，甚至出現負收益，之後則成效斐然。金融經濟學家錢伯斯（David Chambers）與迪姆森（Elroy Dimson）最近研究凱因斯管理校務基金的投資紀錄，發現凱因斯以穩健的投資手法獲得出色的績效，在二十五年間，他的投資組合平均年回報率為 16%，比市場指數年回報率高出 6%。可見願意改變將為人帶來驚喜的回報。[17]

費雪的四個問題

這聽起來很簡單：如果事情進行得不順利，就試試別的辦法吧。那麼，為什麼費雪難以適應、改變？

諷刺的是，費雪的第一個問題就是他的投資紀錄太成功了。到了 1920 年代末，他已非常富有，不管投資什麼幾乎都順風順水。身為投資者，他正確預測 1920 年代生產力爆發、經濟繁榮；他的判斷也沒錯：股市將飆漲，他利用槓桿交易以小搏大，賺了大錢。與凱因斯不同的是，費雪很少在投資市場上摔跤。因此，1929 年的華爾街股災，血流成河，讓他難以接受。他只是嗤之以鼻，說這是一時瘋狂，很快就會過去了。

反之，碰到股市崩盤時，凱因斯能夠直視問題和他自己。他以前也經歷過股災，損失慘重。他就像得到警告的物理學家，知道密立根的研究有缺陷，不必對他的估計值太認真；或者像嗅覺實驗的受試者，已獲得告知：「你聞到的氣味可能是乳酪，也可能是狐臭哦，仔細想想吧。」

費雪還有一個弱點。他不斷的寫書，宣揚他的投資理念，認為股市會一直上揚，不惜賭上自己的聲譽。其實很多預測都是模糊的，費雪如此公開表明只能說勇氣可嘉，但這麼做很冒險。問題不在預測具體與否。正如我們所看到的，超級預測者總是會仔細記錄自己的預測。否則如何能從錯誤中學習？然而，費雪的眾所矚目讓他很難改變自己的看法。

心理學家多伊奇（Morton Deutsch）和傑勒德（Harold Gerard）曾在 1955 年進行一項實驗，要求大學生估計線條的長度——這實驗的原型是第六章所述，心理學家艾許的實驗。有些學生沒把估計值寫下來。還有一些學生則是把估計值寫在可以修改的板子上。另外一些學生則是以不可塗改的麥克筆寫下自己的答案。研究人員發現，在所有人面前愈公開表明的學生，愈不願意改變自己的想法。[18]

泰特洛克說道：「勒溫（Kurt Lewin）在 1930 年代就注意到這種效應。」勒溫是現代心理學的奠基者。「公開表明會讓一個人的態度『固定』。說些蠢話會讓自己變得更蠢。於是，糾正自己變得更加困難。」[19]

而費雪的看法早就公諸於世，人盡皆知。在華爾街股災發生前半個月，據《紐約時報》的報導，他斬釘截鐵的說道：「股市已來到永遠的高原期。」你要如何把這樣的話吞回去？

費雪的第三個問題——也許是最深層的問題——就是他相信未來終究是可知的。他曾寫道：「聰明的生意人會經常預測。」也許吧。但凱因斯對長期預測的看法和他大異其趣：「關於這些問題，要有可計算的或然率，沒有任何科學證據可做為依據。我們根本不知道未來會如何。」

像費雪這樣講究數據的人——他定出行走時兩腳之間的完美角度，也主張以「克羅值」來表示衣物保暖性，並估計禁酒令提高生產力的經濟效益——相信統計學力量強大，科學人可透過統計學來解決問題。統計學的確很強大。但我希望你能相信，對任何問題來說，要了解這個世界，需要的不只是數字。

可憐的費雪認為自己是具備邏輯和理性之人。他倡導教育改革，證實素食有益健康，而且積極鑽研「財富科學」，可惜最後還是窮愁潦倒。

他不斷思考、不停研究，想要寫出精闢的文章，剖析大蕭條為何會如此嚴重——包括痛苦的反省債務對經濟的影響。儘管其經濟理念今天仍受到尊崇，他已成了被邊緣化的人物。他債臺高築，不但欠稅，也欠經紀人錢，在人生接近終點時，他已喪偶，一個人過著苦日子，還常常遭到詐騙：他仍不死心，一直在找尋翻身的機會。他的豪宅早就沒了。還好他沒破產，也沒鋃鐺入獄，因為他的小姨子幫他償還債務，以今天的幣值來計算的話，多達幾千萬美元。這是小姨子的好心，但對驕傲的費雪教授來說，必然是終極羞辱吧。

經濟史家納薩（Sylvia Nasar）論及費雪時曾說：「他的樂觀、過度自信和頑固背叛了他。」[20] 凱因斯也很自信，但他已從痛苦中得到教訓：在這個世界上，很多事情是不容易以邏輯來解釋的。你可還記得他對父親說的——「這種高風險的賭注好玩極了！」喜歡在蒙地卡羅賭博的他，知道投資雖然是個令人著迷的遊戲，終究只是一場遊戲，用不著太在意手氣不順。他早期的投資理念失敗後，隨即嘗試別的。凱因斯能放下成見，改變自己的想法；可惜，費雪就是做不到。

費雪和凱因斯在第二次世界結束後不久相繼去世。費雪已沒沒無聞，凱因斯卻是世界上最具有影響力的經濟學家，是國際貨幣基金組織和世界銀行的催生者，也是 1944 年布列頓森林會議的總設計師，建立全球金融體系。

凱因斯在生命晚期反思道：「我這輩子唯一的遺憾就是喝的香檳還不夠多。」儘管很多話不是他說的，卻被當成是他留下的名言。不管如何，他曾說：「如果我得到的訊息有了變化，我就會改變結論。那你呢？」

要是費雪也能學到這一課就好了。

費雪和凱因斯都是專家，皆可輕而易舉取得統計資訊——他們也都努力蒐集數據。然而，正如名畫鑑賞家布雷迪烏斯也會被范米格倫這樣的騙子愚弄，兩人的命運會迥然不同，不是因為專業，而是情感使然。

本書主張，我們可能透過數據的蒐集和分析來解讀這個世界。但我們經常犯的錯誤不是沒有數據，而是拒絕接受數據告訴我們的東西。對費雪等很多人來說，他們拒絕接受數據，追根究柢是因為他們不相信世界已經變了。

費雪的對手之一是一位名叫巴布森（Roger Babson）的金融家及經濟預測家。巴布森曾語帶同情的說，雖然費雪是「當今最偉大的經濟學家，也是最有用、最無私的人」，但他的預測實在不準，因為「他認為這個世界是由數字統治的，而非情感」。[21]

希望本書能說服你，讓你相信：這個世界是由這兩者共同統治的。

黃金準則

好奇

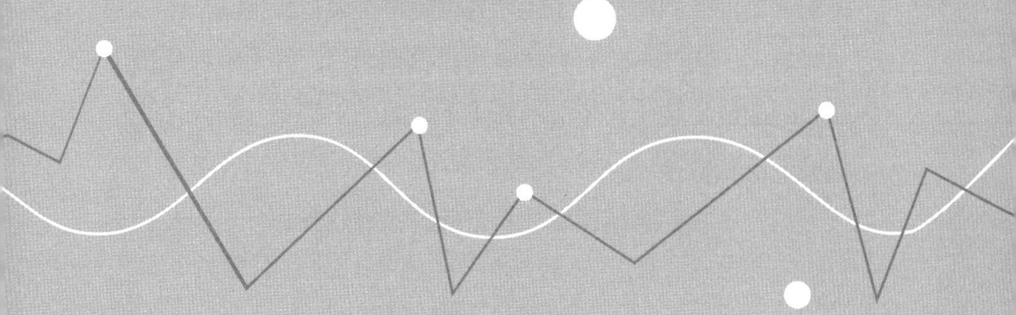

我想，沒有任何事情是觀眾無法了解的。

問題是如何引起他們的興趣；

一旦他們感興趣，就能了解這個世界的任何事物。

——**奧森．威爾斯**（Orson Welles）[1]

我在本書羅列了統計的十條誡令。

首先，我們該學習停下來，注意自己對某一種說法的情緒反應，而非憑感覺接受或排拒。

第二，我們該找方法，結合「鳥之眼」和「蟲之眼」來看事物，也就是應用統計學視角，加上從個人經驗來看。

第三，取得數據時，我們該看看上面的標籤，問自己是否了解這些數據真正想描述的東西。

第四，我們該尋求比較和背景，任何主張都得從更大的角度來看。

第五，我們該看看統計數據的背後，了解這些數據是怎麼來的——還有哪些數據可能已經消失了。

第六，數據擺在我們眼前時，我們要問，其中少了哪些人？如果把他們加進來，我們的結論是否會有所不同？

第七，我們應該要對演算法和驅動演算法的大數據集提出尖銳的問題。我們要了解，如果不公開、不透明，就無法相信這些算法和數據。

第八，我們應該更關注官方統計數據的基石——以及英勇捍衛這些統計數據的統計學家。

第九，我們不能只看漂亮圖表的表面，還必須仔細看看圖表的底下。

第十，我們必須保持開放的心態，問自己是不是可能錯了，以及事實是否已經有所改變。

我知道這十條誡令像是陳腔濫調。其實，與其說這些是誡令，不如說是經驗法則或是思維習慣——這些可是我好不容易才得到的教訓。如果某一種跟統計學有關的說法讓你豎起耳朵，你或許覺得值得一試。當然，我猜你不想要親自檢驗出現在媒體上的每一種說法——誰有這種時間？然而，這些法則對新聞來源的初步評估還是有助益的。記者是否好好定義術語、提供事件背景並評估線索？如果你看到的思維習慣愈少，心中的警鐘應該敲得愈響。

對任何人來說，這十條經驗法則還是多到難以牢記，也許我該設法簡化。我了解這些建議有一個共同點——也就是所謂的黃金準則。

這個準則就是**好奇**。

深入觀察，然後提出問題。這樣的要求也許太多 ，但我希望不至於過分。我在本書開頭懇請讀者別放棄透過統計數據之助來了解世界的想法，別像赫夫等人那樣憤世嫉俗和不信任。我相信我們能夠、也應該信任數字能給我們重要問題的答案。我和我在 BBC 電臺節目《數字知多少》的同事都為了贏得聽眾的信賴而努力。我們相信，如果聽眾願意自己調查，得到的結論應該跟我們說的差不多。當然，我們也希望聽眾能好奇，並對我們提出問題。所謂「*Nullius in verba*」，也就是不輕易聽從他人所言。如果不提出任何疑問，那就不該相信。

哲學家歐妮爾曾說：「良好的信任來自積極的探究，而非盲目的接受。」[2] 這似乎沒錯。如果我們希望能信任我們周遭的世界，就需要表示興趣，並提出幾個基本問題。我希望我已經說服你，讓你知道這些問題不會艱澀難懂，或是太技術化，而是任何有思想、好奇的人都會樂意問的。儘管現代世界有很多令人困惑的地方，要找到這些問題的答案真是太容易了。

事實證明，好奇心具有極大的力量。

如何改善認知差異

大約在十年前，耶魯研究人員卡漢（Dan Kahan）給學生看一段群眾在某個未知大樓外示威的影片。研究人員告知其中一些學生，這是在一家墮胎診所外的示威抗議活動，同時告訴其他學生，這是同志平權運動者在徵兵中心外面抗議不准士兵公開性取向的同性戀禁令。接著，研究人員對學生提出有關事實的問題：這是和平示威嗎？示威者是否恐嚇經過的路人？他們是否尖叫或吼叫？是否堵住建築物的出入口？

結果，學生給的答案取決於他們的政治認同。擁護保守主義的學生，相信自己看到的是反墮胎的示威，這場抗議活動沒有問題：沒有謾罵、沒有暴力，也沒有堵住建築物出入口。左派學生則認為他們看到的是同志平權示威活動，而且也有同樣的結論：示威者充分展現尊重和自制。

但是看到同志平權示威活動的右派學生和觀看反墮胎運動的左派學生得到的結論卻大不相同。這兩個群體都認為示威者具有攻擊性，會恐嚇路人，而且堵住建築物出入口。[3]

卡漢研究的是我們在第一章碰到的問題：我們的政治與文化認同——我們渴望一種歸屬感，希望自己屬於一群與自己志同道合、思想正確的人，因此在重大爭議上會得出自己期望的結論。遺憾的是，如此一來，我們不只在解析氣候變遷等與統計相關的複雜主張時會得到符合自己政治認同的結論，即使證據就擺在眼前，我們一樣會得到讓自己安心的結論。*

正如我們在前面看到的，專業知識並不保證不受這種動機推理的影響：科學素養高的共和黨人與民主黨人，在氣候變遷問題上意見的分歧要比科學教育程度低的人更大。令人沮喪的是，其他議題如核能、槍枝管制和水力壓裂技術†也是如此：科學素養愈高，敵對的雙方意見分歧就更嚴重。計算能力也是。卡漢指出：「計算能力愈強，兩極化的現象也更明顯。」[4]

卡漢一直在尋找對抗部落主義的解方，努力了很久，還是

---

* 這項研究的題目是「他們看到一段示威影片」，呼應 1954 年的一篇經典心理學研究報告：「他們看到一場比賽」，這篇報告發現，敵對的球迷觀看一場看起來很暴力的比賽時，雙方的看法同樣也會出現類似的偏見。

† 譯注：水力壓裂法：fracking，利用水壓把岩石粉碎，以提取緊附於岩石的石油和天然氣。環保團體質疑這種方法會對環境造成不可挽救的汙染問題。

徒勞無功。他真是累了，我們該原諒他。[5] 然而，幾年前，卡漢及其同事發現一些人具有某種特質，而其他人也可以在鼓勵之下發展出這樣的特質——這種特質可使人免於受到有毒的極化影響。這個發現使卡漢非常驚訝。在被政治影響最深的部落主義問題，儘管智力和教育都無解，這種特質卻有幫助。

如果你很想知道這種特質是什麼，那麼恭喜你，也許你已經具有這種特質。

這種特質就是好奇。好奇可以打破極化的模式。具體而言，卡漢認為這就是「科學的好奇心」。科學的好奇心和科學素養不同。當然，這兩種特質是相關的，但是有些人有強烈的好奇心，卻缺乏科學知識（或許還沒學到這方面的知識），反之，有些已接受嚴格科學訓練的人，卻沒有學習的胃口。

就兩極化的問題而言，科學的好奇心並不會使共和黨人和民主黨人的分歧更大，反而會拉近雙方的距離。當然，我們要注意，不要誇大這種效應。以氣候變遷的問題而言，具有好奇心的共和黨和民主黨人依然意見分歧——然而，他們愈好奇，就愈可能採取以證據為基礎的看法。或者，換另一種說法，我們的好奇心愈強，部落主義的影響似乎就愈小。（科學的好奇心和政治派別之間幾乎沒有關聯。幸好，不管在政治光譜的哪一段，都有很多好奇的人。）

雖然這一發現讓卡漢驚訝，但是看起來很有道理。正如我們所看到的，我們對改變想法最頑固的抗拒之一，就是我們善於過濾或摒棄不樂見的訊息。然而，如果是好奇的人則喜歡驚訝，渴望看到意想不到的事情。這樣的人也許不會過濾令人驚訝的消息，因為這種消息耐人尋味，讓人想要追根究柢。

卡漢的研究團隊最初是透過簡單的問題來確認受試者是否具有科學的好奇心。表面上，他們進行的是市場調查，讓人不知道研究人員在評估他們的好奇心。其中一個問題是：「你多常閱讀科普書籍？」具有科學好奇心的人對觀看太空旅行或企鵝紀錄片的興趣，多過看籃球比賽或名人八卦節目。他們不但說出不同的答案，在心理實驗室也做出不同的選擇。在一個實驗中，受試者看到四個有關氣候變遷的文章標題，研究人員請他們挑出他們最想讀的一篇。其中兩篇和懷疑論有關，另外兩篇則否；其中兩篇標題令人驚訝，另外兩篇則否：

1. 科學家發現更多證據，證明全球暖化的腳步在過去十年已經放緩（懷疑論／不令人驚訝）
2. 科學家提出令人驚訝的證據：北極冰川融化的速度要比預期的來得快（令人驚訝／非懷疑論）
3. 科學家提出令人驚訝的證據：南極冰層正在**增加**，目前**並未**致使海平面上升（懷疑論／令人驚訝）
4. 科學家發現更多全球暖化與極端氣候相關的證據（不令人驚訝／非懷疑論）

通常，我們認為人會選擇迎合自己看法的文章：民主黨人對正視全球暖化問題的文章比較感興趣，而共和黨人則傾向選擇對全球暖化帶有懷疑論調的文章。

如果是具有科學好奇心的人——不管是共和黨人或民主黨人——則有不同的選擇。他們樂於看到和自己看法相反的文章，只要是令人驚訝、新鮮的論調，就有興趣一讀。一旦你認真閱讀，總有機會學到新的東西。

令人驚訝的統計論述會挑戰我們既有的世界觀，也會引發我們的情緒反應——這種反應甚至有可能是恐懼。神經科學研究指出，大腦會對我們的成見構成威脅的事實出現焦慮反應，就像我們的性命受到猛獸威脅。[6] 但是，如果是具有好奇心的人，聽到令人驚訝的說法不一定會焦慮，可能認為這是吸引人的謎團或是需要解決的難題。

我們能變得更好奇嗎？

此時，一個具有好奇心的人可能有問題要問。遇見卡漢時，我最急著想知道的是——好奇心可以培養嗎？我們能不能變得更好奇？是否能激發別人的好奇心？

我們有理由相信答案是肯定的。卡漢說，其中一個原因是，就他對好奇心的衡量，他發現好奇心的確可能逐漸強化。他衡量科學的好奇心時，發現並不是一大群完全不好奇的人在光譜一端、一大群好奇心極度旺盛之人在光譜的另一端、中間的人很少。反之，好奇心呈鐘形曲線：大多數的人都是有點好奇，或是有點不好奇。這不能證明好奇心是可以培養的。也許這個鐘形曲線剛硬如鐵，無法改變。然而，至少我們還是可以抱持希望：儘管不能飛躍過去，人還是可以稍稍往好奇的那一端移動。

第二個原因是，好奇心往往和情境有關。只要地方對、時機對，任何人都可能生出好奇心。*事實上，卡漢還發現，一個人的科學好奇心能持續一段很長的時間，讓一些心理學家感到驚訝。他們認為，沒有人天生具有好奇心，而是某種情況激發一個人的好奇心。其實，現在看來，似乎人本來就會傾向好奇或不好奇，但這並未改變一個事實：好奇心是可能受到激發或壓抑的，視情況而定。我們都有好奇心，只是要看什麼時間，而且是什麼事。

引發好奇心的一個原因是，我們的知識中有待填補的空缺。行為經濟學家羅文斯坦稱之為好奇的「訊息缺口」理論。如羅文斯坦所言，在「我們已知」和「我們想知道」之間如有缺口，就會引燃好奇心。好奇有一個「甜蜜點」：如果我們什麼都不知道，也就不會提出任何問題；如果我們什麼都知道，也不會問問題。一旦我們知道自己有所不知，就會激發好奇心。[7]

唉，只是我們常常不知道自己有所不知。關於好奇心，心理學家羅森布里特（Leonid Rozenblit）與凱爾（Frank Keil）

＊愛挑釁的人、民粹主義者、煽動怒火者等愛興風作浪的人在辯論時會試圖壓抑好奇心、強化成見，但是好奇、思想開放的人在辯論時最好採取相反策略。

進行了一個巧妙的小實驗。他們讓受試者做一件簡單的事：給他們看一些日常用品，如抽水馬桶、拉鍊、自行車，然後請受試者根據自己對該用品了解的程度，從一分到七分給自己打分數。[8]

受試者寫下評分後，研究人員再悄悄突襲，要受試者詳細說明。他們說，這裡有筆和紙，請盡可能仔細的解釋抽水馬桶這種東西，也可用圖表來說明。

事實證明，這件事不像我們想的那麼容易。為了解釋這種日常用品是怎麼作用的，受試者無不搔頭撓耳、絞盡腦汁。他們以為那些細節會自然而然浮現在腦海中，結果沒有。大多數的受試者發現他們在欺騙自己。他們以為自己知道拉鍊和抽水馬桶是何物，一旦要詳細解釋，卻說不出個所以然。接著，研究人員請受試者重新考慮自己先前的評分，受試者決定把分數降低，承認自己的知識其實淺薄得很，不像自己想的那麼豐富。

羅森布里特和凱爾論道，這就是所謂的「解釋深度的錯覺」。這種錯覺是陷阱，也是好奇心的殺手。如果我們認為自己已經知道了，為什麼要深入研究？為什麼要提出問題？令人驚訝的是，要我們從先前的自信抽身而出非常容易：只要讓人反思自己知識的缺口。如羅文斯坦所言，知識的缺口會激發好奇心。

還有比拉鍊更重要的東西。另一個由《知識的假象》（*The Knowledge Illusion*）一書作者芬恩巴赫（Philip Fernbach）

和斯洛曼（Steven Sloman）領導的研究團隊也做了類似研究。他們問的不是抽水馬桶等日常用品，而是政策，如碳排放的限額與交易系統、單一稅率、對伊朗實施單邊制裁等。重要的是，研究人員並未詢問受試者他們是否贊成或反對這些政策，以及為什麼。之前已有很多證據顯示這類問題會引導人去鑽研。反之，芬恩巴赫及其同事只是問一樣簡單的問題：請就你了解的程度，從一分到七分給自己打分數。然後，他們同樣突襲受試者：請詳細解釋，告訴我們什麼是單邊制裁，以及單一稅率是怎麼回事。同樣的事情發生了。受試者說，是的，他們大概了解這些政策，但是必須詳細解釋時，知識的假象消失了，他們不得不面對事實，明白自己根本就不了解這些政策。[9]

更引人注目的是，一旦假象消失，政治極化也開始消退。我們常出自本能，說敵對的一方是邪惡的，勇於捍衛自己的想法，然而如果被迫承認自己並不完全了解自己為何在一開始如此熱情擁抱某種理念，就不會那麼劍拔弩張。這個實驗不只是影響語言，也影響行動：研究人員發現，有些人一度支持某個遊說團體等組織，後來就不怎麼願意捐款了。[10]

這是個相當了不起的發現：在這個世界，有很多人似乎都對極端的理念緊抱不捨，然而你只要請他們詳細解釋，他們的過度自信就會像洩了氣的皮球，不再趾高氣揚。下次你和別人就某個政策激烈爭論時，不妨請對方別急著為自己辯解，證明自己是對的，先詳細說明吧。例如：對方可能希望實施全民基本收入、單一稅率、移民計分制度或全民醫療保險。你說，好吧，很有意思，不過可以詳細說明嗎？對方在解釋的過程中發現自己學到了一些東西，你也是。你可能發現，其實你懂的不像自己想的那麼多，你也不是像自己想的那麼不贊同對方。

如何激發好奇心

要弄清楚抽水馬桶的原理或是了解什麼是碳排放的限額與交易系統，都得下一些工夫。討論某個議題時，你可以請人就自己了解的程度，從一分到七分給自己打分數，接著請人詳細解釋，以戳破其過度自信。你也可以友好一點，也就是激發別人的興趣。正如奧森・威爾斯所言，一旦人有了興趣，就能了解這個世界的任何事物。

如何激發人的興趣，這不是新問題，也不是個難題。小說家、編劇和喜劇演員長久以來一直在摸索這方面的技巧。他們知道我們喜歡神祕、離奇，會被可愛的角色吸引，愛看峰迴路轉的好故事，也喜歡讓人發笑的事。科學證據顯示，奧森・威爾斯完全正確：例如有些研究要求受試者閱讀敘述性和非敘述性的文章，發現他們看敘述性文章的速度是非敘述性文章的兩倍，之後能回憶起來的訊息也有兩倍之多。[11]

至於幽默，美國脫口秀主持人柯貝爾（Stephen Colbert）給我們上的「公民課」就是最好的例子。柯貝爾在主持 CBS《深夜秀》（*The Late Show*）之前，已在他的節目《柯貝爾報告》（*The Colbert Report*）展現政治幽默，扮演「自大的右派時事評論員」。*2011 年 3 月，柯貝爾找到一個可以玩很久的笑話哏，也就是金錢在美國政治扮演的角色。他說，如果他決定參選美國總統，就得設立一個政治行動委員會（PAC）來籌措選舉經費。他在節目中對友善的專家表示：「顯然，我需要 PAC，但我完全不知道這個組織是做什麼的。」

在接下來的幾個星期，有人向柯貝爾解釋什麼是 PAC，以及超級 PAC 和 501(c)(4)：他可以透過這些組織接受捐款、捐款上限為何、捐獻透明化的要求及如何使用這些捐款。他發現，透過一些募款組織，他可以籌措到任何數目的經費，而且幾乎不需要披露。他說：「顯然，(c)(4) 已創造出前所未有、無法計算、無法追蹤的現金海嘯，下次選舉的每一個層面都會受到影響。我如果不去搞一個，豈不是白痴？」

柯貝爾後來知道如何解散募款組織，把錢占為己有——當然，這不能讓國稅局知道。他不斷回來討論這個議題，詢問大家對濫用選舉規則有何高見。柯貝爾探討競選經費的深入程度，遠超過任何新聞報導。

柯貝爾是否讓觀眾更了解政治獻金和選舉的議題？似乎是如此。曾與卡漢共事的研究人員詹米森（Kathleen Hall Jamieson）利用柯貝爾的節目調查觀眾從他的玩笑中學到多

---

* 我曾是《柯貝爾報告》節目的來賓。柯貝爾是個很親切的主持人。他在一個綠色房間向我解釋該節目的基本理念：「我會進入角色，而我扮演的角色就是白痴。」節目進行中，他進入角色，接著跟我說：「哈福特，你完了，我要把你粉身碎骨。」

少。她的研究團隊發現，觀看《柯貝爾報告》的確能比較了解超級 PAC 和屬於 501(c)(4) 的團體——這些組織如何運作，他們可以合法的做什麼。看報紙和聽廣播節目也有幫助，但效果遠不如《柯貝爾報告》。例如每週看一次《柯貝爾報告》對選舉經費的了解，相當於每週看四天的報紙，或是接受五年的學校教育。

當然，這是相關性的衡量，而非因果關係。或許對超級 PAC 感興趣的人會收看《柯貝爾報告》，聽他說笑話。可能對政治有興趣的人早就知道超級 PAC，也愛看《柯貝爾報告》。但我猜想，這個節目的確讓人更了解超級 PAC，因為柯貝爾真的深入這個委員會的細節。他有很多死忠觀眾——他妙語如珠，常教人捧腹大笑。[12]

你不必是美國最受歡迎的脫口秀名嘴，也能有同樣的效果。美國國家公共廣播電臺（NPR）的節目《金錢星球》（*Planet Money*）就從超過 2.5 萬件 T 恤的設計、製造和進口來了解全球經濟的細節。記者從棉花田開始追蹤調查；自動化在紡織品扮演的角色；非洲社群如何從捐贈給他們的美國 T 恤創造新的流行；貨運業的物流；以及關於一些令人匪夷所思的細節，如孟加拉製造的男 T 恤必須徵收 16.5% 的關稅，但在哥倫比亞製造的女 T 恤則免關稅。[13]

這些例子可說是溝通的典範，正因能激發人的好奇心。「金錢如何影響政治？」這實在不是一個特別吸引人的問題，然而「如果我要競選總統，如何在沒有什麼限制和審查的情況下籌措大筆經費？」這個問題就令人好奇了。

我們這些從事概念溝通的人，需要超越事實查核和統計數據。事實是有價值的東西，事實查核也是。但是，如果我們真的希望大家能理解複雜的問題，就需要激發他們的好奇心。一旦好奇，就願意學習。*

我在 BBC 主持的節目《數字知多少》也是如此。這個節目以戳破迷思著稱，但我覺得我們做得最好的地方是利用統計數據來闡明事實，而非揭發錯誤。我們藉由可靠的數字之助，帶領觀眾一起探索周遭的世界。錯誤很有趣——但真相更有趣。

在 2016 年脫歐公投後，吾等英國同胞決定脫離歐盟。這個決定讓經濟學家深思。大多數的技術專家認為脫歐是個壞主意——代價高昂、複雜，而且不可能有多大的好處，也無法解決英國最急迫的問題。不過，有人一針見血的說：「這個國家的人民已受夠了專家。」†似乎很少人關心經濟學家對這個問題的看法——我想，職業經濟學家想要了解我們到底做錯了什麼，以及未來是否能做得更好。

---

* 如果人沒有好奇心，就不會學習；一旦他們的好奇心被激發了，才會想要學習。還記得前面章節提到的電視節目製作人？他們要製作一個節目探討英國社會貧富差距加劇的問題，但他們顯然沒有好奇心，沒去查證 2007 年至 2008 年貧富差距問題是否如他們所想的變得更嚴重。

† 這句話是支持脫歐的戈夫（Michael Gove）所言，他指的是國際貨幣基金組織等國際組織的專家。然而，這句話似乎成了名言，有自己的生命，可套用在很多地方。

後來，在一次討論「經濟學家與公眾」的研討會上，英國經濟學界的菁英齊聚一堂，思考自己的問題和解決之道。[14] 有人分析，我們應該多發推文，在推特上與民眾互動。很多講者也都建議，我們需要清楚的表達自己的意見，不要使用晦澀艱深的術語。這些意見都有道理。

我的觀點略有不同。我認為，我們身在一個政治極化的世界，不管我們提出什麼樣的意見，幾乎都會受到不同黨派人士的猛烈攻擊。經濟學家必須處理一些有爭議的議題，如不平等、稅收、公共支出、氣候變遷、貿易、移民，當然，還有像脫歐這樣的問題。在火爆的氛圍之下，只是緩慢、清楚的對大眾陳述，成效有限。要溝通複雜的想法，我們需要激發大家的好奇心——甚至不惜語不驚人死不休。畢竟，偉大的科學傳播者——如霍金和艾登堡（David Attenborough）——他們的魅力能風靡全球，不是因為深入淺出的清晰解說，而是因為他們能激發我們的好奇心，讓我們燃起學習欲望。如果我們這些經濟學家希望一般大眾能了解經濟學，首先我們必須引起他們的興趣。

不只是經濟學家，科學家、社會科學家、歷史學家、統計學家或任何需要傳達複雜思想的人也該這麼做。不管討論的主題是黑洞的演變、像「黑人的命也是命」這樣的種族歧視議題，或是預感和印象，細節都很重要——如能以最好的方式來呈現，總是能使人著迷。

喚醒自己的驚奇感吧，我對我的同行說。引燃好奇的火花，加點燃料，利用經得起時間考驗的手法，如說故事、角色、懸疑和幽默。要傳播理念，我們不能依賴記者和科學家。我們必須做個有好奇心的人。正如一句諺語：「只有無聊的人才會感到無聊。」如果我們對這個世界有興趣，這個世界就會有趣多了。

有句老話：「無聊的解藥是好奇心，好奇心卻無藥可救。」[15] 一旦我們鑽到事物的表面之下，意識到自己的知識有缺口，利用每個問題通往更好的問題，我們就會發現好奇會讓人上癮。

有時，我們需要像赫夫那樣思考；在生活中，總有某個地方會讓小心眼、態度強硬的懷疑論者起疑，問道，這是在耍什麼把戲？這個說謊的混蛋為什麼要騙我？[16] 面對令人驚訝的統計數字時，雖然有時可以用「我不相信」起頭，不打破沙鍋問到底的話，那就是懶惰，不會有什麼結果。

我希望你不會這樣不了了之。但願我已經說服你，了解我們該多多培養尋求新奇的好奇心，要求別人「請告訴我更多吧」。流行病學家希爾及其學生多爾正是在好奇心的驅使下，想要知道為什麼有那麼多人死於肺癌，香菸可是罪魁禍首？

如果我們想了解這個世界，就得提出問題——提出思想開放、真正的問題。一旦我們開始發問，可能會樂此不疲，很難停下來。

注釋

序言　如何用統計數字說謊

1. Umberto Eco, *Serendipities: Language and Lunacy*, London: Hachette, 2015.
2. Robert Matthews, 'Storks Deliver Babies (p = 0.008)', *Teaching Statistics*, 22(2), June 2000, 36–8, http://dx.doi.org/10.1111/1467-9639.00013. 社會科學的研究論文一般會說，p = 0.05 代表相關達到統計顯著性。也就是說，假如完全沒有相關性，所觀察的模式發生機率為二十分之一。送子鳥研究論文自誇 p = 0.008，那代表假如鸛鳥與新生兒的出生無關，模式發生的機率為一百二十五分之一。使用統計顯著性其實是一件令人遺憾的學術傳統，理由我們現在不予深究。
3. Conrad Keating, *Smoking Kills*, Oxford: Signal Books, 2009, p.xv.
4. Science Museum, Sir Austin Bradford Hill, http://broughttolife.sciencemuseum.org.uk/broughttolife/people/austinhill; Peter Armitage, 'Obituary: Sir Austin Bradford Hill, 1897–1991', *Journal of the Royal Statistical Society*, Series A (Statistics in Society), 154(3), 1991, 482–4, www.jstor.org/stable/2983156
5. Keating, *Smoking Kills*, pp.85–90.
6. 同前，頁 113。
7. John P.A. Ioannidis, 'A fiasco in the making?' *Stat,* 17 March 2020, https://www.statnews.com/2020/03/17/a-fiasco-in-the-making-as-the-coronavirus-pandemic-takes-hold-we-are-making-decisions-without-reliable-data/
8. Demetri Sevastopulo and Hannah Kuchler, 'Donald Trump's chaotic coronavirus crisis', *Financial Times,* 27 March 2020, https://www.

ft.com/content/80aa0b58-7010-11ea-9bca-bf503995cd6f

9. 'Taiwan says WHO failed to act on coronavirus transmission warning', *Financial Times,* 20 March 2020, https://www.ft.com/content/2a70a02a-644a-11ea-a6cd-df28cc3c6a68
10. David Card, 'Origins of the Unemployment Rate: The Lasting Legacy of Measurement without Theory', UC Berkeley and NBER Working Paper, February 2011, http://davidcard.berkeley.edu/papers/origins-of-unemployment.pdf
11. Naomi Oreskes and Eric Conway, *Merchants of Doubt*, London: Bloomsbury, 2010, Chapter 1; and Robert Proctor, *Golden Holocaust*, Berkeley and Los Angeles: University of California Press, 2011.
12. Smoking And Health Proposal, Brown and Williamson internal memo, 1969 https://www.industrydocuments.ucsf.edu/tobacco/docs/#id=psdw0147.
13. Kari Edwards and Edward Smith, 'A Disconfirmation Bias in the Evaluation of Arguments', *Journal of Personality and Social Psychology*, 71(1), 1996, 5–24.
14. Oreskes and Conway, *Merchants of Doubt*.
15. Michael Lewis, 'Has Anyone Seen the President?', Bloomberg, 9 February 2018, https://www.bloomberg.com/opinion/articles/2018-02-09/has-anyone-seen-the-president
16. Brendan Nyhan, 'Why Fears of Fake News Are Overhyped', *Medium*, 4 February 2019; and Gillian Tett, 'The Kids Are Alright: The Truth About Fake News', *Financial Times*, 6 February 2019, https://www.ft.com/content/d8f43574-29a1-11e9-a5ab-ff8ef2b976c7?desktop=true&segmentId=7c8f09b9-9b61-4fbb-9430-9208a9e233c8
17. https://www.sciencemediacentre.org/expert-reaction-to-who-director-generals-comments-that-3-4-of-reported-covid-19-cases-have-died-globally/
18. CQ Quarterly: https://library.cqpress.com/cqalmanac/document.

php?id=cqal65-1259268; and Alex Reinhart, 'Huff and Puff ', *Significance*, 11 (4), 2014.

19. Andrew Gelman, 'Statistics for Cigarette Sellers', *Chance*, 25(3), 2012; Reinhart, 'Huff and Puff '.
20. 《別讓統計數字騙了你》被收藏在菸草業文件檔案圖書館裡。萊因哈特（Alex Reinhart）把關於這個計畫的各種手稿與文件拼湊在一起。Reinhart, 'The History of "How To Lie With Smoking Statistics"', https://www.refsmmat.com/articles/smoking-statistics.html
21. Suzana Herculano-Houzel, 'What is so special about the human brain?', talk at TED.com given in 2013: https://www.ted.com/talks/suzana_herculano_houzel_what_is_so_special_about_the_human_brain/transcript?ga_source=embed&ga_medium=embed&ga_campaign=embedT
22. On Galileo's telescope: https://thonyc.wordpress.com/2012/08/23/refusing-to-look/; and https://www.wired.com/2008/10/how-the-telesco/; and https://thekindlyones.org/2010/10/13/refusing-to-look-through-galileos-telescope/

準則一　用你的心去感覺

1. 又名《星際大戰五部曲》（*Star Wars: Episode V*），Leigh Brackett 和 Lawrence Kasdan 編劇。
2. 這些書都有提到范米格倫的案子：John Godley, *The Master Forger*, London: Home and Van Thal, 1951; and *Van Meegeren: A Case History*, London: Nelson, 1967; Noah Charney, *The Art of Forgery: The Minds, Motives and Methods of Master Forgers*, London: Phaidon, 2015; Frank Wynne, *I Was Vermeer*, London: Bloomsbury, 2007; Edward Dolnick, *The Forger's Spell*, New York: Harper Perennial, 2009; the BBC TV programme *Fake or Fortune* (Series 1, Programme 3, 2011); a series of blog posts by Errol Morris titled 'Bamboozling Ourselves' starting on the *New York Times*

website, 20 May 2009; the Boijmans Museum film *Van Meegeren's Fake Vermeers* (2010, available on YouTube at https://www.youtube.com/watch?v=NnnkuOz08GQ); and particularly Jonathan Lopez, *The Man Who Made Vermeers*, London: Houghton Mifflin, 2009.

3. 人們對於范米格倫如何認罪有不同的說法。其中一個說法是，范米格倫更直接的將自己比擬為維梅爾：「戈林手中的畫作並不是你們所想的維梅爾畫作，而是范米格倫的作品！」這句話出自韋恩（Frank Wynne）的《我是維梅爾》（*I was Vermeer*）。
4. Ziva Kunda, 'Motivated Inference: Self-Serving Generation and Evaluation of Causal Theories', *Journal of Personality and Social Psychology*, 53(4), 1987, 636–47.
5. Stephen Jay Gould, 'The median isn't the message', *Discover* 6 June 1985, 40–2.
6. This experiment was described on NPR's 'The Hidden Brain' podcast: *You 2.0: The Ostrich Effect*, 6 August 2018, https://www.npr.org/templates/transcript/transcript.php?storyId=636133086
7. Nachum Sicherman, George Loewenstein, Duane J. Seppi, Stephen P. Utkus, 'Financial Attention', *Review of Financial Studies*, 29(4), 1 April 2016, 863–97, https://doi.org/10.1093/rfs/hhv073
8. 'Viral post about someone's uncle's coronavirus advice is not all it's cracked up to be', *Full Fact,* 5 March 2020, https://fullfact.org/online/coronavirus-claims-symptoms-viral/
9. Guy Mayraz, 'Wishful Thinking', 25 October 2011, http://dx.doi.org/10.2139/ssrn.1955644
10. Linda Babcock and George Loewenstein, 'Explaining Bargaining Impasse: The Role of Self-Serving Biases', *Journal of Economic Perspectives*, 11(1), 1997, 109–26, https://pubs.aeaweb.org/doi/pdfplus/10.1257/jep.11.1.109
11. A good summary is Dan Kahan's blog post, *What is Motivated Reasoning? How Does It Work?*, http://blogs.discovermagazine.com/intersection/2011/05/05/what-is-motivated-reasoning-how-does-it-

work-dan-kahan-answers/#.WN5zJ_nyuUm. An excellent survey is Ziva Kunda, 'The case for motivated reasoning', *Psychological Bulletin*, 108(3), 1990, 480–98, http://dx.doi.org/10.1037/0033-2909.108.3.480

12. S. C. Kalichman, L. Eaton, C. Cherry, '"There is no proof that HIV causes AIDS": AIDS denialism beliefs among people living with HIV/AIDS', *Journal of Behavioral Medicine*, 33(6), 2010, 432–40, https://doi.org/10.1007/s10865-010-9275-7; and A. B. Hutchinson, E. B. Begley, P. Sullivan, H. A. Clark, B. C. Boyett, S. E. Kellerman, 'Conspiracy beliefs and trust in information about HIV/AIDS among minority men who have sex with men', *Journal of Acquired Immune Deficiency Syndrome*, 45(5), 15 August 2007, 603–5.
13. Tim Harford, 'Why it's too tempting to believe the Oxford study', *Financial Times,* 27 March 2020, https://www.ft.com/content/14df8908-6f47-11ea-9bca-bf503995cd6f
14. Keith E. Stanovich, Richard F. West and Maggie E. Toplak, 'Myside Bias, Rational Thinking, and Intelligence', *Current Directions in Psychological Science* 22(4), August 2013, 259–64, https://doi.org/10.1177/0963721413480174
15. Charles S. Taber and Milton Lodge, 'Motivated Skepticism in the Evaluation of Political Beliefs', *American Journal of Political Science*, 50(3), July 2006, 755–69, http://www.jstor.org/stable/3694247
16. Kevin Quealy, 'The More Education Republicans Have, the Less They Tend to Believe in Climate Change', *New York Times*, 14 November 2017, https://www.nytimes.com/interactive/2017/11/14/upshot/climate-change-by-education.html
17. Caitlin Drummond and Baruch Fischhoff, 'Individuals with greater science literacy and education have more polarized beliefs on controversial science topics', *PNAS*, 21 August 2017, http://www.pnas.org/content/early/2017/08/15/1704882114

18. Charles Lord, L. Ross and M. R. Lepper, 'Biased assimilation and attitude polarization: The effects of prior theories on subsequently considered evidence', *Journal of Personality and Social Psychology*, 37(11), 1979, 2098–2109.
19. Nicholas Epley and Thomas Gilovich, 'The Mechanics of Motivated Reasoning', *Journal of Economic Perspectives*, 30(3), 2016, 133–40, https://pubs.aeaweb.org/doi/pdfplus/10.1257/jep.30.3.133
20. Ari LeVaux, 'Climate change threatens Montana's barley farmers – and possibly your beer', Food and Environment Research Network, 13 December 2017, https://thefern.org/2017/12/climate-change-threatens-montanas-barley-farmers-possibly-beer/
21. 作者在 2018 年 10 月 27 日與德梅耶爾的通信。
22. Gordon Pennycook, Ziv Epstein, Mohsen Mosleh, Antonio A. Arechar, Dean Eckles and David G. Rand. 'Understanding and Reducing the Spread of Misinformation Online.' PsyArXiv. 13 November 2019. https://doi.org/10.31234/osf.io/3n9u8; see also Oliver Burkeman, 'How to stop the spread of fake news? Pause for a moment', *Guardian,* 7 February 2020, https://www.theguardian.com/lifeandstyle/2020/feb/07/how-to-stop-spread-of-fake-news-oliver-burkeman
23. G. Pennycook and D. G. Rand, 'Lazy, not biased: Susceptibility to partisan fake news is better explained by lack of reasoning than by motivated reasoning', *Cognition*, 2018, https://doi.org/10.1016/j.cognition.2018.06.011
24. Shane Frederick, 'Cognitive Reflection and Decision Making', *Journal of Economic Perspectives*, 19(4),2005, 25–42, https://doi.org/10.1257/089533005775196732
25. Diane Wolf, *Beyond Anne Frank: Hidden Children and Postwar Families in Holland*, Berkeley: University of California Press, 2007, Table 1, citing Raul Hilberg, *The Destruction of the European Jews* (1985).

準則二　回想你的親身經歷

1. 尤努斯接受 Steven Covey 採訪，請參見：http://socialbusinesspedia.com/wiki/details/248
2. Transport for London, *Travel In London: Report 11*, http://content.tfl.gov.uk/travel-in-london-report-11.pdf, figure 10.8, p.202.
3. 這些數字基於資訊自由法而被揭露。可以在此處看到摘要：https://www.ianvisits.co.uk/blog/2016/08/05/london-tube-train-capacities/
4. Transport for London, *Travel In London: Report 4*, http://content.tfl.gov.uk/travel-in-london-report-4.pdf, p.5.
5. 作者 2019 年 7 月 9 日採訪倫敦交通局的 Lauren Sager Weinstein 和 Dale Campbell。
6. Ipsos MORI, *Perils of Perception 2017*, https://www.ipsos.com/ipsos-mori/en-uk/perils-perception-2017
7. '" No link between MMR and autism", major study finds', *NHS News*, Tuesday, 5 March 2019, https://www.nhs.uk/news/medication/no-link-between-mmr-and-autism-major-study-finds/
8. 'When do children usually show symptoms of autism?', *National Institute of Child Health and Clinical Development*, https://www.nichd.nih.gov/health/topics/autism/conditioninfo/symptoms-appear
9. David McRaney, 'You Are Not So Smart Episode 62: Naïve Realism', https://youarenotsosmart.com/2015/11/09/yanss-062-why-you-often-believe-people-who-see-the-world-differently-are-wrong/; and Tom Gilovich and Lee Ross, *The Wisest One in the Room*, New York: Free Press, 2016.
10. Ipsos MORI, *Perils of Perception 2017*, https://www.ipsos.com/ipsos-mori/en-uk/perils-perception-2017
11. David Dranove, Daniel Kessler, Mark McClellan and Mark Satterthwaite, 'Is More Information Better? The Effects of "Report Cards" on Health Care Providers', National Bureau of Economic Research Working Paper 8697 (2002), http://www.nber.org/papers/

w8697

12. Charles Goodhart, 'Problems of Monetary Management: The U.K. Experience', in Anthony S. Courakis (ed.), *Inflation, Depression, and Economic Policy in the West*, London: Mansell, 1981, pp.111–46. 原始論文在 1975 年的會議上發表。
13. Donald T. Campbell, 'Assessing the impact of planned social change', *Evaluation and Program Planning*, 2(1), 1979. 更早的版本在 1976 年出版，在 1974 年的會議以論文形式發表。
14. Abhijit Vinayak Banerjee, Dean S. Karlan and Jonathan Zinman, 'Six randomized evaluations of microcredit: Introduction and further steps', 2015; and Rachel Meager, 'Understanding the average effect of microcredit', https://voxdev.org/topic/methods-measurement/understanding-average-effect-microcredit
15. Anna Rosling Rönnlund, 'See how the rest of the world lives, organized by income', TED 2017, https://www.ted.com/talks/anna_rosling_ronnlund_see_how_the_rest_of_the_world_lives_organized_by_income

準則三　別急著算數字

1. 2018 年 6 月 8 日，史密斯醫生在 BBC 廣播四臺，為《數字知多少》節目，接受我和我的同事凡頓史密斯（Richard Fenton-Smith）的訪問：https://www.bbc.co.uk/programmes/p069jd0p。此處文字是根據我們在廣播節目上的訪談，透過電郵的討論，以及我在 2019 年 8 月 12 日與史密斯醫生的電話訪問。史密斯醫生對懷孕二十至二十四週流產孕婦的訪問，請參見：https://www.healthtalk.org/20-24
2. See Merian F. MacDorman et al, 'International Comparisons of Infant Mortality and Related Factors: United States and Europe, 2010', *National Vital Statistics Reports*, 24 September 2014.
3. Denis Campbell, 'Concern at rising infant mortality rate in England and Wales', *Guardian*, 15 March 2018, https://www.theguardian.

com/society/2018/mar/15/concern-at-rising-infant-mortality-rate-in-england-and-wales

4. Peter Davis et al, 'Rising infant mortality rates in England and Wales – we need to understand gestation specific mortality', *BMJ* 361, 8 May 2018, https://doi.org/10.1136/bmj.k1936
5. BBC *More or Less,* 8 April 2020, https://www.bbc.co.uk/programmes/m000h6cb
6. 作者 2017 年 12 月 12 日採訪戈丁。
7. Paul J. C. Adachi and Teena Willoughby, 'The Effect of Video Game Competition and Violence on Aggressive Behavior: Which Characteristic Has the Greatest Influence?', *Psychology of Violence*, 1(4), 2011, 259–74, https://doi.org/10.1037/a0024908
8. 'Immigration post-Brexit', Leave Means Leave research paper, http://www.leavemeansleave.eu/research/immigration-post-brexit-fair-flexible-forward-thinking-immigration-policy/
9. Jonathan Portes, 'Who Are You Calling Low-Skilled?', *UK in a Changing Europe*, 12 April 2017, https://ukandeu.ac.uk/who-are-you-calling-low-skilled/
10. Robert Wright, 'Brexit visa changes to hit sectors in need of low-skilled labour', *Financial Times,* 18 February 2020, https://www.ft.com/content/890e84ce-5268-11ea-90ad-25e377c0ee1f
11. https://www.theguardian.com/society/2018/nov/22/concern-over-rise-in-suicide-attempts-among-young-women
12. NHS Digital, *Mental Health of Children and Young People in England, 2017*, 22 November 2018, https://digital.nhs.uk/data-and-information/publications/statistical/mental-health-of-children-and-young-people-in-england/2017/2017
13. https://www.nhs.uk/conditions/self-harm/
14. Email correspondence with the NatCen press office, 29 November 2018.
15. 英國國家統計局的官方資料：https://www.ons.gov.uk/peoplepopul

ationandcommunity/birthsdeathsandmarriages/deaths/bulletins/suicidesintheunitedkingdom/2017registrations#suicide-patterns-by-age

16. https://www.theguardian.com/business/2014/jan/20/oxfam-85-richest-people-half-of-the-world
17. https://oxfamblogs.org/fp2p/anatomy-of-a-killer-fact-the-worlds-85-richest-people-own-as-much-as-poorest-3-5-billion/; and for the BBC interview with Mr Fuentes see https://www.bbc.com/news/magazine-26613682
18. 資料來自瑞士信貸每年出版的《全球財富報告》。樂施會原始的「引人注目的事實」所使用的數據源自 2013 版本，可在這個網站查到：https://publications.credit-suisse.com/tasks/render/file/?fileID=BCDB1364-A105-0560-1332EC9100FF5C83
19. 'Social protection for older persons: Policy trends and statistics 2017–19', International Labour Office, Social Protection Department, Geneva, 2018; available at https://www.ilo.org/wcmsp5/groups/public/---ed_protect/---soc_sec/documents/publication/wcms_645692.pdf
20. 在英國，請參考財政研究院（Institute for Fiscal Studies）的《生活水準評論》（*Review of Living Standards*）與《英國的貧窮與貧富不均》（*Poverty and Inequality in the UK*）。對於全球最高所得的資料，請參考《世界貧富不均報告》（*World Inequality Report*）。另一個優質資料來源是「用數據看世界」。更多詳細參考資料可在下方的注釋中找到。

準則四　退後一步，看見全局

1. 關於這個議題的更多報導，請聽 2018 年 6 月 8 日的《數字知多少》節目（https://www.bbc.co.uk/programmes/p069jd0p），由我主持，資料由凡頓史密斯與弗頓（Richard Vadon）提供。
2. Johan Galtung and Mari Holmboe Ruge, 'The structure of foreign news: The presentation of the Congo, Cuba and Cyprus crises in four Norwegian newspapers', *Journal of Peace Research*, 2(1), 1965,

64–90.

3. Max Roser, 'Stop Saying that 2016 Was the Worst Year', *Washington Post*, 29 December 2016, https://www.washingtonpost.com/posteverything/wp/2016/12/29/stop-saying-that-2016-was-the-worst-year/?utm_term=.bad894bad69a; see also NPR's *Planet Money*, 'The Fifty Year Newspaper', 29 December 2017, https://www.npr.org/templates/transcript/transcript.php?storyId=574662798
4. C. P. Morice, J. J. Kennedy, N. A. Rayner and P. D. Jones, 'Quantifying uncertainties in global and regional temperature change using an ensemble of observational estimates: The HadCRUT4 dataset', *Journal of Geophysical Research*, 117(D8), 2012, https://doi.org/10.1029/2011JD017187. 資料來自英國氣象局哈德利中心（Met Office Hadley Centre）。資料由「用數據看世界」製表與提供下載：https://ourworldindata.org/co2-and-other-greenhouse-gas-emissions。在 1960 年代，全球氣溫基本上比 1961 年至 1990 年間的平均值低攝氏 0.1 度。在二十一世紀，全球氣溫基本上比上述平均值高出攝氏 0.6 度，最近則高了攝氏 0.7 度。過去五十年來，全球氣溫上升了 0.7 度至 0.8 度。
5. Max Roser, 'The short history of global living conditions and why it matters that we know it', 2018, published online at OurWorldInData.org, retrieved from https://ourworldindata.org/a-history-of-global-living-conditions-in-5-charts; for Child Mortality, Roser cites data from Gapminder and the World Bank.
6. 參見《2018 年世界不平等報告執行摘要》中的圖 E4：https://wir2018.wid.world/files/download/wir2018-summary-english.Pdf
7. 財政研究院的《生活水準評論》與《英國的貧窮與貧富不均》是很好的資料來源。使用的是 2018 年版本，最新資料請參見：https://www.ifs.org.uk/uploads/R145%20for%20web.pdf
8. 全球貧富不均的摘要文章可在「用數據看世界」網站上找到，作者為這個主題的權威哈塞爾（Joe Hasell）：https://ourworldindata.org/income-inequality-since-1990

9. 其他的計算是根據「第三次全國性態度與生活方式調查」（the third National Survey of Sexual Attitude and Lifestyles）：http://timharford.com/2018/09/is-twitter-more-unequal-than-life-sex-or-happiness/
10. Michael Blastland and Andrew Dilnot, *The Tiger That Isn't*, London: Profile Books, 2008.
11. Andrew C. A. Elliott, *Is That a Big Number?*, Oxford: Oxford University Press, 2018.
12. Tali Sharot, 'The Optimism Bias', TED Talk, 2012: https://www.ted.com/talks/tali_sharot_the_optimism_bias/transcript#t-18026
13. Daniel Kahneman, *Thinking, Fast and Slow*, New York: Farrar, Straus and Giroux, 2010.
14. Ross A. Miller & Karen Albert, 'If It Leads, It Bleeds (and If It Bleeds, It Leads): Media Coverage and Fatalities in Militarized Interstate Disputes' *Political Communication* 2015, 32(1), 61–82, https://doi.org/10.1080/10584609.2014.880976; Barbara Combs & Paul Slovic, 'Newspaper Coverage of Causes of Death', *Journalism Quarterly*, 56(4), 837–43, 849.
15. https://www.cdc.gov/tobacco/data_statistics/fact_sheets/fast_facts/– there are 1300 deaths a day from smoking-related diseases, about 40,000 a month; almost 3000 people were killed by the 11 September attacks.
16. https://www.ted.com/talks/the_ted_interview_steven_ pinker_on_why_our_pessimism_about_the_world_is_wrong/transcript?language=en
17. 平克在《再啟蒙的年代》（*Enlightenment Now*）提到這則發生在 1982 年的趣事。
18. Quoted in the *Guardian*, 12 May 2015, https://www.theguardian.com/society/2015/may/12/stroke-association-warns-of-alarming-rise-in-number-of-victims; see also *More or Less*, 17 May 2015, with the analysis of this claim: https://www.bbc.co.uk/programmes/b05tpz78

19. Oxfam press release, 22 September 2016, http://oxfamapps.org/media/ppdwr
20. 多種相關圖表的調查，可參考羅瑟與納格迪（Mohamed Nagdy）的「樂觀與悲觀」（Optimism & Pessimism），發表在「用數據看世界」網站上（https://ourworldindata.org/optimism-pessimism），尤其是Section I. 1由歐洲民情調查（Eurobarometer）與益普索莫里提供的圖表。
21. Martyn Lewis, 'Not My Idea of Good News', *Independent*, 26 April 1993, https://www.independent.co.uk/voices/not-my-idea-of-good-news-at-the-end-of-a-week-of-horrifying-events-martyn-lewis-bbc-presenter-argues-1457539.html
22. Max Roser, https://ourworldindata.org/a-history-of-global-living-conditions-in-5-charts – underlying data from the World Bank and from F. Bourguignon and C. Morrisson, 'Inequality Among World Citizens: 1820–1992', *American Economic Review*, 92(4), 2002, 727–48. 在 1993 年，全球有 19.4 億赤貧人口；到了 2015 年，赤貧人口降到 7 億人（7 億 555 萬人）。平均每天減少 15 萬 3,600 人。當然，我們無法知道每天的真實數字。
23. Samantha Vanderslott, Bernadeta Dadonaite and Max Roser, 'Vaccination', 2020. Published online at OurWorldInData.org. Retrieved from: https://ourworldindata.org/vaccination
24. Anna Rosling Rönnlund, Hans Rosling and Ola Rosling, *Factfulness*, London: Sceptre, 2018.
25. Gillian Tett, 'Silos and Silences', *Banque de France Financial Stability Review* No. 14 – Derivatives – Financial innovation and stability, July 2010, https://core.ac.uk/download/pdf/6612179.pdf
26. Rolf Dobelli, 'News is bad for you – and giving up reading it will make you happier', *Guardian*, 12 April 2013, https://www.theguardian.com/media/2013/apr/12/news-is-bad-rolf-dobelli
27. Nassim Nicholas Taleb, *The Bed of Procrustes,* London: Penguin Books, 2010.

28. Bill Hanage, Mark Lipsitch, 'How to Report on the COVID-19 Outbreak Responsibly', *Scientific American,* 23 February 2020, https://blogs.scientificamerican.com/observations/how-to-report-on-the-covid-19-outbreak-responsibly/

準則五　取得背景故事

1. Sheena Iyengar and Mark Lepper, 'When Choice is Demotivating: Can One Desire Too Much of a Good Thing?', *Journal of Personality and Social Psychology*, 79, 2000.
2. 作者在 2009 年 10 月採訪謝伯翰。（我得說，我在這方面顯然領先潮流。）
3. B. Scheibehenne, R. Greifeneder and P. M. Todd, 'Can There Ever Be Too Many Options? A Meta-Analytic Review of Choice Overload', *Journal of Consumer Research*, 37, 2010, 409–25, http://scheibehenne.de/ScheibehenneGreifenederTodd2010.pdf
4. 'Ten Kickstarter Products that Raised the Most Money': https://www.marketwatch.com/story/10-kickstarter-products-that-raised-the-mostmoney-2017-06-22-10883052
5. 這個故事出自艾倫伯格（Jordan Ellenberg）的《數學教你不犯錯》（*How Not to Be Wrong*），可在網站上找到相關摘要：https://medium.com/@penguinpress/an-excerpt-from-how-not-to-be-wrong-by-jordan-ellenberg-664e708cfc3d
6. 技術性摘要（以及這個故事如何被誇大的抱怨）可在卡斯爾曼（Bill Casselman）的「亞伯拉罕・華德傳奇」（The Legend of Abraham Wald）找到：http://www.ams.org/publicoutreach/feature-column/fc-2016-06
7. 這個爭議可在恩格伯（Daniel Engber）的 Daryl Bem Proved ESP Is Real Which Means Science Is Broken 看到，發表於 2017 年 5 月 17 日《石板》（*Slate*）：https://slate.com/health-and-science/2017/06/daryl-bem-proved-esp-is-real-showed-science-is-broken.html

8. Chris French, 'Precognition studies and the curse of the failed replications', *Guardian*, 15 March 2012, https://www.theguardian.com/science/2012/mar/15/precognition-studies-curse-failed-replications
9. 諾塞克在 podcast 節目《Planet Money》第 677 集的談話。
10. 諾塞克接受過多次 podcast 訪問，包括：*You Are Not So Smart* (episode 100), https://youarenotsosmart.com/2017/07/19/yanss-100-the-replication-crisis/; *Planet Money* (episode 677), https://www.npr.org/sections/money/2018/03/07/591213302/episode-677-the-experiment-experiment; *EconTalk* (16 November 2015), http://www.econtalk.org/brian-nosek-on-the-reproducibility-project/; *The Hidden Brain* (episode 32), https://www.npr.org/templates/transcript/transcript.php?storyId=477921050; as well as BBC *Analysis*, 'The Replication Crisis', 12 November 2018, https://www.bbc.co.uk/programmes/m00013p9
11. 39 這個數字是複製實驗研究者的主觀意見。他們得到的結果支持原始研究的結果嗎？這是個相當主觀的判斷。另一個衡量方式是問：有多少再現研究產出的結果超越標準（但其實相當有問題）的門檻——達到統計顯著性？只有 36 個再現研究達到標準；但達到那個標準的原始研究有 97 個。See 'Estimating the reproducibility of psychological science' by the Open Science Collaboration, published in *Science*, 28 August 2015, 349(6251), https://doi.org/10.1126/science.aac4716.
12. Youtube 上的短片連結：https://www.youtube.com/watch?v=n1SJ-Tn3bcQ
13. *Planet Money*, episode 677: https://www.npr.org/sections/money/2018/03/07/591213302/episode-677-the-experiment-experiment
14. F. J. Anscombe, 'Fixed-Sample-Size Analysis of Sequential Observations', *Biometrics*, 10(1), 1954, 89–100, www.jstor.org/stable/3001665; and Andrew Gelman, *Statistical Inference, Modelling and Social Science*, blog post 2 May 2018, https://statmodeling.stat.

columbia.edu/2018/05/02/continuously-increased-number-animals-statistical-significance-reached-support-conclusions-think-not-bad-actually/

15. David J. Hand, *Dark Data*, Princeton: Princeton University Press, 2020.
16. Andrew Gelman and Eric Loken, 'The garden of forking paths: Why multiple comparisons can be a problem, even when there is no "fishing expedition" or "p-hacking" and the research hypothesis was posited ahead of time', working paper, 14 November 2013, http://www.stat.columbia.edu/~gelman/research/unpublished/p_hacking.pdf
17. J. P. Simmons, L. D. Nelson & U. Simonsohn, 'False-Positive Psychology: Undisclosed Flexibility in Data Collection and Analysis Allows Presenting Anything as Significant', *Psychological Science*, 22(11), 2011, 1359–66, https://doi.org/10.1177/0956797611417632
18. Kai Kupferschmidt, 'More and more scientists are preregistering their studies. Should you?', *Science*, 21 September 2018.
19. Anjana Ahuja, 'Scientists strike back against statistical tyranny', *Financial Times*, 27 March 2019, https://www.ft.com/content/36f9374c-5075-11e9-8f44-fe4a86c48b33
20. Darrell Huff, *How to Lie with Statistics*, New York: W. W. Norton, 1993, p.40.
21. John Ioannidis, 'Why Most Published Research Findings Are False', *PLoS Medicine*, 2(8), August 2005, e124, https://doi.org/10.1371/journal.pmed.0020124
22. R. F. Baumeister, E. Bratslavsky, M. Muraven and D. M. Tice, 'Ego depletion: Is the active self a limited resource?', *Journal of Personality and Social Psychology*, 74(5), 1998, 1252–65, http://dx.doi.org/10.1037/0022-3514.74.5.1252; and 'The End of Ego Depletion Theory?', *Neuroskeptic* blog, 31 July 2016, http://blogs.discovermagazine.com/neuroskeptic/2016/07/31/end-of-ego-

depletion/#.XGGyflz7Suk
23. Amy Cuddy, 'Your Body Language May Shape Who You Are', TED Talk, 2012, https://www.ted.com/talks/amy_cuddy_your_body_language_shapes_who_you_are/transcript?language=en
24. Kahneman, *Thinking, Fast and Slow*, pp.53–7.
25. Ed Yong, 'Nobel laureate challenges psychologists to clean up their act', *Nature News*, 3 October 2012, https://www.nature.com/news/nobel-laureate-challenges-psychologists-to-clean-up-their-act-1.11535
26. Ben Goldacre, 'Backwards Step on Looking into the Future', *Guardian*, 23 April 2011, https://www.theguardian.com/commentisfree/2011/apr/23/ben-goldacre-bad-science
27. Robin Wrigglesworth, 'How a herd of cows trampled on human stockpickers', *Financial Times*, 21 January 2020, https://www.ft.com/content/563d61dc-3b70-11ea-a01a-bae547046735?
28. Burton Malkiel, 'Returns from Investing in Equity Funds', working paper, Princeton University, 1994.
29. Eric Balchunas, 'How the Vanguard Effect adds up to $1 trillion', Bloomberg.com, 30 August 2016, https://www.bloomberg.com/opinion/articles/2016-08-30/how-much-has-vanguard-saved-investors-try-1-trillion
30. For an accessible overview, see Ben Goldacre, 'What doctors don't know about the drugs they prescribe', TED Talk, 2012, https://www.ted.com/talks/ben_goldacre_what_ doctors_don_t_know_about_the_drugs_they_prescribe/footnotes?language=en
31. Erick Turner et al, 'Selective Publication of Antidepressant Trials and Its Influence on Apparent Efficacy', *New England Journal of Medicine*, 17 January 2008, https://www.nejm.org/doi/full/10.1056/NEJMsa065779
32. Ben Goldacre, 'Transparency, Beyond Publication Bias', talk given to the International Journal of Epidemiology Conference, 2016;

available at https://www.badscience.net/2016/10/transparency-beyond-publication-bias-a-video-of-my-super-speedy-talk-at-ije/

33. Ben Goldacre, Henry Drysdale, Aaron Dale, Ioan Milosevic, Eirion Slade, Philip Hartley, Cicely Marston, Anna Powell-Smith, Carl Heneghan and Kamal R. Mahtani, 'COMPare: a prospective cohort study correcting and monitoring 58 misreported trials in real time', *Trials*, 20(118), 2019, https://doi.org/10.1186/s13063-019-3173-2.
34. Goldacre, 'Transparency, Beyond Publication Bias', https://www.badscience.net/2016/10/transparency-beyond-publication-bias-a-video-of-my-super-speedy-talk-at-ije/
35. Amy Sippett, 'Does the Backfire Effect exist?', *Full Fact*, 20 March 2019, https://fullfact.org/blog/2019/mar/does-backfire-effect-exist/; Brendan Nyhan tweet, 20 March 2019, https://twitter.com/BrendanNyhan/status/1108377656414879744
36. 作者在 2019 年 7 月 17 日採訪塞勒。
37. BBC *Analysis*, 'The Replication Crisis', 12 November 2018, https://www.bbc.co.uk/programmes/m00013p9
38. Antonio Granado, 'Slaves to journals, serfs to the web: The use of the internet in newsgathering among European science journalists', *Journalism*, 12(7), 2011, 794–813.
39. A. L. Cochrane, 'Sickness in Salonica: My first, worst, and most successful clinical trial', *British Medical Journal (Clin Res Ed)*, 289(6460), 1984, 1726–7, https://doi.org/10.1136/bmj.289.6460.1726
40. 'A Brief History of Cochrane', https://community.cochrane.org/handbook-sri/chapter-1-introduction/11-cochrane/112-brief-history-cochrane
41. https://www.webmd.com/urinary-incontinence-oab/news/20180522/yoga-may-be-right-move-versus-urinary-incontinence#1
42. https://www.dailymail.co.uk/health/article-2626209/Could-yoga-cure-INCONTINENCE-Exercise-strengthens-pelvic-floor-muscles-

reducing-leakage.html
43. https://www.hcd.com/incontinence/yoga-incontinence/
44. https://www.ncbi.nlm.nih.gov/pmc/articles/PMC4310548/
45. L. S. Wieland, N. Shrestha, Z. S. Lassi, S. Panda, D. Chiaramonte and N. Skoetz, 'Yoga for treating urinary incontinence in women', *Cochrane Database of Systematic Reviews 2019*, 2, Art. No.: CD012668, https://doi.org/10.1002/14651858.CD012668.pub2

準則六　誰被遺漏了？

1. R. Bond and P. B. Smith, 'Culture and conformity: A meta-analysis of studies using Asch's (1952b, 1956) line judgment task', *Psychological Bulletin*, 119(1), 1996, 111–37, http://dx.doi.org/10.1037/0033-2909.119.1.111
2. Tim Harford, 'The Truth About Our Norm-Core', *Financial Times*, 12 June 2015, http://timharford.com/2015/06/the-truth-about-our-norm-core/
3. Bond and Smith, 'Culture and conformity'; and Natalie Frier, Colin Fisher, Cindy Firman and Zachary Bigaouette, 'The Effects of Group Conformity Based on Sex', 2016, Celebrating Scholarship & Creativity Day, Paper 83, http://digitalcommons.csbsju.edu/elce_cscday/83
4. Tim Harford, 'Trump, Brexit and How Politics Loses the Capacity to Shock', *Financial Times*, 16 November 2018, https://www.ft.com/content/b730c95c-e82e-11e8-8a85-04b8afea6ea3
5. Caroline Criado Perez, *Invisible Women*, London: Chatto and Windus, 2019; the interview was broadcast on BBC Radio 4 on 17 May 2019 and is available on the *More or Less* website: https://www.bbc.co.uk/programmes/m00050rd
6. Peter Hofland, 'Reversal of Fortune', *Onco'Zine*, 30 November 2013, https://oncozine.com/reversal-of-fortune-how-a-vilified-drug-became-a-life-saving-agent-in-the-war-against-cancer/

7. R. Dmitrovic, A. R. Kunselman, R. S. Legro, 'Sildenafil citrate in the treatment of pain in primary dysmenorrhea: a randomized controlled trial', *Human Reproduction*, 28(11), November 2013, 2958–65, https://doi.org/10.1093/humrep/det324
8. BBC *More or Less*, 31 March 2020, https://www.bbc.co.uk/sounds/play/m000h7st
9. Mayra Buvinic and Ruth Levine, 'Closing the gender data gap', *Significance*, 8 April 2016, https://doi.org/10.1111/j.1740-9713.2016.00899.x; and Charlotte McDonald, 'Is There a Sexist Data Crisis?', BBC News, 18 May 2016, https://www.bbc.co.uk/news/magazine-36314061
10. Shelly Lundberg, Robert Pollak and Terence J. Wales, 'Do Husbands and Wives Pool Their Resources? Evidence from the United Kingdom Child Benefit', 32(3), 1997, 463–80, https://econpapers.repec.org/article/uwpjhriss/v_3a32_3ay_3a1997_3ai_3a3_3ap_3a463-480.htm
11. Buvinic and Levine, 'Closing the gender data gap', https://doi.org/10.1111/j.1740-9713.2016.00899.x
12. Suzannah Brecknell, 'Interview: Full Fact's Will Moy on lobbyist "nonsense", official corrections and why we know more about golf than crime stats', *Civil Service World*, 5 May 2016, https://www.civilserviceworld.com/articles/interview/interview-fullfact%E2%80%99s-will-moy-lobbyist-%E2%80%9Cnonsense%E2%80%9D-official-corrections-and-why
13. Maurice C. Bryson, 'The Literary Digest Poll: Making of a Statistical Myth', *American Statistician*, 30(4), 1976, 184–5, https://doi.org/10.1080/00031305.1976.10479173; and Peverill Squire, 'Why the 1936 Literary Digest Poll Failed', *Public Opinion Quarterly*, 52(1), 1988, 125–33, www.jstor.org/stable/2749114
14. P. Whiteley, 'Why Did the Polls Get It Wrong in the 2015 General Election? Evaluating the Inquiry into Pre-Election Polls', *Political*

Quarterly, 87, 2016, 437–42, https://doi.org/10.1111/1467-923X.12274

15. John Curtice, 'Revealed: Why the Polls Got It So Wrong in the British General Election', *The Conversation*, 14 January 2016, https://theconversation.com/revealed-why-the-polls-got-it-so-wrong-in-the-british-general-election-53138
16. Nate Cohn, 'A 2016 Review: Why Key State Polls Were Wrong About Trump', *New York Times*, 31 May 2017, https://www.nytimes.com/2017/05/31/upshot/a-2016-review-why-key-state-polls-were-wrong-about-trump.html; and Andrew Mercer, Claudia Deane and Kyley McGeeney, 'Why 2016 election polls missed their mark', Pew Research Fact Tank blog, 9 November 2015, http://www.pewresearch.org/fact-tank/2016/11/09/why-2016-election-polls-missedtheir-mark/
17. https://www.ons.gov.uk/peoplepopulationandcommunity/populationandmigration/populationestimates/methodologies/2011censusstatisticsforenglandandwalesmarch2011qmi
18. 作者在 2014 年 3 月採訪 Viktor Mayer-Schönberger。
19. Pew Research Center Social Media Factsheet, research conducted January 2018, https://www.pewinternet.org/fact-sheet/social-media/
20. Kate Crawford, 'The Hidden Biases in Big Data', *Harvard Business Review*, 1 April 2013, https://hbr.org/2013/04/the-hidden-biases-in-big-data
21. Leon Kelion, 'Coronavirus: Covid-19 detecting apps face teething problems', BBC News, 8 April 2020, https://www.bbc.co.uk/news/technology-52215290
22. Kate Crawford, 'Artificial Intelligence's White Guy Problem', *New York Times*, 25 June 2016, https://www.nytimes.com/2016/06/26/opinion/sunday/artificial-intelligences-white-guy-problem.html

準則七　電腦說「不」時，要求公開透明

1. Jeremy Ginsberg, Matthew H. Mohebbi, Rajan S. Patel, Lynnette Brammer, Mark S. Smolinski, Larry Brilliant, 'Detecting influenza epidemics using search engine query data', *Nature*, 457 (7232), 19 February 2009, 1012–14, https://doi.org/10.1038/nature07634
2. 本章內容有一部分是根據我在《金融時報》雜誌的文章：'Big Data: Are We Making a Big Mistake?' (*FT*, 28 March 2014, https://www.ft.com/content/21a6e7d8-b479-11e3-a09a-00144feabdc0). 我採訪了 David Hand, Kaiser Fung, Viktor Mayer-Schönberger, David Spiegelhalter and Patrick Wolfe in early 2014 for the piece.
3. David Lazer and Ryan Kennedy, 'What We Can Learn from the Epic Failure of Google Flu Trends', *Wired*, https://www.wired.com/2015/10/can-learn-epic-failure-google-flu-trends/; and Declan Butler, 'What Google Flu Got Wrong', *Nature*, https://www.nature.com/news/when-google-got-flu-wrong-1.12413
4. https://www.google.org/flutrends/about/
5. D. Lazer, R. Kennedy, G. King and A. Vespignani, 'The Parable of Google Flu: Traps in Big Data Analysis', *Science* 343(6176), March 2014, 1203–5.
6. S. Cook, C. Conrad, A. L. Fowlkes, M. H. Mohebbi, 'Assessing Google Flu Trends Performance in the United States during the 2009 Influenza Virus A (H1N1) Pandemic', *PLoS ONE* 6(8), 2011, e23610, https://doi.org/10.1371/journal.pone.0023610
7. Janelle Shane, *You Look Like a Thing and I Love You*, New York: Little, Brown, 2019.
8. 更詳盡的報導請參見：https://www.theguardian.com/news/series/cambridge-analytica-files
9. Charles Duhigg, 'How Companies Learn Your Secrets', *New York Times* magazine, 19 February 2012, https://www.nytimes.com/2012/02/19/magazine/shopping-habits.html
10. Hannah Fry, *Hello World*: *Being Human in the Age of Computers*,

London: W. W. Norton, 2018.

11. Cathy O'Neil, *Weapons of Math Destruction*, London: Allen Lane, 2016.
12. *Freakonomics* radio episode 268: Bad Medicine Pt 1, 16 August 2017, http://freakonomics.com/podcast/bad-medicine-part-1-story-rebroadcast/
13. P. A. Mackowiak, S. S. Wasserman, M. M. Levine, 'A Critical Appraisal of 98.6°F, the Upper Limit of the Normal Body Temperature, and Other Legacies of Carl Reinhold August Wunderlich', *JAMA*, 268(12), 1992, 1578–80, https://doi.org/10.1001/jama.1992.03490120092034
14. Jeffrey Dastin, 'Amazon scraps secret AI recruiting tool that showed bias against women', Reuters, 10 October 2018, https://www.reuters.com/article/us-amazon-com-jobs-automation-insight/amazon-scraps-secret-ai-recruiting-tool-that-showed-bias-against-women-idUSKCN1MK08G
15. Gerd Gigerenzer and Stephanie Kurzenhaeuser, 'Fast and frugal heuristics in medical decision making', *Science and Medicine in Dialogue: Thinking through particulars and universals*, 2005, 3–15.
16. Paul Meehl, *Clinical vs. Statistical Prediction*, Minneapolis: University of Minnesota Press, 1954.
17. Fry, *Hello World*.
18. Mandeep K. Dhami and Peter Ayton, 'Bailing and jailing the fast and frugal way', *Journal of Behavioral Decision Making*, 14(2), 2001, https://doi.org/10.1002/bdm.371
19. Jon Kleinberg, Himabindu Lakkaraju, Jure Leskovec, Jens Ludwig, Sendhil Mullainathan, 'Human Decisions and Machine Predictions', *Quarterly Journal of Economics*, 133(1), February 2018, 237–93, https://doi.org/10.1093/qje/qjx032; see also Cass R. Sunstein, 'Algorithms, Correcting Biases', working paper, 12 December 2018.
20. David Jackson and Gary Marx, 'Data mining program designed to

predict child abuse proves unreliable, DCFS says', *Chicago Tribune*, 6 December 2017; and Dan Hurley, 'Can an Algorithm Tell When Kids Are in Danger?', *New York Times* magazine, 2 January 2018, https://www.nytimes.com/2018/01/02/magazine/can-an-algorithm-tell-when-kids-are-in-danger.html

21. Hurley, 'Can an Algorithm Tell When Kids Are in Danger?'
22. Andrew Gelman, 'Flaws in stupid horrible algorithm revealed because it made numerical predictions', *Statistical Modeling, Causal Inference, and Social Science* blog, 3 July 2018, https://statmodeling.stat.columbia.edu/2018/07/03/flaws-stupid-horrible-algorithm-revealed-made-numerical-predictions/
23. Sabine Hossenfelder, 'Blaise Pascal, Florin Pêrier, and the Puy de Dôme experiment', http://backreaction.blogspot.com/2007/11/blaise-pascal-florin-p-and-puy-de-d.html; and David Wootton, *The Invention of Science: A New History of the Scientific Revolution*, London: Allen Lane, 2015, Chapter 8.
24. See, for example, Louis Trenchard More, 'Boyle as Alchemist', *Journal of the History of Ideas*, 2(1), January 1941, 61–76; and 'The Strange, Secret History of Isaac Newton's Papers', a Q&A with Sarah Dry, https://www.wired.com/2014/05/newton-papers-q-and-a/
25. Wootton, *The Invention of Science*, p.340.
26. James Burke, *Connections*, Boston: Little, Brown, 1978; reprint with new introduction 1995, p.74.
27. Wootton, *The Invention of Science*, p.357.
28. https://www.propublica.org/article/how-we-analyzed-the-compas-recidivism-algorithm
29. Sam Corbett-Davies, Emma Pierson, Avi Feller, Sharad Goel, Aziz Huq, 'Algorithmic decision making and the cost of fairness', arXiv:1701.08230; and Sam Corbett-Davies, Emma Pierson, Avi Feller and Sharad Goel, 'A computer program used for bail and sentencing decisions was labeled biased against blacks. It's actually

not that clear', *Washington Post*, 17 October 2016, https://www.washingtonpost.com/news/monkey-cage/wp/2016/10/17/can-an-algorithm-be-racist-our-analysis-is-more-cautious-than-propublicas/

30. Ed Yong, 'A Popular Algorithm Is No Better at Predicting Crimes than Random People', *The Atlantic*, 17 January 2018, https://www.theatlantic.com/technology/archive/2018/01/equivant-compas-algorithm/550646/
31. 同前。
32. Julia Dressel and Hany Farid, 'The Accuracy, Fairness and Limits of Predicting Recidivism', *Science Advances 2018*, http://advances.sciencemag.org/content/4/1/eaao5580
33. 歐妮爾在賴斯講座（Reith Lectures）和 TED 演講對信任的論述，值得一聽。「資訊公開」的主題在皇家學會 2012 年的報告《向開放企業看齊的科學界》（*Science as an Open Enterprise*）有深入探討，歐妮爾是作者之一。此外，史匹格哈特在《統計學的藝術》（*The Art of Statistics*）提到，如何應用歐妮爾的原則評估演算法。
34. 作者在 2019 年 8 月 29 日以電子郵件採訪歐尼爾。
35. Jack Nicas, 'How YouTube Drives Viewers to the Internet's Darkest Corners', *Wall Street Journal*, 7 February 2018,https://www.wsj.com/articles/how-youtube-drives-viewers-to-the-internets-darkest-corners-1518020478; and Zeynep Tufekci, 'YouTube, the Great Radicalizer', *New York Times*, 10 March 2018, https://www.nytimes.com/2018/03/10/opinion/sunday/youtube-politics-radical.html. But see in contrast Mark Ledwich and Anna Zaitsev, 'Algorithmic Extremism: Examining YouTube's Rabbit Hole of Radicalization', https://arxiv.org/abs/1912.11211
36. Ryan Singal, 'Netflix spilled your Brokeback Mountain secret, Lawsuit Claims', *Wired*, 17 December 2009, https://www.wired.com/2009/12/netflix-privacy-lawsuit/; and Blake Hallinan and Ted Striphas, 'Recommended for you: the Netflix Prize and the

production of algorithmic culture', *New Media and Society*, 2016, https://journals.sagepub.com/doi/pdf/10.1177/1461444814538646

準則八　別把統計基石視為理所當然

1. 參看丹麥電視臺的訪問英譯：https://www.thelocal.se/20150905/hans-rosling-you-cant-trust-the-media
2. Laura Smith, 'In 1974, a stripper known as the "Tidal Basin Bombshell" took down the most powerful man in Washington', *Timeline*, 18 September 2017, https://timeline.com/wilbur-mills-tidal-basin-3c29a8b47ad1; Stephen Green and Margot Hornblower, 'Mills Admits Being Present During Tidal Basin Scuffle', *Washington Post*, 11 October 1974。
3. 'The Stripper and the Congressman: Fanne Foxe's Story', The Rialto Report Podcast, Episode 82, https://www.therialtoreport.com/2018/07/15/fanne-foxe/
4. Alice M. Rivlin, 'The 40th Anniversary of the Congressional Budget Office', *Brookings: On the Record*, 2 March 2015, https://www.brookings.edu/on-the-record/40th-anniversary-of-the-congressional-budget-office/
5. Philip Joyce, 'The Congressional Budget Office at Middle Age', *Hutchins Center at Brookings*, Working Paper #9, 17 February 2015.
6. Quoted in Nancy D. Kates, S*tarting from Scratch: Alice Rivlin and the Congressional Budget Office*, Cambridge: John F. Kennedy School of Government, Harvard University, 1989.
7. Elaine Povich, 'Alice Rivlin, budget maestro who "helped save Washington" in fiscal crisis, dies at 88', *Washington Post*, 14 May 2019, https://www.washingtonpost.com/local/obituaries/alice-rivlin-budget-maestro-who-helped-save-washington-in-fiscal-crisis-dies-at-88/2019/05/14/c141c996-0ff9-11e7-ab07-07d9f521f6b5_story.html
8. Andrew Prokop, 'The Congressional Budget Office, explained',

Vox, 26 June 2017, https://www.vox.com/policy-and-politics/2017/3/13/14860856/congressional-budget-office-cbo-explained

9. John Frendreis and Raymond Tatalovich, 'Accuracy and Bias in Macroeconomic Forecasting by the Administration, the CBO, and the Federal Reserve Board', *Polity* 32(4), 2000, 623–32, accessed 17 January 2020, https://doi.org/10.2307/3235295; Holly Battelle, *CBO's Economic Forecasting Record*, Washington DC: Congressional Budget Office, 2010; Committee for a Responsible Federal Budget, 'Hindsight is 2020: A look back at CBO's economic forecasting', January 2013, https://www.crfb.org/blogs/hindsight-2020-look-back-cbos-economic-forecasting
10. *Forecast Evaluation Report 2019*, Office for Budget Responsibility, December 2019, https://obr.uk/docs/dlm_uploads/Forecast_evaluation_report_December_2019-1.pdf
11. Malcolm Bull, 'Can the Poor Think?', *London Review of Books*, 41(13), 4 July 2019.
12. Bourree Lam, 'After a Good Jobs Report, Trump Now Believes Economic Data', *The Atlantic*, 10 March 2017, https://www.theatlantic.com/business/archive/2017/03/trump-spicer-jobs-report/519273/
13. Esther King, 'Germany records lowest crime rate since 1992', *Politico*, 8 May 2017, https://www.politico.eu/article/germany-crime-rate-lowest-since-1992/
14. 川普這條推文及討論，請參見：Matthew Yglesias, 'Trump just tweeted that "crime in Germany is way up." It's actually at its lowest level since 1992', Vox, 18 June 2018; and Christopher F. Schuetze and Michael Wolgelenter, 'Fact Check: Trump's False and Misleading Claims about Germany's Crime and Immigration', *New York Times*, 18 June 2018.
15. Diane Coyle, *GDP: A Brief But Affectionate History*, Oxford: Princeton University Press, 2014, pp.3–4.
16. 'Report on Greek government deficit and debt statistics', European

Commission, 8 January 2010.

17. Beat Balzli, 'Greek Debt Crisis: How Goldman Sachs Helped Greece to Mask its True Debt', *Der Spiegel*, 8 February 2010, https://www.spiegel.de/international/europe/greek-debt-crisis-how-goldman-sachs-helped-greece-to-mask-its-true-debt-a-676634.html
18. The International Statistical Institute has a chronological account of the sorry tale – last updated by G. O'Hanlon and H. Snorrason, July 2018: https://isi-web.org/images/news/2018-07_Court-proceedings-against-Andreas-Georgiou.pdf
19. 'Commendation of Andreas Georgiou' – Press Release: International Statistical Association, 18 September 2018, https://www.isi-web.org/images/2018/Press%20release%20Commendation%20for%20 Andreas%20 Georgiou%20Aug%202018.pdf
20. R. Langkjær-Bain, 'Trials of a statistician', *Significance*, 14, 2017, 14–19, https://doi.org/10.1111/j.1740-9713.2017.01052.x; 'An Augean Stable', *The Economist*, 13 February 2016, https://www.economist.com/the-americas/2016/02/13/an-augean-stable; 'The Price of Cooking the Books', *The Economist*, 25 February 2012, https://www.economist.com/the-americas/2012/02/25/the-price-of-cooking-the-books
21. Langkjær-Bain, 'Trials of a statistician'.
22. 作者在 2018 年 7 月 2 日與 Denise Lievesley 的訪談。
23. 'Tanzania law punishing critics of statistics "deeply concerning": World Bank', Reuters, 3 October 2018, https://www.reuters.com/article/us-tanzania-worldbank/tanzania-law-punishing-critics-of-statistics-deeply-concerning-world-bank-idUSKCN1MD17P
24. Amy Kamzin, 'Dodgy data makes it hard to judge Modi's job promises', *Financial Times*, 8 October 2018, https://www.ft.com/content/1a008ebe-cad4-11e8-9fe5-24ad351828ab
25. Steven Chase and Tavia Grant, 'Statistics Canada chief falls on sword over census', *Globe and Mail*, 21 July 2010, https://www.

theglobeandmail.com/news/politics/statistics-canada-chief-falls-on-sword-over-census/article1320915/

26. Langkjær-Bain, 'Trials of a statistician'.
27. Nicole Acevedo, 'Puerto Rico faces lawsuits over hurricane death count data', NBC News, 1 June 2018; and Joshua Barajas, 'Hurricane Maria's official death toll is 46 times higher than it was almost a year ago. Here's why', PBS Newshour, 30 August 2018, https://www.pbs.org/newshour/nation/hurricane-marias-official-death-toll-is-46-times-higher-than-it-was-almost-a-year-ago-heres-why
28. '2011 Census Benefits Evaluation Report', https://www.ons.gov.uk/census/2011census/2011censusbenefits/2011censusbenefitsevaluationreport#unquantified-benefits; Ian Cope, 'The Value of Census Statistics', https://www.ukdataservice.ac.uk/media/455474/cope.pdf
29. Carl Bakker, *Valuing the Census*, 2014, https://www.stats.govt.nz/assets/Research/Valuing-the-Census/valuing-the-census.pdf
30. Mónica I. Feliú-Mójer, 'Why Is Puerto Rico Dismantling Its Institute of Statistics?', *Scientific American: Voices*, 1 February 2018.
31. https://www.cbo.gov/publication/54965
32. Ellen Hughes-Cromwick and Julia Coronado, 'The Value of US Government Data to US Business Decisions', *Journal of Economic Perspectives*, 33(1), 2019, 131–46, https://doi.org/10.1257/jep.33.1.131.
33. Milton and Rose Friedman, *Two Lucky People* (1998), quoted in Neil Monnery, 'Hong Kong's postwar transformation shows how fewer data can sometimes boost growth', https://blogs.lse.ac.uk/businessreview/2017/06/30/hong-kongs-postwar-transformation-shows-how-fewer-data-can-sometimes-boost-growth/
34. James C. Scott, *Seeing Like a State: How Certain Schemes to Improve the Human Condition Have Failed*, New Haven: Yale University Press, 1998.
35. Perry Link, 'China: From Famine to Oslo', *New York Review of Books*, 13 January 2011.

36. 史達林統治之下死亡人數的討論，請參見：Timothy Snyder, 'Hitler vs. Stalin: Who Killed More?', *New York Review of Books*, 10 March 2011。關於 1937 年人口普查，進一步資料請參見：'In Moscow, history is everywhere', BBC News, 2 November 2012; and Catherine Merridale, 'The 1937 Census and the Limits of Stalinist Rule', *Historical Journal*, 39(1), 1996, and 'Called to Account', *The Economist*, 3 September 2016, https://www.economist.com/finance-and-economics/2016/09/03/called-to-account
37. Merridale, 'The 1937 Census and the Limits of Stalinist Rule'.
38. Adam Tooze, *Statistics and the German State, 1900-1945*, Cambridge: Cambridge University Press, 2001, p.257.
39. 作者在 2019 年 3 月 11 日與 Denise Lievesley 的訪談。
40. Hetan Shah, 'How to save statistics from the threat of populism', *Financial Times*, 21 October 2018, https://www.ft.com/content/ca491f18-d383-11e8-9a3c-5d5eac8f1ab4
41. Nicholas Eberstadt, Ryan Nunn, Diane Whitmore Schanzenbach, Michael R. Strain, '"In Order That They Might Rest Their Arguments on Facts": The Vital Role of Government-Collected Data', AEI/Hamilton Project report, March 2017.
42. 有關雷納評論的更多資訊，請參見：G. Hoinville and T. M. F. Smith, 'The Rayner Review of Government Statistical Services', *Journal of the Royal Statistical Society*, Series A (General) 145(2),1982, 195–207, https://doi.org/10.2307/2981534; and John Kay, 'A Better Way to Restore Faith in Official Statistics', 25 July 2006, https://www.johnkay.com/2006/07/25/a-better-way-to-restore-faith-in-official-statistics/
43. Hughes-Cromwick and Coronado, 'The Value of US Government Data to US Business Decisions', https://doi.org/10.1257/jep.33.1.131
44. Jackie Mansky, 'W.E.B. Du Bois' Visionary Infographics Come Together for the First Time in Full Color', *Smithsonian Magazine*, 15 November 2018, https://www.smithsonianmag.com/history/

first-time-together-and-color-book-displays-web-du-bois-visionary-infographics-180970826/; and Mona Chalabi, 'WEB Du Bois: retracing his attempt to challenge racism with data', *Guardian*, 14 February 2017, https://www.theguardian.com/world/2017/feb/14/web-du-bois-racism-data-paris-african-americans-jobs

45. Eric J. Evans, *Thatcher and Thatcherism*, London: Psychology Press, 2004, p.30.
46. Ian Simpson, *Public Confidence in Official Statistics – 2016*, London: NatCEN social research, 2017, https://natcen.ac.uk/media/1361381/natcen_public-confidence-in-official-statistics_web_v2.pdf
47. The Cabinet Office, *Review of Pre-Release Access to Official Statistics*, https://assets.publishing.service.gov.uk/government/uploads/system/uploads/attachment_data/file/62084/pre-release-stats.pdf
48. Mike Bird, 'Lucky, Good or Tipped Off? The Curious Case of Government Data and the Pound', *Wall Street Journal*, 26 April 2017; and 'New Data Suggest U.K. Government Figures Are Getting Released Early', *Wall Street Journal*, 13 March 2017.

準則九　別忘了，錯誤的訊息也可能美得令人目眩神迷

1. 關於南丁格爾的生平及她在統計上的貢獻，請參見：Mark Bostridge, *Florence Nightingale: The Woman and Her Legend*, London: Penguin, 2009; Lynn McDonald (ed.), *The Collected Works of Florence Nightingale*, Waterloo, Ont: Wilfrid Laurier University Press, 2009-10, and 'Florence Nightingale: Passionate Statistician', *Journal of Holistic Nursing*, 28(1), March 2010; Hugh Small, 'Did Nightingale's "Rose Diagram" save millions of lives?', seminar paper, Royal Statistical Society, 7 October 2010; Cohen, I. Bernard. 'Florence Nightingale', *Scientific American*, 250(3), 1984, 128–37, www.jstor.org/stable/24969329, accessed 13 Mar. 2020; Eileen Magnello, 'Florence Nightingale: A Victorian Statistician',

Mathematics in School, May 2010, and 'The statistical thinking and ideas of Florence Nightingale and Victorian politicians', *Radical Statistics*, 102.

2. 1861 年 3 月寫給法爾的信。蘇瑟蘭博士代擬的草稿。
3. Marion Diamond and Mervyn Stone, 'Nightingale on Quetelet', *Journal of the Royal Statistical Society*, 1, 1981, 66–79.
4. Alberto Cairo, *The Functional Art*, Berkeley, CA: Peachpit Press, 2013.
5. Robert Venturi, Denise Scott Brown, Steven Izenour, *Learning from Las Vegas: The Forgotten Symbolism of Architectural Form*, Cambridge, MA: MIT Press, 1977; see also https://99percentinvisible.org/article/lessons-sin-city-architecture-ducks-versus-decorated-sheds/; and Edward Tufte, *The Visual Display of Quantitative Information*, Cheshire, CT: Graphics Press, 1983, 2001, pp.106–121.
6. Scott Bateman, Regan L. Mandryk, Carl Gutwin, Aaron Genest, David McDine, Christopher Brooks, 'Useful Junk? The Effects of Visual Embellishment on Comprehension and Memorability of Charts', *ACM Conference on Human Factors in Computing Systems (CHI)*, 2010.
7. Linda Rodriguez McRobbie, 'When the British wanted to camouflage their warships, they made them dazzle', *Smithsonian Magazine*, 7 April 2016, https://www.smithsonianmag.com/history/when-british-wanted-camouflage-their-warships-they-made-them-dazzle-180958657/
8. David McCandless, *Debtris US*, 30 December 2010, https://www.youtube.com/watch?v=K7Pahd2X-eE
9. https://informationisbeautiful.net/visualizations/the-billion-pound-o-gram
10. Brian Brettschneider, 'Lessons from posting a fake map', Forbes.com, 23 November 2018, https://www.forbes.com/sites/brianbrettschneider/2018/11/23/lessons-from-posting-a-fake-

map/#5138b31959ec

11. Florence Nightingale, 'Notes on the Health of the British Army', quoted in Lynn McDonald (ed.), *The Collected Works of Florence Nightingale*, vol. 14, p.37.
12. McDonald (ed.), *The Collected Works of Florence Nightingale*, vol. 14, p.551.
13. Letter from Florence Nightingale to Sidney Herbert, 19 August 1857.
14. Alberto Cairo, *How Charts Lie*, New York: W. W. Norton, 2019, p.47.
15. William Cleveland, *The Elements of Graphing Data*, Wadsworth: Monterey, 1994; Gene Zelazny, *Say it with Charts*, New York: McGraw-Hill, 1985; Naomi Robbins, *Creating More Effective Graphs*, New Jersey: Wiley, 2005.
16. Edward Tufte, *Envisioning Information*, Cheshire CT: Graphics Press, 1990.
17. Larry Buchanan, 'Idea of the Week: Inequality and New York's Subway', *New Yorker*, 15 April 2013, https://www.newyorker.com/news/news-desk/idea-of-the-week-inequality-and-new-yorks-subway
18. Simon Scarr, 'Iraq's Bloody Toll', *South China Morning Post*, https://www.scmp.com/infographics/article/1284683/iraqs-bloody-toll
19. Andy Cotgreave, 'Lies, Damned Lies and Statistics', *InfoWorld*, https://www.infoworld.com/article/3088166/why-how-to-lie-with-statistics-did-us-a-disservice.html
20. Letter from William Farr to Florence Nightingale, 24 November 1863, quoted in John M. Eyler, *Victorian Social Medicine: The Ideas and Methods of William Farr,* London: Johns Hopkins Press, 1979, p.175.
21. https://www.sciencemuseum.org.uk/objects-and-stories/florence-nightingale-pioneer-statistician

準則十　保持開放的心態

1. Leon Festinger, Henry Riecken and Stanley Schachter, *When*

Prophecy Fails, New York: Harper-Torchbooks, 1956.

2. Walter A. Friedman, *Fortune Tellers: The Story of America's First Economic Forecasters*, Princeton: Princeton University Press, 2013; and Sylvia Nasar, *Grand Pursuit*, London: Fourth Estate, 2011.
3. Friedman, *Fortune Tellers*.
4. Irving Fisher, *How to Live*, New York: Funk and Wagnalls, 21st edition, 1946.
5. Mark Thornton, *The Economics of Prohibition*, Salt Lake City: University of Utah Press, 1991.
6. Esther Ingliss-Arkell, 'Did a case of scientific misconduct win the Nobel prize for physics?', https://io9.gizmodo.com/did-a-case-of-scientific-misconduct-win-the-nobel-prize-1565949589
7. Richard Feynman, 'Cargo Cult Science', speech at Caltech, 1974: http://calteches.library.caltech.edu/51/2/CargoCult.htm
8. M. Henrion and B. Fischhoff, 'Assessing Uncertainty in Physical Constants', *American Journal of Physics*, 54, 1986, 791–8, https://doi.org/10.1119/1.14447
9. Jonas Olofsson 在 2020 年 1 月 22 日接受作者訪談所言。
10. T. C. Brock and J. L. Balloun, 'Behavioral receptivity to dissonant information', *Journal of Personality and Social Psychology*, 6(4, Pt.1), 1967, 413–28, https://doi.org/10.1037/h0021225
11. B. Fischhoff and R. Beyth, '"I knew it would happen": Remembered probabilities of once-future things', *Organizational Behavior & Human Performance*, 13(1), 1975, 1–16, https://doi.org/10.1016/0030-5073(75)90002-1
12. Philip Tetlock, *Expert Political Judgement*, Princeton: Princeton University Press, 2005; Philip Tetlock and Dan Gardner, *Superforecasting: The Art and Science of Prediction*, New York: Crown, 2015, p.184.
13. Welton Chang, Eva Chen, Barbara Mellers, Philip Tetlock, 'Developing expert political judgment: The impact of training

and practice on judgmental accuracy in geopolitical forecasting tournaments', *Judgment and Decision Making*, 11(5), September 2016, 509–26.

14. Tetlock and Gardner, *Superforecasting*, p.127.
15. Nasar, *Grand Pursuit*; and John Wasik, *Keynes's Way to Wealth*, New York: McGraw-Hill, 2013.
16. Anne Emberton, 'Keynes and the Degas Sale', *History Today*, 46(1), January 1996; Jason Zweig, 'When Keynes Played Art Buyer', *Wall Street Journal*, 30 March 2018; 'The Curious Tale of the Economist and the Cezanne in the Hedge', 3 May 2014, https://www.bbc.co.uk/news/magazine-27226104
17. David Chambers and Elroy Dimson, 'Retrospectives: John Maynard Keynes, Investment Innovator', *Journal of Economic Perspectives*, 27(3), 2013, 213-28, https://doi.org/10.1257/jep.27.3.213
18. M. Deutsch and H. B. Gerard, 'A study of normative and informational social influences upon individual judgment', *Journal of Abnormal and Social Psychology*, 51(3), 1955, 629–36, https://doi.org/10.1037/h0046408
19. Philip Tetlock, Twitter, 6 January 2020, https://twitter.com/PTetlock/status/1214202229156016128.
20. Nasar, *Grand Pursuit*, p.314.
21. Friedman, *Fortune Tellers*.

黃金準則　好奇

1. 威爾斯（Orson Welles）在 1941 年對 UCLA 學生的談話。
2. Onora O'Neill, Reith Lectures 2002, Lecture 4: 'Trust and transparency', http://downloads.bbc.co.uk/rmhttp/radio4/transcripts/20020427_reith.pdf
3. Dan M. Kahan, David A. Hoffman, Donald Braman, Danieli Evans Peterman and Jeffrey John Rachlinski, '"They Saw a Protest": Cognitive Illiberalism and the Speech-Conduct Distinction', 5

February 2011, Cultural Cognition Project Working Paper no. 63; *Stanford Law Review*, 64, 2012; Temple University Legal Studies Research Paper no. 2011–17, available at: https://ssrn.com/abstract=1755706

4. Dan Kahan, 'Why Smart People Are Vulnerable to Putting Tribe Before Truth', *Scientific American: Observations*, 3 December 2018, https://blogs.scientificamerican.com/observations/why-smart-people-are-vulnerable-to-putting-tribe-before-truth/; Brian Resnick, 'There may be an antidote to politically motivated reasoning. And it's wonderfully simple', Vox.com, 7 February 2017, https://www.vox.com/science-and-health/2017/2/1/14392290/partisan-bias-dan-kahan-curiosity; D. M. Kahan, A. Landrum, K. Carpenter, L. Helft and K. Hall Jamieson, 'Science Curiosity and Political Information Processing', *Political Psychology*, 38, 2017, 179–99, https://doi.org/10.1111/pops.12396
5. 作者在 2017 年 11 月 24 日與卡漢進行的訪談。
6. J. Kaplan, S. Gimbel and S. Harris, 'Neural correlates of maintaining one's political beliefs in the face of counterevidence', *Scientific Reports*, 6(39589), 2016, https://doi.org/10.1038/srep39589
7. G. Loewenstein, 'The psychology of curiosity: A review and reinterpretation', *Psychological Bulletin*, 116(1), 1994, 75–98, https://doi.org/10.1037/0033-2909.116.1.75
8. L. Rozenblit and F. Keil, 'The misunderstood limits of folk science: an illusion of explanatory depth', *Cognitive Science*, 26, 2002, 521–62, https://doi.org/10.1207/s15516709cog2605_1
9. P. M. Fernbach, T. Rogers, C. R. Fox and S. A. Sloman, 'Political Extremism Is Supported by an Illusion of Understanding', *Psychological Science*, 24(6), 2013, 939–46, https://doi.org/10.1177/0956797612464058
10. Steven Sloman and Philip M. Fernbach, 'Asked to explain, we become less partisan', *New York Times*, 21 October 2012.

11. Michael F. Dahlstrom, 'Storytelling in science', *Proceedings of the National Academy of Sciences*, 111 (Supplement 4), September 2014, 13614–20, https://doi.org/10.1073/pnas.1320645111
12. Bruce W. Hardy, Jeffrey A. Gottfried, Kenneth M. Winneg and Kathleen Hall Jamieson, 'Stephen Colbert's Civics Lesson: How Colbert Super PAC Taught Viewers About Campaign Finance, Mass Communication and Society', *Mass Communication and Society* 17(3), 2014, 329–53, https://doi.org/10.1080/15205436.2014.891138
13. 'The Planet Money T-Shirt': https://www.npr.org/series/262481306/planet-money-t-shirt-project-series?t=1580750014093
14. *Economics: The Profession and the Public*, seminar held at the Treasury in London, 5 May 2017.
15. Quote Investigator: https://quoteinvestigator.com/2015/11/01/cure/
16.「這個說謊的混蛋為什麼要騙我？」──這是《泰晤士報》記者赫倫（Louis Herren）所言。

謝辭

將近十五年前，尼可拉・梅里克（Nicola Meyrick）突然寫了封電子郵件給我，建議我上 BBC 第四電臺主持一個討論統計問題的節目。自從那時開始，我成了《數字知多少》（*More or Less*）廣播節目的一員。這實在是我的榮幸。本書反映了多年來我學到的東西，這一切都得感謝尼可拉起的頭。

我非常感謝 BBC 的每一個人，多虧他們的研究、製作、報導和混音，讓我的聲音聽來格外迷人。根據我粗略估算，多年來約有一百個人參加了這個團隊，尤其是理查・芬頓－史密斯（Richard Fenton-Smith）和麗茲・麥克尼爾（Lizzy McNeill），第三章討論的早產和槍械暴力的問題，就是出自他們的研究。我特別幸運，能與編輯理查・瓦登（Richard Vadon）合作──感謝他長久以來對我的忍耐──以及跟一連串優秀的製作人共事，特別是露斯・亞歷山大（Ruth Alexander）、因尼思・鮑溫（Innes Bowen）、理查・耐特（Richard Knight）、蘭柏與夏洛特・麥唐納德（Lamble and Charlotte McDonald）以及《數字知多少》節目的共同製作人安德魯・迪諾。每當我向迪爾納徵求意見，他都不吝賜教。這麼多年，他一直是我的良師益友。

皇家統計學會在赫坦・沙阿（Hetan Shah）的領導下，每一個人都讓我深深覺得與有榮焉。我感謝學會的每一位成員，尤其是下列兩位統計學大師，在本書構思的過程中，他們幫了我很多：丹妮絲．李夫斯里與大衛．史匹格哈特。

謝謝大衛．伯達尼斯（David Bodanis）、保羅．克蘭柏爾（Paul Klemperer）及比爾．李（Bill Leigh）讀完全部的手稿後給我寶貴的意見——這真是無私的奉獻——感謝布魯諾．吉桑尼（Bruno Giussani）的鷹眼，為我的初稿抓到一個重要錯誤。

能與普希金有聲書製作公司（Pushkin Industries）的茱莉亞．巴頓（Julia Barton）、萊恩．狄利（Ryan Dilley）、米亞．羅貝爾（Mia Lobel）和雅各布．魏斯柏格（Jacob Weisberg）合作，實是一件樂事，他們還對一集 Podcast 提供意見，讓我把第十章改得更好。安德魯．懷特（Andrew Wright）和過去一樣，不但仔細編輯，更提供深刻的見解，讓這本書變得更好。他是極優秀的編輯，也是真正的朋友。

感謝每一位接受我訪談或詢問的學者和作家，特別是：Anjana Ahuja, Michael Blastland, Alberto Cairo, Andy Cotgreave, Kate Crawford, Kenn Cukier, Andrew Dilnot, Anne Emberton, Baruch Fischhoff, Walter Friedman, Hannah Fry, Kaiser Fung, Dan Gardner, Andrew Gelman, Ben Goldacre, Rebecca Goldin, David Hand, Dan Kahan, Daniel Kahneman, Eileen Magnello, Viktor Mayer-Schönberger, Lynn McDonald, David McRaney, Barbara Mellers, Errol Morris, Will Moy, Terry Murray, Sylvia Nasar, Cathy O'Neil, Onora O'Neill, Caroline Criado Perez, Robert

Proctor, Jason Reifler, Alex Reinhart, Anna Rosling Rönnlund, Max Roser, Hans Rosling, Benjamin Scheibehenne, Janelle Shane, Hugh Small, Lucy Smith, Philip Tetlock, Edward Tufte, Patrick Wolfe, David Wootton, Frank Wynne, Ed Yong以及Jason Zweig。

在我開始重寫和新型冠狀病毒有關的那幾個章節時，利特爾布朗出版公司（Little, Brown）的提姆．懷亭（Tim Whiting）與妮西雅．雷伊（Nithya Rae）可說是耐心的典範。丹恩．巴拉多（Dan Balado）及荷莉．哈里（Holly Harley）是出色的編輯，我在美國河口出版（Riverhead Books）的編輯傑克．摩若西（Jake Morrissey）也是。當然，我還要感謝費莉絲蒂布萊恩版權代理公司（Felicity Bryan Associates）的每一位合作夥伴，包括莎莉．何樂威（Sally Holloway）、柔伊．帕格納曼塔（Zoe Pagnamenta）等。

謝謝《金融時報》的編輯長久以來的支持與包涵，特別是愛麗絲．費許本恩（Alice Fishburn）、布魯克．麥斯特斯（Brooke Masters）和亞歷克．羅素（Alec Russell）。忠實的《金融時報》讀者將發現本書有些想法最初出現在我為該報寫的文章中。我愛《金融時報》，很高興能成為他們當中的一員。

最後，我要謝謝我的孩子——史黛拉（Stella）、亞非利加（Africa）和赫比（Herbie）——只要看到你們能夠做自己，我就很開心了。當然，還有親愛的妻子法蘭．孟克斯（Fran Monks）——我無法細說我對妳的感激之情，那得寫一整本書才能說盡。

引言出處

序言

Umberto Eco, *Serendipities: Language and Lunacy*, London: Orion, 1998.

準則一

The Empire Strikes Back (1980); also known as *Star Wars: Episode V*; screenplay by Leigh Brackett and Lawrence Kasdan.

準則二

Muhammad Yunus in an interview by Steven Covey, socialbusinesspedia.com/wiki/details/248.

準則三

Douglas Adams, *Hitchhiker's Guide to the Galaxy*, London: Pan Books, 1979.

準則四

Terry Pratchett, *Reaper Man*, London: Victor Gollancz, 1991.

準則五

Alan Moore, *Watchmen*, New York: DC Comics, 1986.

準則六

Anna Powell-Smith, MissingNumbers.org.

準則七

2001: A Space Odyssey (1968); screenplay by Stanley Kubrick and Arthur C. Clarke.

準則八

Hans Rosling, translation of a Danish TV interview, thelocal.se/20150905/hans-rosling-you-cant-trust-the-media

準則九

Michael Blastland, personal correspondence, 13 May 2013.

準則十

Leon Festinger, Henry Riecken and Stanley Schachter, *When Prophecy Fails*, New York: Harper-Torchbooks, 1956.

黃金準則

Orson Welles, in remarks to students at the University of California Los Angeles, 1941.

國家圖書館出版品預行編目（CIP）資料

臥底經濟學家的 10 堂數據偵探課／提姆・哈福特（Tim Harford）著；廖建容、廖月娟譯. -- 第一版. -- 臺北市：遠見天下文化, 2021.08

384面；14.8×21公分. --（財經企管；BCB740）

譯自：How to Make the World Add Up: Ten Rules for Thinking Differently About Numbers

ISBN 978-986-525-263-2（平裝）

1. 統計學　2. 統計方法

510　　110012386

財經企管 BCB740

臥底經濟學家的 10 堂數據偵探課

How to Make the World Add Up: Ten Rules for Thinking Differently About Numbers

作者 — 提姆・哈福特（Tim Harford）
譯者 — 廖建容、廖月娟

總編輯 — 吳佩穎
副主編 — 陳怡琳
責任編輯 — 沈如瑩（特約）、張彤華
校對 — 呂佳真（特約）
美術設計 — Bianco Tsai（特約）
內頁排版 — 張靜怡、楊仕堯（特約）

出版者 — 遠見天下文化出版股份有限公司
創辦人 — 高希均、王力行
遠見・天下文化 事業群榮譽董事長 — 高希均
遠見・天下文化 事業群董事長 — 王力行
天下文化社長 — 林天來
國際事務開發部兼版權中心總監 — 潘欣
法律顧問 — 理律法律事務所陳長文律師
著作權顧問 — 魏啟翔律師
社址 — 臺北市 104 松江路 93 巷 1 號

讀者服務專線 — 02-2662-0012 ｜傳真 — 02-2662-0007；02-2662-0009
電子郵件信箱 — cwpc@cwgv.com.tw
直接郵撥帳號 — 1326703-6 號　遠見天下文化出版股份有限公司

製版廠 — 中原造像股份有限公司
印刷廠 — 中原造像股份有限公司
裝訂廠 — 中原造像股份有限公司
登記證 — 局版台業字第 2517 號
總經銷 — 大和書報圖書股份有限公司 電話／ (02) 8990-2588
出版日期 — 2021 年 8 月 30 日第一版第一次印行
2023 年 10 月 31 日第一版第三次印行

定價 — NT 500 元
ISBN — 978-986-525-263-2
書號 — BCB740
天下文化官網 — bookzone.cwgv.com.tw

天下文化
BELIEVE IN READING